上海交通大學歷史系　浙江大學歷史系　浙江省社會科學界聯合會
國家社會科學基金規劃項目
上海市社會科學基金重大項目　資助

浙江文化研究工程成果文庫

浙江文獻集成

中國地方珍稀文獻

浙江地方文書叢刊

石倉契約

第二輯

第六册

曹樹基　潘星輝　闕龍興　編

浙江大学出版社
ZHEJIANG UNIVERSITY PRESS

編輯凡例

一　本書採用圖文對照的方式進行編輯，既可保存原件的風貌，也便於讀者查閱或校核。

二　抄録格式一依原契。部分因排版問題，稍有改動。表格劃線處未一一對應。

三　標點契文，依能斷即斷的原則，僅標逗號或頓號，最末標句號。

四　漫漶、殘缺者一般依契約格式中的常用語補足，無法辨識或難以補足者，以□表示。

五　補足脱字，以（ ）表示；改正錯字，以［ ］表示；衍字以『 』標識。個別契約存在大量脱、錯、衍字，僅擇要補足、改正和標識。

六　序言與目録全用繁體。内文繁、簡體字，一律照録，異體字及俗字改為規範字，另附《常見異體字及俗字與規範字對照表》，以為參考。個別通假字，如『直』與『值』、『伯』與『佰』、『具』與『俱』、『員』與『圓』等，不予改動。

七　少量不易理解的方言，在首次出現時加脚註説明。少量石倉當地的異體字，徑改為標準字。

八　人名中的異名按《闕氏宗譜》的記載予以統一，當異名大量並集中出現時，以脚註説明。族譜中查不到的人名，一依原契。

九　契尾所載税額皆為賣價總額的百分之三，省略不録。契尾文字在首次出現時抄録全文，民國驗契執照亦然。

十　契約之擬名一般根據契約首行，酌情改動。

常見異體字及俗字與規範字對照表

（規範字按漢語拼音順序排列）

異體字及俗字	規範字	異體字及俗字	規範字
岺	岭	㘭 幼	坳
畱	留	覇	霸
隴	壠	甞	嘗
蘿	籮	塖	塍
𥼶	饅	処 䖏 𧆛	处 處
靣	面	窻 窓	窗
畆	畝	躭	耽
卄	廿	𬮿	挡 当
挵	弄	㑼	挡
捹	拼 拚	𨼩 當	擋
凴	憑	遆	遞
廹	迫	卩 阝	都
舖	鋪	叚	段
挈	契	𡎼	塅
俴	钱	児	兒
牆	墻	返 㤆	反
丧	喪	豊	豐
筭	算	逄	逢
𡊨	坛	峎 崀	崀
𧂐 籘 籐 騰 滕	藤	髙	高
伕	天	恪	各
捅 甬	桶	畊	耕
扢	挖	闗 関	關
斈	學	覌	觀
窯 窰 㙅 摇	窑	横	橫
乙	一	囬	回
艮	银	塃	荒
薗	園	雞	鷄
襍	雜	彶	及
塟	葬	埆	角
噪 橾 熣 臊	燥	腳	脚
剳	劄	栢	柏
炤	照	拠 㨿	據
拆	折	堪 勘	勘
阦	执	砊	坑
阯	止	欵	款
帋	紙	厯 歴	歷
眾	衆	籵 良	粮
凖	準	両	两
捴 縂	總	烺 眼 朗 脼	晾
		簝 藔	寮

目錄

第二輯第六册　上茶排·闕氏·天有·德瑋·翰武·玉庭（一）

契約

執照等

零散送户票等

憑票

上茶排·闕氏·天有·德璋·翰武·玉庭（二）

契約

上茶排

闕氏·天有·德瑋·翰武·玉庭（一）

德瑋山明水秀外景

立賣田契人吴文祖今因錢粮無办自情愿將父手遺
下民田壹處土名坐落廿一都石倉茶排庄徐壇額計
田叁畝正東至卯邊田為界南至業邊田為界西至業
邊田為界北至大路為界又土名大山脚田式坵今俱肆至
分明田共計大脚壹拾叁坵正自愿托中送與包萬有叔邊
承買為業當日三面言斷定時值價紋銀叁拾貳両正
其銀即日隨契親收完足不欠分文其田自賣之後任憑
銀主执契管業過户完粮吴邊不得执留其田日前並無
重典交價如有來歷不明吴邊壹力承當不涉包邊之事
此係自己物業與兄弟人等俱無干碍此出两家情愿並
無逼勒等情恐口难信故立賣田契永遠為照

一批内註山字再照　壹

在見中　侄連瑞
　　　　吴文桂

乾隆拾陸年拾月初六日立賣田契人吴文祖親筆　壹

見中人許春旺

大吉利

(前頁)>>>>>

立賣田契人吴文祖，今因錢粮無办，自情愿将父手遺下民田壹處，土名坐落廿一都石倉茶排庄徐壇，額計田叁畝正，東至邱边田為界，南至葉边田為界，西至葉边田為界，北至大路為界，又土名大山脚，田弍坵，今俱肆至分明，田共計大山脚壹拾叁坵正，自愿托中送與包萬有叔边承買為業，當日三面言断，定時值價紋銀叁拾貳两正，其銀即日隨契親收完足，不欠分文，其田自賣之後，任凴銀主执契管業，過户完粮，吴边不得执留，其田日前並無重典交價［加］，如有來歴不明，吴边壹力承隘，不涉包边之事，此係自己物業，與兄弟人等俱無干碍，此出两家情愿，並無逼勒等情，恐口难信，故立賣田契永遠為照。

一批内註山字，再照。

在見中侄　連瑞

吴文桂

乾隆拾陸年拾月初六日　立賣田契人　吴文祖親筆

見中人　許春旺

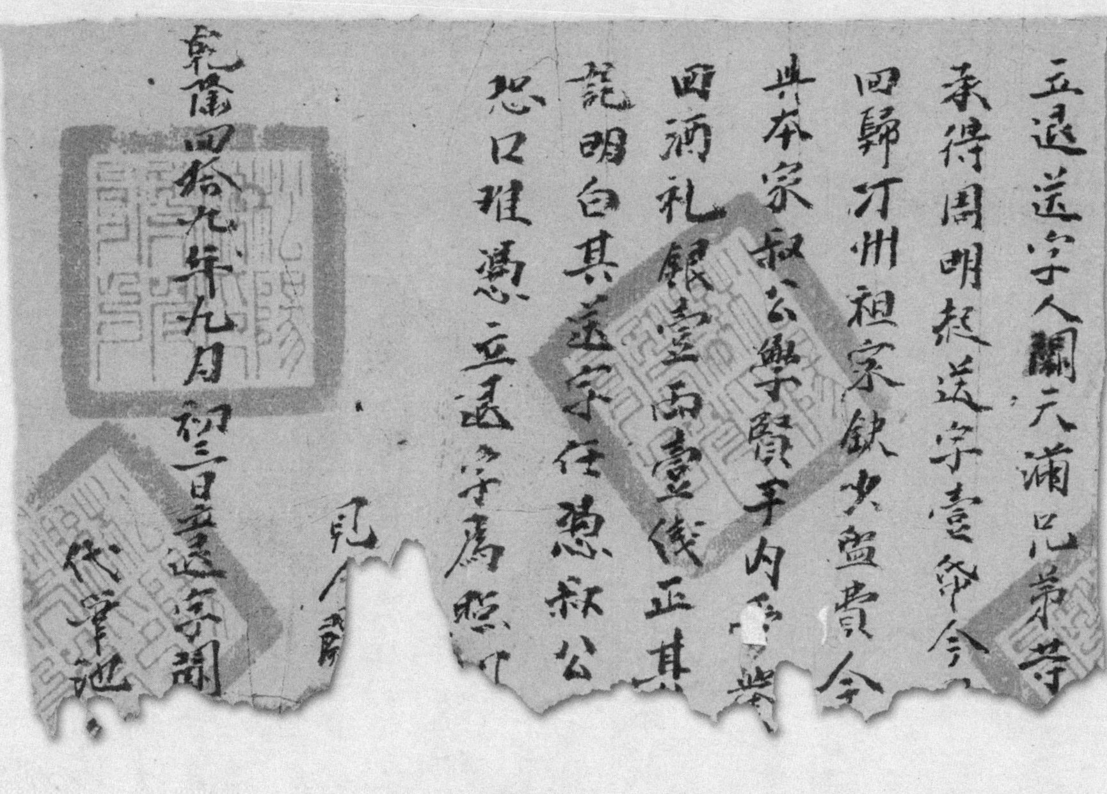

立退送字人闕天滿兄弟等，□□□□□□□□□□□
承得周明起送字壹纸，今□□□□□□□□□□□□
回歸汀州祖家，缺少盤費，今□□□□□□□□□□
與本家叔公學賢手内管業□□□□□□□□□□□
回酒礼銀壹两壹钱正，其□□□□□□□□□□□
訖明白，其送字任憑叔公□□□□□□□□□□□
恐口难憑，立退字爲照。

見人　闕□□

乾隆四拾九年九月初三日　立退字　闕天滿

代筆　池□□

立賣田契人林新樹今因錢粮無办自情愿將父手遺下分関閹内民田土名坐落廿一都夫人廟庄小土名后金庄老虎頭田壹處上至闕姓田為界下至闕姓田為界左至闕姓田為界右至山為界又一處坐落三坑田左邊田陸坵右邊田五坵又土名貳坑田貳坵又土名圓塘田弍坵又土名[illegible]閘工田柒坵下田貳坵上下田程姓田為界左至張姓田為界右至路為界[illegible]坵及[illegible]頭[illegible]一應在内計額四畝五分正自愿託中出賣與闕天有入[illegible]承買為業當日憑中三面言定時值銅錢壹伯仟文正其錢即日隨契交訖不欠分文其田自賣之後任憑買主推收過户完粮起耕改佃收租管業賣人不得異言阻挡乃係清楚物業與内外兄弟人等並無干碍亦無重復典當他人倘有来歷不明賣人一力承當不涉買主之事此係正行交易兩家心愿其田契載斷絕割藤[illegible]後子侄不得識認取贖再找之論今欲有憑故立賣契存與闕[illegible]邊永遠為據

嘉慶拾捌年貳月廿一日立賣田契人林新樹(押)

在場兄 林新福(押)
林新應(押)
林新祿(押)
徐德基○
郭[illegible]祥(押)

代筆 林永成(押)

立找田契人林新樹愿與日先以闕天有親邊交易民田壹處土名坐落夫人廟
庄小土名后金庄安着畝額正契載明今因口食拾迫請托原中前來相勸業
主找出契外錢肆拾陸仟五百文正其錢即日親收足訖不欠分文其田自找之後割
藤斷截永遠子孫不得識認再找一找千休如有此色甘受重復疊騙之論恐
口難憑故立找斷絕田契付與闕邊永遠為據

嘉慶拾捌年四月廿九日立青找契人林新樹（押）

在場　林新禄（押）

林新應（押）

原中　徐德基（押）

郭茂祥（押）

代筆林永成（押）

(前頁)>>>>>

立賣田契人林新樹，今因錢粮無办，自情愿将父手遺下分關鬮内民田，土名坐落廿一都夫人廟庄，小土名后金庄老虎頭，田壹處，上至闕姓田為界，下至闕姓田為界，左至闕姓田為界，右至山為界，又土名坐落三坑，田左邊田陸坵，右邊田五坵，又土名貳坑，田貳坵，又土名圓塘，田弍坵，又土名□崗，上田柒坵，下田貳坵，上下田程姓田為界，左至張姓田為界，右至路為界，□□□□□並及田頭荒角，一應在内，計額四畝五分正，自愿托中出賣與闕天有入手承買為業，當日憑中三面言定，時值銅錢壹伯仟文正，其錢即日隨契交訖，不欠分文，其田自賣之後，任凴買主推收過户，完粮起耕，改佃收租管業，賣人不得異言阻挡，乃係清楚物業，與内外兄弟人等並無干碍，亦無重復典當他人，倘有来歷不明，賣人一力承當，不涉買主之事，此係正行交易，两家心愿，其田契載断絕，割藤断根，日後子侄不得識認取贖再找之論，今欲有憑，故立賣契付與闕邊永遠為據。

嘉慶拾捌年貳月廿一日　立賣田契人　林新樹

在場兄　林新福

林新應

林新禄

徐德基

郭茂祥

代筆　林永成

（前頁）>>>>>

立找田契人林新樹，愿〔原〕與日先以闕天有親邊交易民田壹處，土名坐落夫人廟庄，小土名后金庄安着，畝額正契載明，今因口食拾〔給〕迫，請托原中前来相勸業主，找出契外錢肆拾陸仟五百文正，其錢即日親收足訖，不欠分文，其田自找之後，割藤断截，永遠子孫不得識認再找，一找千休，如有此色，甘受重復叠騙之論，恐口難憑，故立找断絕田契付與闕邊永遠為據。

嘉慶拾捌年四月廿九日　立賣找契人　林新樹

在場　林新禄

林新應

原中　徐德基

郭茂祥

代筆　林永成

立当竹頭山字人謝寔荣，今因口食不給，自情愿将父手違［遺］下自己阄内竹頭山壹處，土名坐落松邑廿一都大嶺后水口社壇边外手桐子窝安着，上至横路為界，下至大路田為界，右至伯公樹為界，左至荒山為界，合水為界，今俱四至分明，今来出當與馮輝福入手承当為業，當日面断，当出銅錢壹千伍百文正，其錢每千每月行利加貳伍起息，其錢的至冬成併本利一足送還明白，不敢欠少分文，如有欠少，将當内竹頭山，任凴錢主修整管業，當人不得異言阻执，恐口难憑，立當竹頭山字為據。

在見　謝接生

道光拾壹年四月拾弍日　立当竹頭山字人　謝寔荣

代筆　刘接生

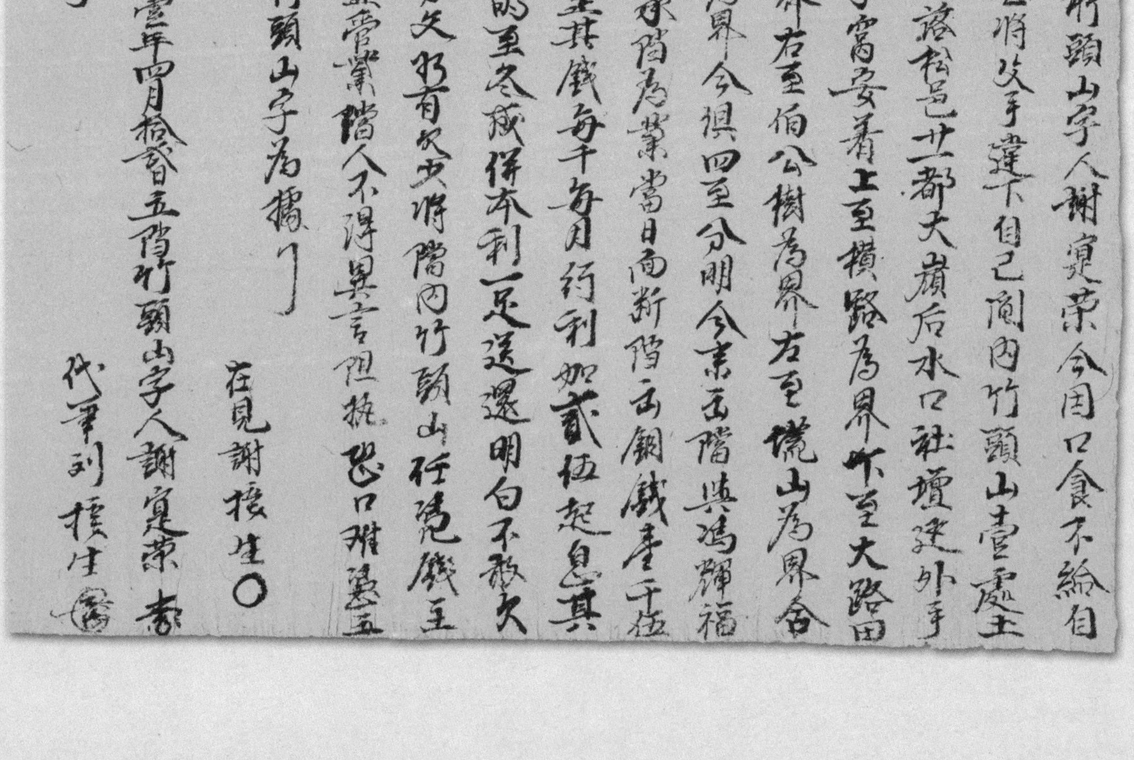

立賣田契人闕財富今因錢粮無辦自情愿將己閣下民田坐落廿一都交人廟庄土名四坑陳姓屋后安着民田壹處其田上至闕姓田為界下至大路為界左至闕姓田為界右至大坑壠為界並及田頭地墒界內柳樹等項俱一並在內計額壹畝五分正今俱四至分明托中立契出賣與本族翰武玉成侄邊承買為業當日憑中三面言断定時值田價銅錢陸拾叁仟文正其錢即日隨契兩家交兑足訖不欠個人自賣之日任從買主推收過户完粮易佃耕種收租管業原係自己清楚田業有內□房親伯叔兄弟子侄人等並無碍未賣目先並無重典重叠文墨交加若有來歷不明賣人一力承當不涉買主之事原係正行交易並無勒索準折債負之故賣人永不敢異言等情之理其田即日面断賣人備外契內原價取贖買主等不敢執留其錢粮賣人自己完納不干買主之事其田四至界內尽處不留任從買主耕作收租管業賣人不得茲端等情今欲有憑恐口難信故立賣田契□付買主永遠耕作收租管業為據

一批契內注不字一個再照

道光貳拾年貳月拾陆日　立賣田契人　闕財富

憑中　闕天進

代筆　闕献奎

（前頁）>>>>>

立賣田契人闕財富，今因錢粮無辦，自情愿将己阄下民田，坐落廿一都夫人庙庄，土名四坑陳姓屋后，安着民田壹處，其田上至闕姓田為界，下至大路为界，左至闕姓田为界，右至大坑壠为界，並及田頭地角，界内柏树等項，俱一在内，計額壹畝五分正，今俱四至分明，托中立契，出賣與本族翰武、玉成侄邊承買為業，當日凴中三面言断，定時值田價銅錢陸拾叁仟文正，其錢即日隨契两家交兑足訖，不欠個文，自賣之日，任從買主推收過户完粮，易佃耕種，收租管業，原係自己清楚田業，与内外房親伯叔兄弟子侄人等無碍，未賣日先，並無重典重當文墨交加，若有來歷不明，賣人一力承當，不涉買主之事，原係正行交易，並無勒索凖折债負之故，賣人永不敢異言等情之理，其田即日面断，賣人備办契内原價取贖，買主等不敢執留，其錢粮賣人自己完納，不干買主之事，其田四至界内，尽處不留，任從買主耕作，收租管業，賣人不得茲［滋］端等情，今欲有凴，恐口難信，故立賣田契□□買主永遠耕作收租管業为據。

一批契内注不字一個，再照。

道光式拾年式月拾陆日　立賣田契人　闕財富

凴中　闕天進

代筆　闕献奎

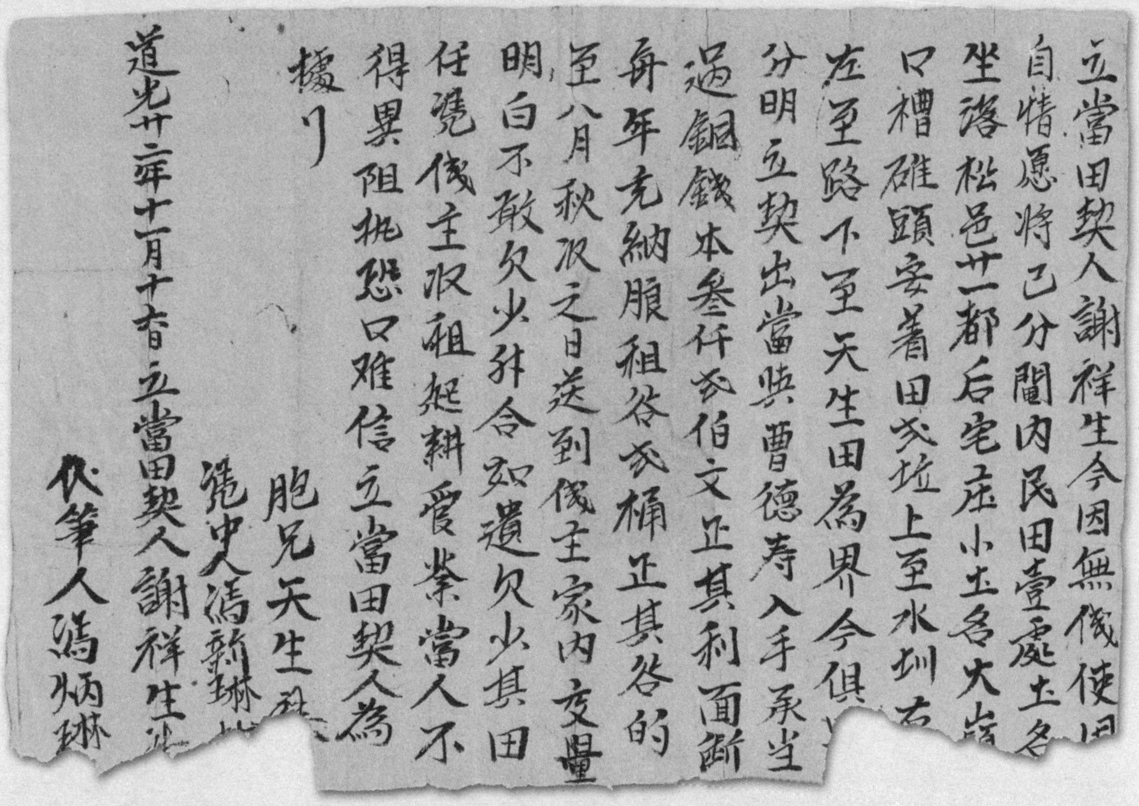

立當田契人謝祥生，今因無钱使用，
自情愿将己分閹内民田壹處，土名
坐落松邑廿一都后宅庄，小土名大嶺
口槽碓頭，安着田弍坵，上至水圳，右至、
左至路，下至天生田為界，今俱四至
分明，立契出當與曹德寿入手承当，（當）
過銅錢本叁仟弍伯文正，其利面断
每年充納晾租谷弍桶正，其谷的
至八月秋收之日，送到钱主家内交量
明白，不敢欠少升合，如遺［有］欠少，其田
任凴钱主收租起耕管業，當人不
得異（言）阻执，恐口难信，立當田契『人』為
據。

胞兄　天生

凴中人　馮新琳

道光廿二年十一月十六日　立當田契人　謝祥生

代筆人　馮炳琳

立讨田劄人雷礼贵，今因無田耕作，自请托中向到阙玉瓊兄边讨過新闸整水田弍坵，坐落土名東尖下中心崀長横田墈下安着，又坐落土名水撿窝，安着闸整水田弍坵半，共田二處，讨『前』来耕作，當日面言，充纳水租谷伍桶正，其租谷遞年秋收之日，送至田主倉下風净交量，不敢欠少升合，如違，其田任凴田主起耕另佃，讨人不得霸作异言等语，其田当日面断，年歲風［豐］荒，兩無加感［減］等情，恐口難信，故立讨田劄为據。

道光廿四年十一月廿一日　立讨田劄人　雷礼貴

見中　阙彩奎

代筆　阙献奎

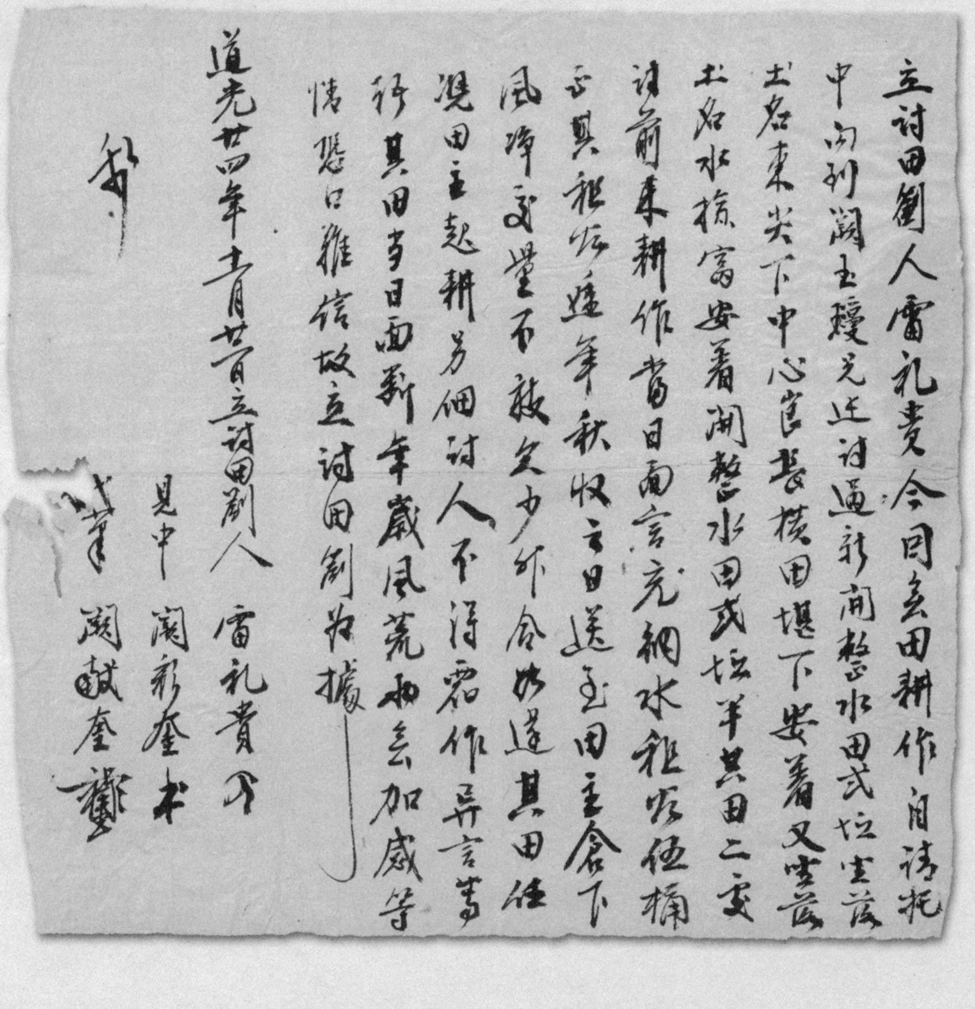

立當田字人闕翰兆，今因無錢應用，
自情愿将己分阄内民田，坐落念一都茶排
庄，小土名水崗塆，田壹處，出當與玉華侄，
當過銅錢弍拾捌仟文正，每年上纳谷利
弍担正，其谷的于八月秋收之期，一足送到侄
边家下，風扇租桶交量清楚，不敢欠少
升合，其錢併本，的于冬日一足送還清楚，
恐口难信，立當田字為照。
道光念四年十一月廿八日　立當田字人　闕翰兆
胞弟　翰瓊
在見　胡其根
親筆

立當菜圎［園］字人丁祖發，今因缺錢應用，自情愿
将父手遺下菜圎［園］壹處，土名坐落松邑念一都后
宅庄本村下村自己屋門口墻外安着，□□□
當與闕佳旺邊，當過銅錢本肆仟文正，其钱
即日收訖，不少個文，其錢利面断，每千長年加
弍起息，的至来年冬成，并本利一應送還，不敢
欠少，如有欠少，任憑闕边永遠管業，丁边不得
異言阻执，恐口难信，故立當菜圎［園］字為據。
道光念柒年玖月念肆日　立當菜圎［園］字人　丁祖發
在見　蔡仁泰
代筆　闕明福

立当田契人闕翰兆，今因無錢吉［急］用，自情（愿）
将父手遺下自己阄内粮田壹處，坐
落松邑廿一都茶排庄，土名水崗塆安
着，上至闕姓田，下至闕姓田，右至闕姓
田，左至山路為界，今俱四至分明，请托
中人親立當契，送與翰岳賢第［弟］手
内，當過銅錢本叁拾弍仟文正，其
錢即日交清，其息當日三面言断，
每年统［充］纳租谷貮担正，其租谷八月
收租之期，送到錢主家下風尽［淨］交量，
不得短少，其本利下年送還，如有
不清楚，任憑弟边前去管業，當人
不得異言，恐口难信，故立当田契為用。

咸豐弍年二月初八日　立當田契　闕翰兆
在見　胡其根
代筆　翰陞

立當田契人闞翰兆，今因無錢應用，自情愿将父手遺下分己阄内民田壹處，坐落松邑廿一都茶排庄，小土名水崗塆，安着其田，上至玉成田，下至翰玉田，左至路，右至玉成田為界，今俱四至分明，自愿托中立字，出當與本家翰岳［鶴］弟入手承業，當出銅錢本壹拾陆千文，其錢即日收足，不少個文，其錢利三面言断，每年充纳水租谷壹担正，其谷的至秋收之日，送到錢主家下風扇交量清楚，不敢欠少升合，如有欠少，任憑錢主起耕管業，當人不得異言阻执，恐口难信，故立當字為據。

咸豐叁年三月初九日　立當田契人　闞翰兆

在見　翰瓊

代筆　翰堂

立賣茶子樹山塲字闕翰亮，今因無錢使用，自情愿将自己置有山塲，栽種有茶樹，坐落松邑廿一都茶排庄，土名蔴地窩面上安着，上至山頂，下至横路，左至賣人自己小茶子樹山為界，右至翰雲茶子山為界，今俱四至分明，托中親立賣字，出賣本村胡其根親邊入手承買為業，当日面断，定時值價錢陆仟捌伯文正，其錢即日收清足，不少個文，其茶子山自賣後，任凴買主前来收［修］理採摘，收租管業，賣人凴［並］無兄弟子侄人等阻留，一賣千休，無找無贖，愿賣愿買，两家甘愿，各無反悔，付與買主永遠管業，恐口难凴，故立買［賣］茶子樹山塲為據。

咸豐四年十二月廿八日　立買［賣］茶子山字人　闕翰亮

在見　翰维

翰生

代筆　翰陞

立賣竹山契人謝天富，今因無錢應用，自情愿
將父手遺下竹山壹處，土名坐落松邑廿一都大嶺后
庄，小土名屋对门大路上，安着其竹山，上至路為界，
下至路為界，左至馮其明竹山為界，右至路為界，
今俱四至分明，自愿託中立契，出賣與本家弟边
福生入手承買為業，三面言断，山價銅錢肆千文
正，其錢即日隨契两相交足，不少分文，其竹山併
及松杉雜木一应在内，自賣之日，任凴買主籙養，
永遠管業，異［與］内外人等並無干涉，如有来歷不明，
不涉買主之事，賣人一力承當，愿賣愿買，两相情愿，
並無逼勒，各無反悔，永無找贖等情，恐口难信，立
賣竹山契付與買主永遠為照。

一批界内有盛康公魂［墳］地一穴，任凴兄弟子孫另留
祭掃，不在契内，再照。

原中人弟　闲亮

咸豐拾年十弍月初九日　立賣竹山契人　謝天富

原中見契姪　有富

代筆人　謝闲養

立退田契人闕麗賢麗新今因钱粮無办自情愿将股内民田弍處土名坐落松邑念壹都后宅庄小土名大畈安着其田壹坵上下左右四至俱闕姓田為界又土名坐落石竹坪安着其田上至太祖文地下至路左右俱路為界計額壹分正今載四至分明自愿将叁股自己壹股立契出退與闕麗春麗茂邊入受承退為業當日凭中面断時值田價銅钱拾肆仟捌伯文正其田價钱即日收訖不少分文其田自退之后任凭退主推収過户粮起耕改佃叔祖管業愿退愿受两相情愿退字明價足無找無贖等情恐口難信故立契退字為據。

□□元年拾弍月拾陆日　立退田契人　闕麗賢（押）

闕麗新（押）

闕天信（押）

在場叔　闕天鑑

代筆　闕明福（押）

一批同治叁年叁月拾二日后宅庄大畈田壹坵　全弟

出賣與闕麗奎永遠管業

（前頁）>>>>>

立退田契人闕麗賢、麗新，今因錢粮無办，自情愿将股内民田弍處，土名坐落松邑念壹都后宅庄，小土名大畈，安着其田壹坵，上、下、左、右四至俱闕姓田為界，又土名坐落石竹坪，安着其田，上至太祖坟地，下至路，左右俱路為界，計額壹分正，今載四至分明，自愿将叁股自己壹股，立契出退與闕麗春、麗茂邊入受承退為業，當日凴中面断，時值田價銅錢拾肆仟捌伯文正，其田價錢即日收訖，不少分文，其田自退之后，任凴退主推收過户完粮，起耕改佃，收租管業，愿退愿受，两相情愿，退字明價足，無找無贖等情，恐口难信，故立契退字為據。

同治元年拾弍月拾陆日　立退田契人　闕麗賢

仝弟　闕麗新

在場叔　闕天信

闕天鑑

代筆　闕明福

一批同治叁年叁月拾二日后宅庄大畈田壹坵出賣與闕麗奎永遠管業。

立賣茶子山塲契人胡秉祖，今因無錢使用，自情愿将叔父遺下茶子山壹塊，坐落松邑廿一都茶排庄，土名蔴地窩面安着，上至山頂，下至横路，左至賣人自己小茶子樹山為界，右至德璉茶山為界，今俱四至分明，托房親伯叔立契出賣與闕玉廷［庭］兄邊入受承買為業，當日凴中三面言断，時值山價銅錢伍千玖伯文正，其錢即日當中交足，不少個文，自賣之後，任凴買主前去修理採摘，收租管業，賣人無得異言，如有内外伯叔兄弟人等，並無干碍，日先亦無文墨典當他人，倘有上手来歷不明，不涉買主之事，賣人一力承當，愿賣愿買，契明價足，無找無贖，割截断根，此出两相情愿，各無反悔，恐口难信，故立賣茶子山塲契付與買主永遠為據。

同治五年十一月廿弍日　立賣茶子山人　胡秉祖

在塲兄　胡秉禄

凴中叔　胡其恩

代筆伯　胡其松

凴中　闕玉茂

立賣田契人闕玉善今因錢粮無办自情愿將父手遺下自己閣内民田壹處土名坐落松邑念一都大人庙庄小土安岱岗四坑子安着上至王姓荒坪并水路下至賣人忌田左至王姓田并闕姓田右至路為界計額壹畝伍分正今載四至分明并及田頭地塝椿樹雜木并項一應在内托中立契出賣與闕麗奎邊入受承買為業當日憑中面斷時值田價銅錢肆拾伍仟文正其錢即日收訖不少分文其田自賣之后任憑賣主推收過户完粮起耕改佃收租永遠管業此係己分之業與内外伯叔兄弟子姪人等無涉如有上手来歷不明賣人一力支當不干買主之事愿賣愿買兩相情愿契明價足永無找贖并情恐口难信故立賣田契永遠為據

同治陸年拾壹月拾叁日 立賣田人 闕玉善

在場伯 翰培

叔 翰餘

憑中 謝其松

李盛安

闕振正

代筆 闕明福

（前頁）>>>>>

立賣田契人闕玉善，今因錢粮無办，自情愿将父手遣下自己閫内民田壹處，土名坐落松邑念一都夫人庙庄，小土名安岱岗四坑子安着，上至王姓荒坪并水路，下至賣人忌田，左至王姓田并闕姓田，右至路為界，計額壹亩伍分正，今載四至分明，并及田頭地角，椿樹雜木等項，一應在内，托中立契，出賣與闕麗奎邊入受承買為業，當日凴中面断，時值田價銅錢肆拾伍仟文正，其錢即日收訖，不少分文，其田自賣之后，任凴買主推收過户，完粮起耕，改佃收租，永遠管業，此係己分之業，與内外伯叔兄弟子姪人等無涉，如有上手来歷不明，賣人一力支當，不干買主之事，愿賣愿買，两相情愿，契明價足，永無找贖等情，恐口难信，故立賣田契永遠為據。

同治陆年拾壹月拾叁日　立賣田契人　闕玉善

在場伯　翰培

叔　翰餘

胡其松

凴中　李盛安

闕振正

代筆　闕明福

立拼杉木字人馮文有，今有杉
木壹塊，土名坐落松邑廿一都后
宅庄，小土名大嶺口丁盞窝，安着
杉木壹塊，上至小杉木山，下至小杉
木小横路，左至良炳琳杉木，右至
窝小坑為界，今俱四至分明，今來出
拚與闞開賢入手承拚為業，當
日凴中三面言断，時值價銅錢貳仟
捌伯文正，其钱即日交足明白，不少
分文，其杉木自拚之日，任凴拚主
養籙拾捌年下山完滿，不得過期，
如有過期，不得行用，再照，恐口难信，
故立拚杉木字『人』為用。
同治七年十二月初六日　立拚杉木人　馮文有
在見叔　馮炳琳
的筆

立出拚杉木人馮文有，今因『今』有杉木壹塊，土名坐落
松邑廿一都后宅庄，小土名大嶺后丁盞窝安着，上至
青山，下至小杉木，左至小坑窝，右至崀為界，今俱四
至分明，今来出拚與闞開通入手承拚為業，当日
凴中三面言断，時值價銅錢叁仟貳伯文正，其錢即
日交足明白，不少分（文），其杉木自拚之后，任凴養籙廿年
下山完滿，不得過期，如有過期，不得行用，恐口难信，
故立拚杉木『人』為用。

一批廿年砍伐發運，再照。

同治八年正月廿九日　立拚杉木人　馮文有

在見叔　馮炳琳

謝有富

親筆

立退竹山埸字人馮財有，今因無錢便［使］用，
自情愿将父手遺下自己阄内竹山，坐落松邑
念一都后宅庄，小土名大嶺后屋对面，安着竹山
壹處，併及松杉雜木，一應在内，上至山頂，下至坑，
左至馮永富竹山隨窝小坑合水，右至退主
自己竹山為界，今俱四至分明，今来自愿托中
出退與本家侄文有入受承退為業，當日
凴中面断，時值價銅錢貳仟玖百文正，其
錢即日付足，不少分文，其山自退之後，任凴砍
伐籙養，永遠子孫管業，愿退愿受，两
相情愿，永無找贖等情，恐口难信，故立退
字為據。

光緒弍年拾弍月初四日　立退竹山字人　馮財有
在見　馮来琳
凴中　馮元斌
朱志和
代筆　闕梅旺

立賣田契人闕玉基今因錢粮無办自情愿將祖父遺下分已闕内民田壹處坐落松邑二十一都茶排庄小土名水﨑壜安着田壹大塅上下左右四至闕姓田為界計額壹畝正又坐落路面上壜子東丸塥仸上荒地壹塊上至山脚下至路左至闕姓田右至灰寮為界併及田頭地脚樹雜木一應在内自愿托中親立文契出賣與本家玉庭兄邊入手承買為業當日憑中三面言斷目直時價洋銀肆拾弍元正其洋銀即日隨契兩相交付足訖不少分厘其田自賣之後任憑買主推收過戶起耕改佃完粮收租耕種管業其田未賣之先上手並無文墨重典交加既賣之後以内外伯叔兄弟子侄並無干碍如有上手來歷不明賣人自己一力承當不涉買主之事此賣愿買兩相情愿各無反悔一賣千休並無還贖之理恐口難憑故立賣田契付與買主永遠管業為據

光緒三年五月初八日

立賣田契人　闕玉基

在場胞兄　玉坤

玉秀

玉滿

見中　玉瑾

德璣

吳玉松

代筆　闕翰郁

（前頁）>>>>>

立賣田契人阙玉基，今因钱粮無办，自情愿将祖父遺下分己阄内民田壹處，坐落松邑二十一都茶排庄，小土名水崗塆，安着田壹大横，上、下、左、右四至阙姓田為界，計額壹畝正，又坐落路面上塆子裏瓦窑坵上荒地壹塊，上至山脚，下至路，左至阙姓田，右至灰寮為界，併及田頭地角，柏樹雜木，一應在内，自愿托中親立文契，出賣與本家玉庭兄邊入手承買為業，當日凴中三面言断，目直時價洋銀肆拾弍元正，其洋銀即日隨契两相交付足訖，不少分厘，其田自賣之後，任凴買主推收過户，起耕改佃，完粮收租，耕種管業，其田未賣之先，上手並無文墨重典交加，既賣之後，以［與］内外伯叔兄弟子姪並無干碍，如有上手来歷不明，賣人自己一力承當，不涉買主之事，愿賣愿買，两相情愿，各無反悔，一賣千休，並無逼抑之理，恐口难凴，故立賣田契付與買主永遠管業為據。

光緒三年五月初八日　立賣田契人　阙玉基

在塲胞兄　玉坤

玉秀

見中　玉滿

玉瑾

德璣

吴玉松

代筆　阙翰柳

立找斷截田契人闕玉基日前與玉庭兄邊交有民田壹契坐落松邑二十一都茶排庄小土名水崗灣着田壹大横丈坐落灣子裏丸端坵路面上荒地壹塊其田荒地畝分界至前有正契載明今因粮迫請託原中前來向勸業主找過契外洋銀伍元正其洋銀即日隨契兩相交付足訖不少分厘其田自找之後契明價足一找千休愿找愿斷割藤斷根日後永遠無找無贖並無逕都之理恐难凭故立找斷截田契付與買主永遠管業為據

光緒三年六月十九日　立找斷截田契人　闕玉基（押）

在場胞兄　玉坤（押）

原中　玉秀（押）

代筆　闕翰卿（押）

（前頁）>>>>>

立找断截田契人闕玉基，日前與玉庭兄邊交有民田壹契，坐落松邑二十一都茶排庄，小土名水崗�審，（安）着田壹大横，又坐落墘子裏瓦窑垢路面上，荒地壹塊，其田荒地畝分界至，前有正契載明，今因粮迫，請託原中前来向勸業主找過契外洋銀伍元正，其洋銀即日隨契两相交付足訖，不少分厘，其田自找之後，契明價足，一找千休，愿找愿断，割藤断根，日後永遠無找無贖，並無逼抑之理，恐口难凴，故立找断截田契付與買主永遠管業為據。

光緒三年六月十九日　立找断截田契人　闕玉基

在場胞兄　玉坤

原中　玉秀

代筆　闕翰柳

立當田字人闕起瞧，今因無錢應用，自情愿
将父手遺下分己民田，坐落二十一都茶排庄，小
土名水江塆天后宮田墈上，田一大坵安着，其
田内至起明田為界，外至天后宮田為界，左至
天后宮田為界，右至玉忠田為界，今俱四至分
明，自愿立字出當与起晧兄邊，當過細花洋
銀壹拾圓正，其洋銀即日付訖，不短分文，其洋銀
行利，當日三面言斷，每年八月充纳銀利租谷壹担
正，其谷利不敢欠少，如有欠少，其田任從銀主改佃
收租，當人無得異言阻执，今恐無凴，故立當田
字為照。

光緒叁年十一月二十四（日）　立當田字人　闕起瞧

在場兄　起旺

代筆伯　玉成

立退茶頭山塲契人馮藍生，今因無錢應用，自情愿將自置茶山壹處，土名坐落松邑廿一都后宅庄，小土名大嶺后屋后雷公坪内手，安着茶山壹處，上至山頂，下至橫路下坪内手下黨為界，左至買人茶山，右至小峎分水為界，今俱四至分明，今來出退與兄边馮文有入手承退為業，當日凴中面断，時直茶山價銅錢叁仟肆伯文正，其钱即日交足明白，不少分文，其茶山字［自］退之後，任凴兄边養籙採摘，永遠管業，四至界内，松杉茶木，壹應在内，如有上手來歷不明，退人一力承當，不涉買主之事，愿退愿手［受］，兩相情愿，各無反悔，壹退仟收［休］，永無找贖等情，今欲有凴，恐口难信，故立退茶山契『人』為據。

光緒叁年十二月初十日　立退茶山契人　馮藍生

凴中　謝開亮

在見　謝陳光

親筆

立當田字人闕玉勳，今因錢粮無办，自情愿将自己閬〔闔〕
内民田壹處，坐落松邑廿一都夫人庙庄，小土名東尖下，安
着水田壹處，上至闕姓田，下至闕姓田為界，左至坑，右至山
為界，今俱四至分明，自托原中立字，出當與闕秉漢入
受承當為業，三面言定，當過田價銅錢弍拾仟零捌百文正，其
錢即日當中交訖，不少分毫，八月秋收之後，充納水谷弍担，
送到錢主交量風扇明白，不敢欠少，如有欠少，任凴當主退收
起耕，退收過户，完粮管業，愿當愿受，两相情愿，各無反悔，
恐口难信，故立當字為據。

一批日後不拘年月，當主以備原價取贖，錢主不得执留。

光緒叁年拾弍月廿一日　立當田字人　闕玉勳

凴中　李盛安

闕振章

的筆

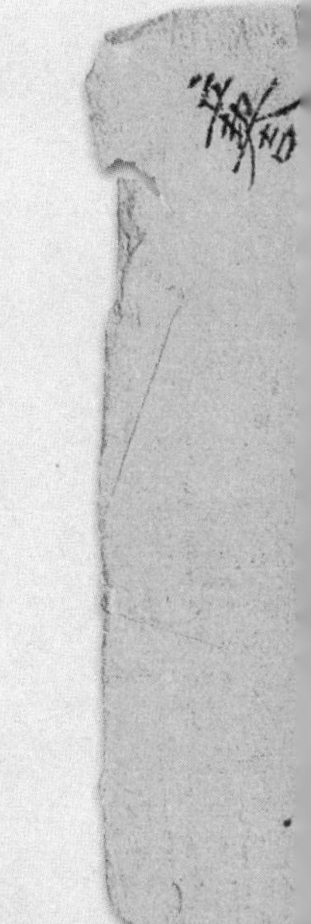

立賣灰寮屋基字人謝有華，今因無錢應用，自情愿将父手遺下自己鬮内灰寮壹直，土名坐落松邑廿一都后宅庄，小土名大嶺后屋内手曹［槽］碓頭，安着灰寮壹直，上連屋桷，下直基地，上至闕姓田，下至水圳，左至有達灰寮，右至開亮　江為界，今俱四至分明，立字出賣與馮金琳入手承買為業，當日面断，時直灰寮地基銅錢柒伯文正，其钱即日交足明白，不少分文，其基地自賣之後，任凴馮边收整　灰管業，賣人不敢異言阻执，恐口难信，姑［故］立賣灰寮屋基字『人』為據用。

光緒肆年十一月初四日　立賣灰寮基人　謝有華

在見兄　有達

叔　開亮

凴中　闞玉信

代筆　馮藍生

立當田字人闕起晧，今因無錢應
用，自情愿将祖父遺下已分阄内民田，
坐落松邑廿一都茶排庄，土名洋頭
崗，安着水田壹大坵，東至路，西至當
人田，南至闕姓田，北至闕姓田為界，
今俱四址分明，自愿立字出當與本
家玉庭叔邊承當為業，當過銅錢
本陸千文正，面断每年充纳水谷
利四桶正，其谷遞年的至八月秋收
之日，一足送到叔邊手内車净過桶，交
量清楚，不敢拖欠，如有欠少，任凴
錢主收租完粮管業，侄邊不得異
言阻执，恐口难信，故立田當字為據。
光绪五年十二月廿四日　立當田字人　闕起晧
在見兄　起明
代筆　玉高

立當田字人闕起晧今因無錢應用自
情愿將祖父遺下民田坐落松邑廿一都
茶排庄土名洋頭崗安着田壹大坵上至
當人田下至路左至闕姓田右至天甫屋
才田為界自愿托中立字出當與本
家玉球叔邊承當為業當過洋銀本
伍元正當日三面言斷每年充納水谷
利壹石正其谷遞年的至八月秋收
之日一足送到錢主家內車淨遞相
交量清楚不敢拖欠如有欠少任憑
叔邊收租完粮管業當人不得異
言阻挽恐口無憑故立當字為據

光緒陸年六月十九日立當田字人闕起晧（押）

立當田字人闕起晧，今因無錢應用，自情愿将祖父遺下民田，坐落松邑廿一都茶排庄，土名洋頭崗，安着田壹大坵，上至當人田，下至路，左至闕姓田，右至天闸秀才田為界，自愿托中立字，出當與本家玉球叔邊承當為業，當過洋銀本伍元正，當日三面言断，每年充納水谷利壹箩正，其谷遞年的至八月秋收之日，一足送到錢主家內車浄過桶，交量清楚，不敢拖欠，如有欠少，任憑叔邊收租完粮管業，當人不得異言阻执，恐口無憑，故立當字為據。

光绪陸年六月十九日　立當田字人　闕起晧

在見胞兄　起彩

代筆　玉高

立賣茶子山契人劉起茂仝弟等今因無錢應用自情愿將父手遺下栽種有茶子山壹處坐落松邑二十一都茶排庄龍井崀大炮頂安着茶子山壹塊其山東至青山南至劉姓茶山併青山西至劉姓茶山併青山北至青山為界今俱四至分明併及松杉雜木一應在内自愿託中親立文契出賣與本家玉庭叔入受承買為業當日憑中三面言斷時值山價銅錢弍拾叁千伍伯文正其錢即日隨契當中交付清楚不少分文其茶子山自賣之後任憑買主整修管業未賣之先上手並無文墨重典交加既賣之後以内外親房伯叔兄弟子侄並無干碍如有上來歷不清賣人一力承當不干買主之事愿賣愿買兩家心愿各無返悔一賣千休割藤斷日後永遠無找無贖並無違抑之理恐口難憑故立賣山場契付與買主永遠管業

為憑

光緒六年十二月二十八日

立賣茶子山契人 劉起茂（押）

起俊（押）

起鶴（押）

在場叔 劉玉魁（押）

玉璘（押）

憑中叔公 劉翰增（押）

代筆 劉翰榔（押）

（前頁）>>>>>

立賣茶子山契人闕起茂仝弟等，今因無錢應（用），自情愿将父手遺下栽種有茶子山壹處，坐落松邑二十一都茶排庄龍井艮大炮頂，安着茶子山壹塊，其山東至青山，南至闕姓茶山併青山，西至闕姓茶山併青山，北至青山為界，今俱四至分明，併及松杉雜木，一應在内，自愿託中親立文契，出賣與本家玉庭叔入受承買為業，當日凴中三面言断，時直山價銅錢弍拾叁千伍伯文正，其錢即日隨契當中交付清楚，不少分文，其茶子山自賣之後，任凴買主整修管業，未賣之先，上手並無文墨重典交加，既賣之後，以［與］内外親房伯叔兄弟子侄並無干碍，如有上（手）来歷不清，賣人一力承當，不干買主之事，愿賣愿買，两家心愿，各無反悔，一賣千休，割藤断（根），日後永遠無找無贖，並無逼抑之理，恐口難凴，故立賣山塲契付與買主永遠管業為據。

起俊

起鶴

玉將

光緒六年十二月二十八日　立賣茶子山契人　闕起茂

在塲叔　闕玉魁

凴中叔公　闕翰增

代筆　闕翰柳

立当茅竹山字人謝官良，今因
無钱應用，自情愿将父手置有茅
竹山壹處，土名坐落松邑廿一都后
宅庄大領［嶺］后，小土名良子裏，安着
茅竹山壹處，上至闕姓田，下至大路，
左至馮姓竹山，右至合路為界，四至
界内，松杉雜木在内，今俱四至分明，立
字出当與馮兰生手内，当過銅錢本式
千文正，其錢即日交足明白，不少分文，其
钱利面断，每年充納，加二起息，不敢欠
少，如有欠少，任凴钱主收整籙養竹
山管業，出当人不敢異言阻执，恐口难信，
立当茅竹山字為用。
一批謝边坟地式穴不在内。

光緒七年三月廿六日　立当茅竹山字人　謝官良

在見叔　開亮

兄　有富

有達

代筆　馮德茂

立出换田契人闕文政會内翰忠、麗洲等，今因本家玉庭架造缺基，伊愿将民田壹處，坐落本都庄大弄坑安着，上至墱坵，下至水圳下葉姓田，左右山沿為界，併及田頭地角，一应在内，计田大小共叁拾坵，计租谷贰担壹桶正，换入闕文政公會内收租管業，當日换去文政公會内田叁坵，坐落本都庄水缸墱安着，上至會内田，下至闕姓田，左右至闕姓田為界，计田叁坵，计租谷陆桶正，當日三面心愿，换去架造屋宇以作三倍对换平讫，自换之後，各無反悔，恐口難信，故立换田契為據。

一批錢粮各自完纳，無庸補貼。

一批所召會内田，水出到算盤坵去，不得截阻，再照。

光绪七年八月初弍日　立换田契人　闕翰忠

闕麗洲

闕麗楓

闕明照

闕殿奎

闕國珍

代筆　闕雨田

拾元

立賣田契人闕翰兆今因錢粮無办情愿父手遺下分已
閫内壹處生落松邑二十一都茶排庄小土名水岗墺安着
壹處上至闕姓田下至闕姓田左至山脚并大路右至闕姓田為界
今俱四至分明計額粮壹畝伍分正自愿托中立契出賣
與本家玉庭入手承買為業當日憑中三面言斷時價
洋銀玖拾元正其洋銀即日交清足訖無少個文其田
自賣之後任憑買主起耕改佃収租入册办粮如有上手
來歷不明賣人一力承當不干買主之事愿買愿賣
兩相情愿無反悔一賣千休恐口無憑故立賣田契付
主永遠爲業為據

一批林氏太婆坟地上手任憑賣人坟地壹穴安葬

光緒七年十二月十六日立賣田契人闕翰兆（押）

憑中　弟　翰瓚
　　　　　翰吉
在見　侄　玉信
　　　　　德璣（押）
代筆弟　翰堂（押）

（前頁）>>>>>

立賣田契人闕翰兆，今因錢粮無办，情愿（將）父手遺下分己阄内壹處，坐落松邑二十一都茶排庄，小土名水崗墘，安着壹處，上至闕姓田，下至闕姓田，左至山脚并大路，右至闕姓田為界，今俱四至分明，計額粮壹畝伍分正，自愿托中立契，出賣與本家玉庭入手承買為業，當日憑中三面言斷，時價洋銀玖拾元正，其洋銀即日交清足讫，不少個文，其田自賣之後，任憑買主起耕改佃收租，入册办粮，如有上手來歷不明，賣人一力承當，不干買主之事，愿買愿賣，两相情（願），各無反悔，一賣千休，恐口無憑，故立賣田契付（買）主永遠管業為據。

一批林氏太婆坟地上手，任憑賣人坟地壹穴安葬。

光绪七年十二月十六日　立賣田契人　闕翰兆

凴中弟　翰瓊

翰吉

侄　玉信

在見　德璣

代筆弟　翰堂

立找斷截田契人闕翰兆原因日前與玉庭侄交易民
田一块坐落松邑二十一都茶排庄小土名水碓墺安着
界至畝額前有正契載明今因無錢應用自愿托中向勸
業主找過契外洋銀玖元正其洋銀即日交清足訖不少
個文其田自找之後永不敢言找無恐口無憑故立找田契付
與買主永遠管業為據

光緒七年十二月廿九日立找斷契人 闕翰兆（押）

在場 胞弟 翰瓊（押）

侄 玉信（押）

原中 德璣（押）

翰榔（押）

代筆 弟 翰堂（押）

签

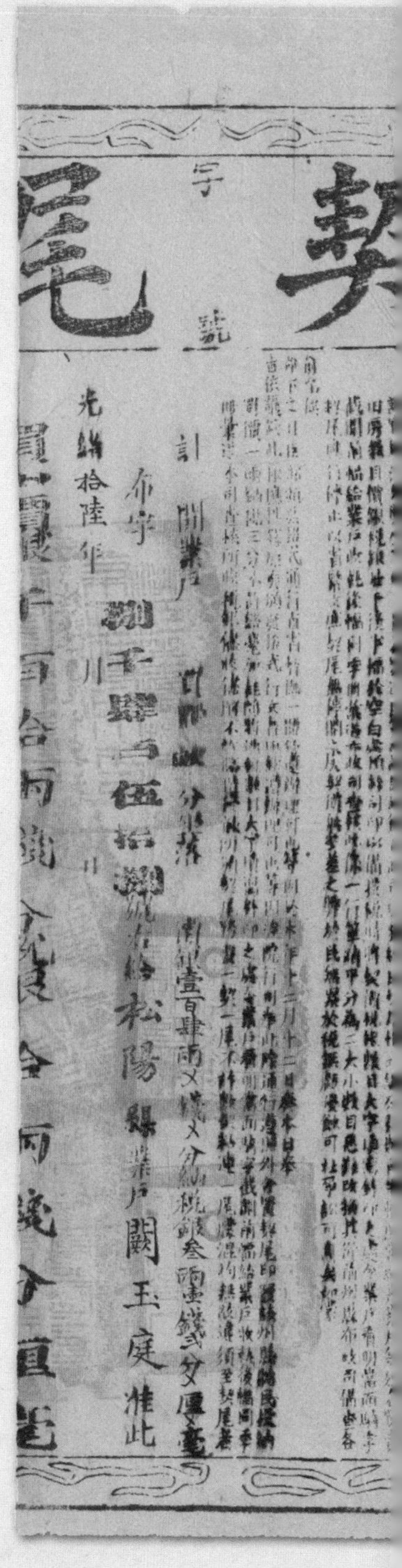

立找断裁［截］田契人闕翰兆，原因日前與玉庭侄交易民田一契，坐落松邑二十一都茶排庄，小土名水崗塆安着，界至畝額，前有正契載明，今因無錢應用，自愿托中向勸業主，找過契外洋銀玖元正，其洋銀即日交清足訖，不少個文，其田自找之後，永不敢言找『無』，恐口無憑，故立找田契付與買主永遠管業為據。

光绪七年十二月拾九日　立找断契人　闕翰兆

在傷［場］胞弟　翰瓊

侄　玉信

原中　德璣

翰柳

代筆弟　翰堂

（契尾，光緒拾陸年）

立杜找田契闕麗元，原因日先與鄧德連手内交易民田壹契，土名坐落松邑廿一都大岭口，小土名米粞［篩］林，安着其田，界至畝額，前有正契載明，今因無錢使用，再托原中向到業主邊勸説，找出契外洋銀伍元正，其銀即日交兑親［清］楚，不少（分）毫，其田自找之後，契明價足，永遠割藤断根，不敢異言找贖等情，恐口难信，故立杜找田契付與業主永遠為據。

光绪七年十弍月十六日　立找田契人　闕麗元

見找兄　闕麗洲

原中　雷俉益

闕振善

闕麗賢

代筆　李盛安

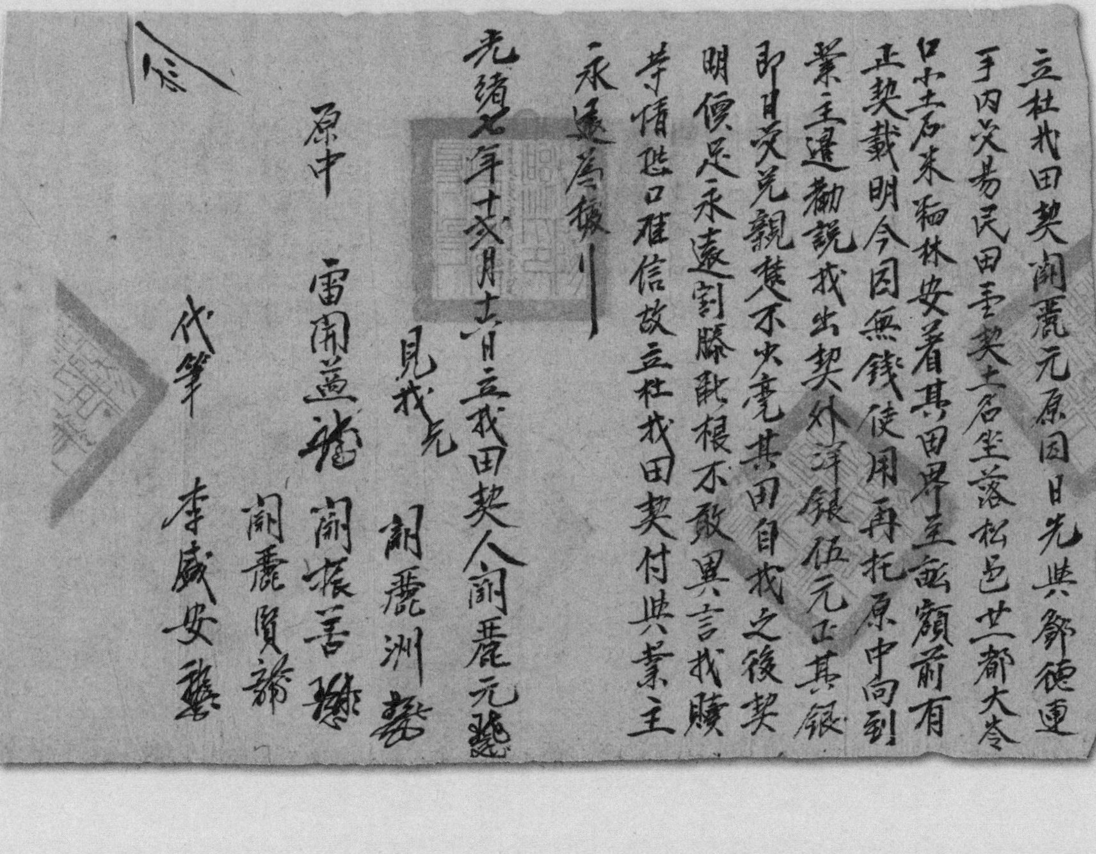

立賣山塲字人蔡開基仝弟侄等今因無錢使用自情愿將父手遺下民山坐
落松邑二十一都茶排庄，土名天堂坑，小土名山猕寮楊梅樹窩安着民山壹處，其山
上至山嶺坪細併橫路為界，下至坑為界，左至隨窩逕下双坑合水為界，右至上樣隨崀
分水下樣隨窩合水為界，今俱四至分明，自愿托中併及桐茶雜木項縜一概在內，立字
出賣与茶排庄闕玉庭親邊入手承買為業，當日憑中三面踏定，時值山價銅錢弍拾
叁千文正，其錢即日隨契當中交足訖，不少個文，其山自賣之后，任憑山主開山耕種
收租管業，賣人等並無異言，愿買愿賣，各無反悔，原係正行交易，此出兩相情愿，一賣千
休，寸土不留，日后賣人永不敢異言找價取贖，今欲有憑，恐口難信，故立賣山塲字付与買主子
孫永遠管業為據。

光緒捌年十二月　初三日立賣山塲字人　蔡開基（○）

在塲　弟開柏（押）

　　　侄其楚（押）

憑中　長清（押）

代筆　闕玉成（押）

合約

(前頁)>>>>>

立賣山場字人蔡開基仝弟、侄等，今因無錢使用，自情愿将父手遺下民山，坐落松邑二十一都茶排庄，總土名天堂坑，小土名山粉寮楊梅樹窝，安着民山壹處，其山上至山嶺坪坳併横路為界，下至坑為界，左至随窝透下双坑合水為界，右至上接随㫒分水，下接随窝合水為界，今俱四至分明，自愿托中，併及桐茶雜木頂［等］項，一概在内，立字出賣与茶排庄闕玉庭親邊入手承買為業，當日凂中三面断定，時值山價銅錢弍拾叁千文正，其錢即日随契當中交兑足訖，不少個文，其山自賣之后，任凂山主開山耕種，收租管業，賣人等並無異言，愿買愿賣，各無反悔，原係正行交易，此出两相情愿，一賣千休，寸土不留，日后賣人永不敢異言找價取贖，今欲有凂，恐口难信，故立賣山場字付与買主子孫永遠管業為據。

光緒捌年十二月初三日　立賣山場字人　蔡開基

在場弟　開招

侄　其楚

凂中　長清

代筆　闕玉成

立换田契闕麗洲、翰忠、翰柳、雨田、玉勳等，原
因闕文政公會有田一坵，坐落本都庄，小土名
水缸塆老王岭脚安着，上至路，下至闕姓田，左
至路，右至闕姓會内田為界，情因茶排玉秀
安葬田内，今伊子能福等邀请房族前来，
愿将伊祖父遺下民田一坵，坐落本都庄小土名大
弄坑下崩蓬安着，上至徐姓荒坪，下至荒坪，左
至闕姓田，右至闕姓會内田為界，计額五分，计租
壹担正，又貼會内本秋复收水谷叁籮正，以作對换
平讫，錢粮各自完纳，未换之先，各無轇轕，如有来
歷不明，各自承認，恐口無憑，故立换田契为照。

光绪九年五月十九日　立换田契人　闕麗洲

闕翰忠

在場見换　闕翰柳

闕玉勳

代筆　闕雨田

立換田契人闕能勝今因管業不便情愿将祖父遺下鬮内民田坐落松邑二十一都茶排庄土名水崗塆安着田一坵其田上至路併換主田為界下至闕姓田左至闕姓田為界右至水圳併闕姓田為界今俱四至分明托中筆立契出換本家玉庭叔邊承換管業換得玉庭叔邊民田坐落本邑本都本庄土名水崗塆安着田一坵其田上下左右四至皆闕姓田為界另又貼入銅錢叁千文正酌換公平田粮各自完納其田自換之後兩相情愿永無恢悔等情恐口難憑故立換田契付與叔邊永遠為據

一批契外另又貼入玉爐名下田價銅錢捌千文正

大清光緒拾壹年九月初四日立換田契人 闕能勝（押）

見換胞叔 闕玉爐（押）

憑中 闕德璣（押）

闕玉球（押）

依口代筆 闕玉兒（押）

（前頁）>>>>>

立換田契人闕能勝，今因管業不便，情愿将祖父遺下阄内民田，坐落松邑二十一都茶排庄，土名水崗墹，安着田一坵，其田上至路併換主田為界，下至闕姓田，左至闕姓田為界，右至水圳併闕姓田為界，今俱四至分明，托中筆立契，出換本家玉庭叔邊承換管業，換得玉庭叔邊民田，坐落本邑本都本庄，土名水崗墹，安着田一坵，其田上、下、左、右四至皆闕姓田為界，另又貼入銅錢叁千文正，酌換公平，田粮各自完納，其田自換之後，兩相情愿，永無反悔等情，恐口难憑，故立換田契付與叔邊永遠為據。

一批契外另又貼入玉爐名下田價銅錢捌千文正。

大清光緒拾壹年九月初四日　立換田契人　闕能勝

見換胞叔　闕玉爐

憑中　闕德璣

闕玉球

依口代筆　闕玉几

立退田契人闕石倉今因缺錢應用自情愿將祖父遺下民田壹處土名坐落松邑念一都后宅庄上村石竹坪祖婆地面前安着其田大小叁坵上至祖婆地坟下至大路左至右至大路為界今載四至分明計租谷法桶肆斗壹舶正托中立字出退與闕振通邊入手受承退當日憑中面斷時值價銅錢拾弍仟文正其錢即日收訖不少分文其田自退之后任憑錢主起耕改佃種收租管業如有上手來力不明出退人一力承當不干錢主之事愿退愿受兩相情愿各無反悔异情恐口难信故立退田契字為據

光緒拾陆年拾弍月拾陆日立退田契人闕石倉〇

在塲房伯闕麗富〇

見中　張葉財押

代筆　朱志和押

（前頁）>>>>>

立退田契人闕石倉，今因缺錢應用，自情愿将祖父遺下民田壹處，土名坐落松邑念一都后宅庄上村石竹坪祖婆地面前，安着其田，大小叁坵，上至祖婆地坟，下至大路，左至、右至大路為界，今載四至分明，計租谷陆桶肆斗壹觔正，托中立字，出退與闕振通邊入手『受』承退，當日憑中面断，時值價銅錢拾弍仟文正，其錢即日收訖，不少分文，其田自退之后，任憑錢主起耕改佃種，收租管業，如有上手來力［歷］不明，出退人一力承當，不干錢主之事，愿退愿受，两相情愿，各無反悔等情，恐口难信，故立退田契字為據。

光绪拾陆年拾弍月拾陆日　立退田契人　闕石倉

在場房伯　闕麗富

見中　張葉財

代筆　朱志和

立退断截田契人張聲慶仝弟等，今因缺錢應用，自情愿将祖父遺下分己股内民田，坐落松邑廿一都大嶺后，小土名大坑中假［段］，安着田壹處，大小共田陸坵正，計額壹畝正，上至闞姓田，下至大田坵，左至、右至俱坑為界，今具四至分明，托中立契，出退断截田契與本家父佑入手承買為業，當日凴中面断，目值時足價銅錢叁拾柒仟文正，其錢即日親收足訖，不短分文，其田自退之後，任凴買主推收過户，起耕改佃，完粮收租管業，退人不得異言阻執等情，一退千休，契断價足，割藤断截，永遠無找無贖等情，愿退愿手［受］，两相心甘，恐口難凴，立退断截田契永遠為據。

光绪拾陸年拾二月十九日　立退断截契　張聲慶

仝退　聲喜

　　　聲利

在見　聲海

　　　聲清

　　　聲奎

代筆　聲東

立當荒坪菜園字人馮元斌，原因無錢吉〔急〕用，自情愿将父手遺下分己阄内荒坪，土名坐落松邑廿一都后宅庄大嶺后，安着屋外手小土名杉樹殼大路下荒坪壹塊，上至大路，下至闕姓衆坪，左至路，右至石祟公荒坪為界，又土名米篩林沙堪坵下，安着石竹山并茶木山壹塊，上至闕姓田，下至坑，左至坑，右至德茂田為界，今俱四至分明，自愿立字出當與馮生茂手内，當出燥谷弍桶半正，目值時谷價作谷钱七伯伍拾文正，其钱谷即日隨字交足，不短分文，其坪自當之後，面断每年加弍起息，的至钱利谷限八月秋收之日，依大價上納钱利，不敢欠少，如有欠少，其荒坪竹茶山任凴钱主起耕管業，當人不得異言阻执，如有上手来歷不明，當人一力承当，不涉錢主之事，愿當愿受，两相情愿，恐口难信，故立當字為據。

光绪拾九年弍月初九日　立當荒坪字　馮元斌

見字兄　財有

代筆　馮有亮

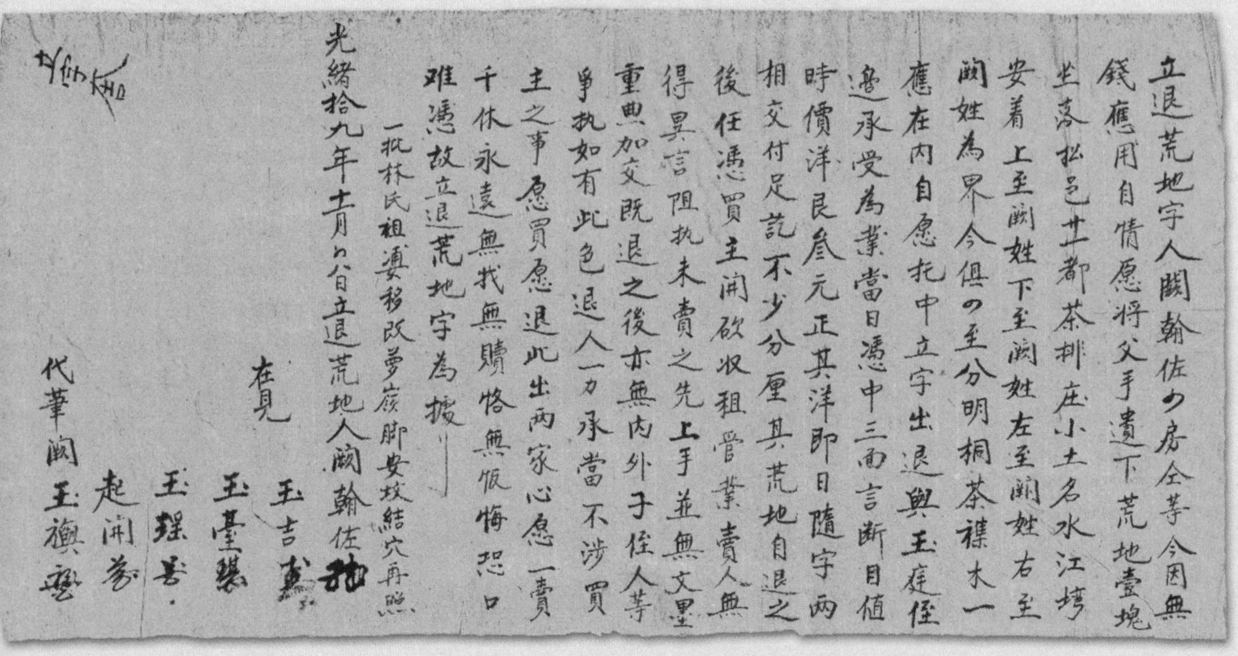

立退荒地字人闕翰佐四房仝等，今因無錢應用，自情愿将父手遺下荒地壹塊，坐落松邑廿一都茶排庄，小土名水江塆安着，上至闕姓，下至闕姓，左至闕姓，右至闕姓為界，今俱四至分明，桐茶雜木，一應在內，自愿托中立字，出退與玉庭侄邊承受為業，當日憑中三面言斷，目值時價洋银叁元正，其洋即日隨字兩相交付足訖，不少分厘，其荒地自退之後，任憑買主開砍收租管業，賣人無得異言阻执，未賣之先，上手並無文墨重典加交，既退之後，亦無內外子侄人等爭执，如有此色，退人一力承當，不涉買主之事，愿買愿退，此出两家心愿，一賣千休，永遠無找無贖，恪［各］無反悔，恐口难憑，故立退荒地字為據。

一批林氏祖婆移改萝［夢］嶺脚安坟結穴，再照。

光緒拾九年十一月初八日　立退荒地人　闕翰佐

在見　玉吉
玉臺
玉瑶
起闸

代筆　闕玉旗

立典字人闞起[目進]，今因無錢應用，自情愿將祖公輪流尝田，坐落新屋門口晒谷坪，田壹坵，計租拾桶正，自情立字出典與本家起爋入手，承典過洋銀弍元正，其洋即日隨字付訖，不少分厘，其田甲午年任憑銀主耕種，起[目進]無得異言阻执等情，恐口难信，故立典字為據。

光绪拾九年十弍月十九日　立典字人　闞起[目進]

見中　起晧

代笔　懷瑾

立賣山場契字人蔡門鄧氏今因無錢使用自情愿將祖父夫遺下
民山坐落松邑廿一都茶排庄振土名天堂坑小土名下斷子安着民山壹
處其山上至山頂下至坑左至闞姓山右至佰邊值相為界今俱四至分明自
愿托中併及桐茶雜木頂墳一概在内今来請托憑中立契出賣與茶排
庄闞玉庭親邊入手承買為業當日憑中三面言斷時值山價銅錢拾千七
伯文正其錢即日隨契當中交兑足訖不少個文其山自賣之后任憑山主
開山耕種收租管業賣人不敢異言阻挠與内外房親伯叔子侄人等備有
歷不明賣人一力承當不涉買主之事其山界内不留寸土壹賣千休永
遠不識認愿買愿賣此出兩相情愿並無逼勒契明價足割藤斷根
並無找贖等情兩相情愿各無反悔今欲有憑恐口難信故立賣山場
契字付與買主子孫永遠為據　愿價自贖

大清光緒拾玖年十二月廿八日立賣山場契字人蔡門鄧氏○

憑中　蔡開東（押）

在見　蔡開松○

蔡長福○

依口代筆蔡長清（押）

（前頁）>>>>>

立賣山塲契字人蔡門邱氏，今因無錢使用，自情愿将祖父夫遺下民山，坐落松邑廿一都茶排庄，總土名天堂坑，小土名下断［段］子，安着民山壹處，其山上至山頂，下至坑，左至闕姓山，右至佰公邊值相為界，今俱四至分明，自愿托中，併及桐茶雜木頂［等］項，一概在内，今来請託［托］凴中立契，出賣与茶排庄闕玉庭親邊入手承買為業，當日凴中三面言断，時值山價銅錢拾千七伯文正，其錢即日隨契當中交兑足訖，不少個文，其山自賣之后，任凴山主開山耕種，收租管業，賣人不敢異言阻执，与内外房親伯叔子侄人等（無涉），倘有（來）歷不明，賣人一力承當，不涉買主之事，其山界内不留寸土，壹賣千休，永遠不識認，愿買愿賣，此出两相情愿，並無逼勒，契明價足，割藤断根，並無找贖等情，两相情愿，各無反悔，今欲有凴，恐口难信，故立賣山塲契字付与買主子孫永遠為據。

愿［原］價自贖。

大清光緒拾玖年十二月廿八日　立賣山塲契字人　蔡門邱氏

凴中　蔡開東

在見　蔡開松

蔡長福

衣［依］口代筆　蔡長清

立合同字阙起能今因坐落本都本庄民田土名处共田与房叔玉庭田共一水源放水灌溉互相争讼前邀房亲伯叔等至田劝理平分于自己出田水坵左手水缺放一平水石右手碓脚下水壠放一平水石中央壹缺放下一平水石破佃坵田亦左手水缺放一平水石右手水缺放一平水石左手上下坵之缺水归玉庭右手上下坵之缺水归起能自平之后听其自流永无争执等情恐口难信故立合同为照

一批上下坵如要破水准其起能另破若天旱之时毋得另破

光绪二拾年五月二十三日立合同字阙起能

在场 阙玉全

阙起章

阙玉土

代笔阙玉镳

合同

（前頁）>>>>>

立合同字闕起能，今因坐落本都本庄民田壹处，其田與房叔玉庭田共一水源，放水灌溉，互相争訟，兹邀房親伯叔等至田勸理平分，于自己田出水坵左手水缺，放一平水石，右手墈脚下水壠，放一平水石，中央壹缺，放一平水石，破下细坵田亦左手水缺，放一平水石，右手水缺，放一平水石，左手上下坵之缺水歸玉庭，右手上下坵之缺水歸起能，自平之後，聽其自流，永無争执等情，恐口难信，故立合同為照。

一批上下坵如要破水，准其起能另破，若天旱之時，毋得另破。

光绪二拾年五月二十二日　立合同字　闕起能

在場　闕玉全

闕起章

闕玉土

代筆　闕玉鑣

立賣断截田契字人謝有富，今因無錢
應用，自情愿将自己閑墾之田，土名坐落
松邑廿一都后宅庄大嶺后，小土名槽碓
頭魚塘下，安着田壹處，上至水圳，下至
路，左至路，右至坑為界，今俱四至分明，併
及界内荒坪地角，茶棕雜木，一應在内，自
愿託中立契，出賣與馮藍茂入手承
買為業，當日凴中三面言断，目值時
價銅錢叁仟九伯文正，其錢即日隨
契交付足訖，不短分文，其田自賣之
後，任憑買主耕種，收租管業，賣人不得
異言阻执，房親兄弟前等並無干碍，
如有來歷不明，賣人一力承當，不涉買
主之事，愿賣愿買，两相情愿，一賣割断，
契断價足，永遠無找無贖等情，各無
反悔，恐口难信，立賣田契字為據。
一批無粮，自己無奈，推收過割，自情送與，日後不敢异言
多端等情。一批無粮，情愿，此照。有富、陳光。
光緒貳拾壹年三月初三日　立賣田契　謝有富
在見侄　文利
弟　陳光
凴中　馮玉琳
代筆　馮文銘

立杜找田契人闕開妹，今因無錢使用，自情愿将原因日先闕振陽
手内交易民田壹契，坐落石倉源念一都后宅庄大寮車岗頭，安
着民田（壹）處，界至粮額，前有正契載明，請托原中向勸業主，找遏契
外洋銀柒元弍角正，其洋即日交訖，不少分文，其田自找之後不識
認，一找千休，如有此色，以作叠論［騙］之倫［論］，永遠割藤断根，两相情愿，各
無反悔等情，恐口难信，故立找田契為據。

光绪弍拾壹年三月十九日　立找田契人　闕開妹

在場　闕開寿

憑中　闕振通

代筆　朱志和

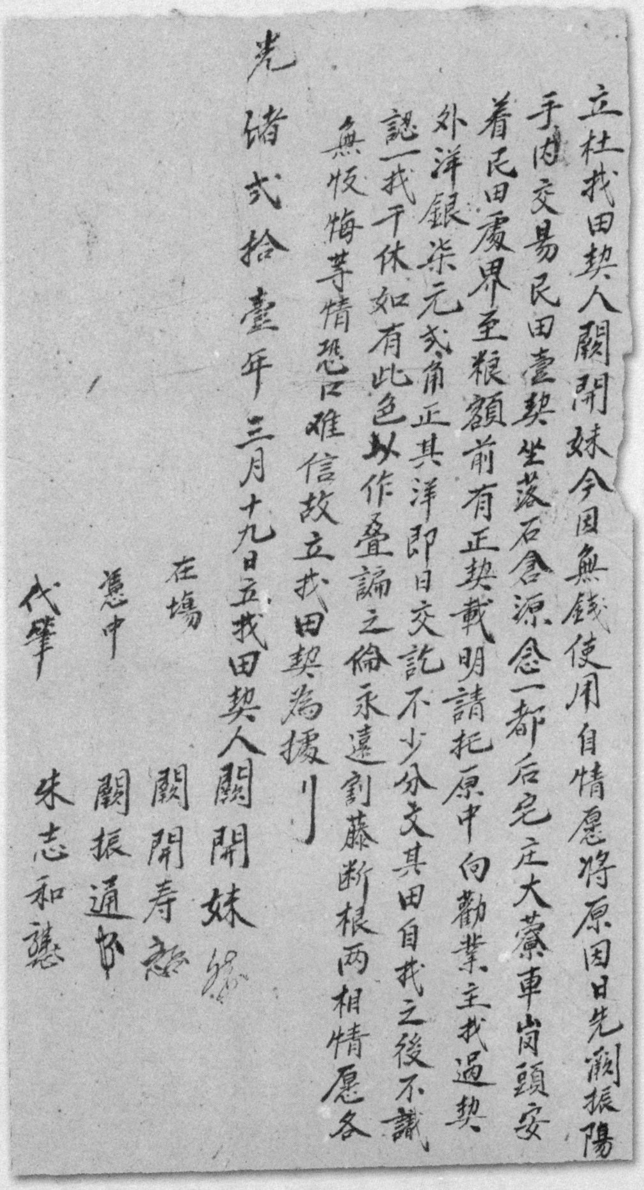

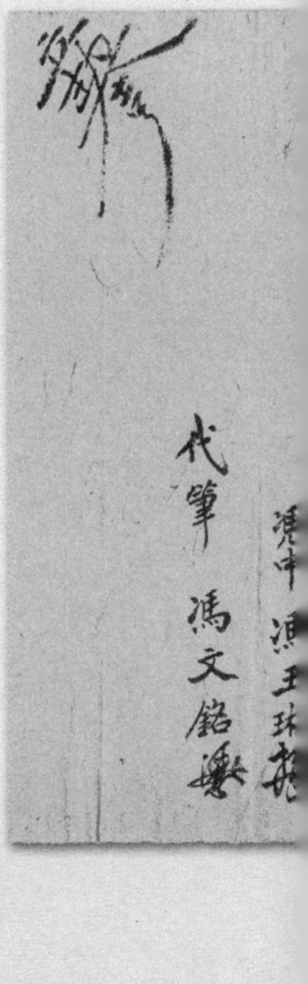

立當田字人闕玉熊，今因無錢应用，自情愿将祖父分己遺下民田壹坵，坐落松邑廿一都山邊庄王姓门口，安着水田壹坵，其田上至闕姓田，下至王姓门口墈，内至闕姓田，外至闕姓田為界，今俱四至分明，自托憑中立字，出當本家起全侄边，當出洋銀壹拾陸員正，其洋利面言，每年秋成之日，充纳水穀弍担正，其利穀不敢欠少，如有欠少不清，任憑銀主收租管業，當人不得異言阻执，恐口难信，故立當田字為據。

光绪弍拾壹年九月初六日　立當田字人　闕玉熊

在見　王安發

代筆　闕玉善

立退琉璃會字人闕玉妹，今因無錢應用，自情愿將父手分派自己鬮內夫人庙正月指六琉璃會十二股內一股出退與房兄玉庭入手爲業，三面言斷，目值時價銅錢拾捌千文正，其錢即日付清，不少分文。自退之後，任憑兄邊前去輪流散胙，退人不得異言阻執。此係兩相情愿，各無悔悔，恐口無憑，故立退會爲據。

光緒丁酉念叁年冬月念冬日立退琉璃會人闕玉妹（押）

在傷胞弟　玉蘭（押）

憑中胞侄　能禄（押）

代筆　能裕（押）

立退會字（押）

（前頁）>>>>>

立退琉璃會字人闕玉妹，今因無錢應用，自情愿將父手分派自己鬮内夫人庙正月拾六琉璃會十二股内一股，出退與房兄玉庭入手為業，三面言斷，目值時價銅錢拾捌千文正，其錢即日付清，不少分文，自退之後，任憑兄邊前去輪流散昨［胙］，退人不得異言阻執，此係两相情愿，各無反悔，恐口無憑，故立退會為據。

光緒丁酉念叁年叁月念叁日　立退琉璃會人　闕玉妹

在傷［埸］胞弟　玉蘭

憑中胞侄　能禄

代筆　能裕

合

立賣断截田契字胡高斌嗣孫三房仝等今因無錢應用愿將嘗田
壹處坐落松邑廿一都茶排庄小土名水岗湾安着民田壹坵上至闕姓
田界下至闕姓田界左至闕姓田界右至闕姓田為界今俱四至分明計
粮額壹分正自愿托中立字出賣與闕起燃親邊入受承買為業當日憑
中三面言断目真時價洋銀玖元正即日隨契付清足訖自賣之後任憑買
主起耕易佃過户完粮叔祖嘗業族內中[illegible]不[illegible]異言阻执此出正行交易並
無文墨典當在先一賣千休如同截木[illegible]贖如有上手來歷不明賣人
一力承當不涉買人之事愿賣愿買並[illegible]逼抑等情兩相情愿各無反
悔恐口無憑故立截断田契字付與闕邊永遠為據

大清光緒念叁年拾月初十日立賣田契字人族長胡其吉

房侄　秉裕
　　　敦養

中見　闕培基

代筆　秉增

（前頁）>>>>>

立賣断截田契字（人）胡尚斌、嗣孫三房仝等，今因無錢應用，愿将嘗田壹處，坐落松邑廿一都茶排庄，小土名水崗湾，安着民田壹坵，上至阙姓田界，下至阙姓田界，左至阙姓田界，右至阙姓田為界，今俱四至分明，計粮額壹分正，自愿托中立字，出賣與阙起爋親邊入受承買為業，當日憑中三面言断，目真［直］時價洋銀玖元正，即日隨契付清足訖，自賣之後，任憑買主起耕易佃，過户完粮，收租管業，族内之人不敢異言阻执，此出正行交易，並無文墨典當在先，一賣千休，如同截木，永不言贖，如有上手来歷不明，賣人一力承當，不涉買人之事，愿賣愿買，並無逼抑等情，两相情愿，各無反悔，恐口無憑，故立截断田契字付與阙邊永遠為據。

大清光緒念叁年拾月初十日　立賣田契字人族長　胡其吉

房侄　秉裕

敦養

見中　阙培基

代筆　秉增

立出送户票字胡尚斌，今因户内粮押出一分正入栅〔册〕阙進兴户内完纳，不敢乏漏分毫，故立遏粮户票字為照。

光绪廿三年十月初十日　立遏粮户人　胡其吉

代筆　秉增

立賣田契人闕玉熊今將錢粮無办自情愿將分自己閹内民田壹坵坐落松邑廿一都夫人廟庄小土名山邊安着水田壹坵上至闕姓田下至王姓大门坪堪脚為界左至闕姓田右至闕姓田為界今俱四至分明計額壹畝弍分五厘正自愿托中立契出賣與闕玉庭兄邊入受承買為業三面断定面断目稙時價英洋五拾九員正其洋即日隨契付清不少分厘其田自賣之後任憑買主起耕改佃過户完粮収租管業上手如有来歷不明賣人一力承當不涉買主之事愿買愿賣兩家情愿各無反悔恐口無憑故立賣契永遠為據

光緒念叁年十二月十五日立賣田契人闕玉熊

玉勲

起慶 书

見中 王安發

邱硋斌

代筆 闕進宮

(前頁)>>>>>

立賣田契人闕玉熊，今将錢粮無办，自情愿将分自己閹内民田壹坵，坐落松邑廿一都夫人廟庄，小土名山邊，安着水田壹坵，上至闕姓田，下至王姓大门坪勘脚為界，左至闕姓田，右至闕姓田為界，今俱四至分明，計額壹畝弍分五厘正，自愿托中立契，出賣與闕玉庭兄邊入受承買為業，三面断定，面断目值時價英洋五拾九員正，其洋即日隨契付清，不少分厘，其田自賣之後，任凴買主起耕改佃，過户完粮，收租管業，上手如有来歷不明，賣人一力承當，不涉買主之事，愿買愿賣，两家情愿，各無反悔，恐口無凴，故立賣契永遠為據。

光緒念叁年十二月十五日　立賣田契人　闕玉熊

玉勲

起慶

見中　王安發

邱砿斌

代筆　闕進宫

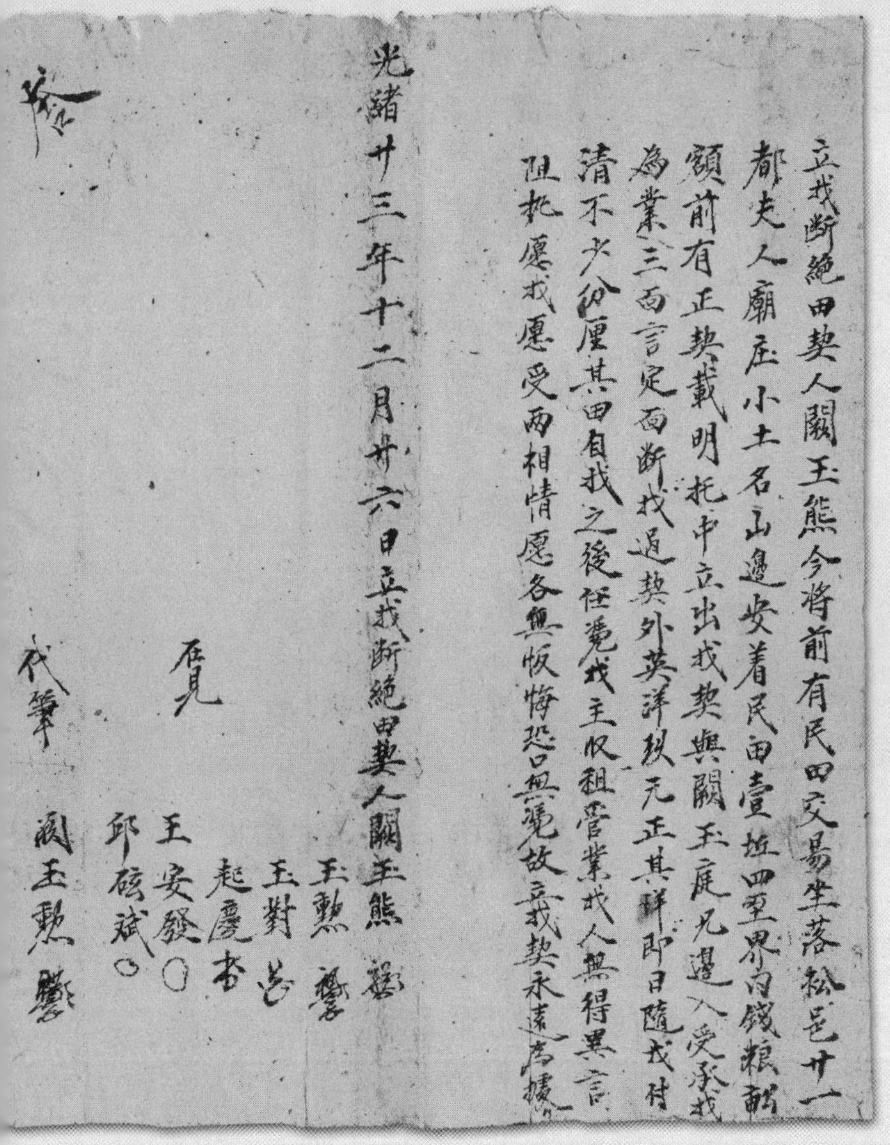

立找断絕田契人闞玉熊，今將前有民田交易，坐落松邑廿一
都夫人廟庄，小土名山邊，安着民田壹坵，四至界内，錢粮畝
額，前有正契載明，托中立出找契，與闞玉庭兄邊人受承找
為業，三面言定面断，找過契外英洋玖元正，其洋即日隨找付
清，不少分厘，其田自找之後，任憑找主收租管業，找人無得異言
阻执，愿找愿受，两相情愿，各無反悔，恐口無憑，故立找契永遠為據。
光緒廿三年十二月廿六日　立找断絕田契人　闞玉熊

玉勲

玉對

起慶

在見　王安發

邱砇斌

代筆　闞玉勲

立賣倉房字人闞起楨，今因錢粮莫办，自情愿將祖父遺下分己閣内禾倉壹間，又籠房壹股，坐落黄旺下手住屋内樓上右手衕倉外壹間，併及批［毗］連横屋後籠房三股壹股，自愿托中立契，出賣與胞伯玉庭入受承買為業，當日三面言斷，時值價洋银柒元正，其洋银即交付足訖，不少分毫，其業自賣之後，任憑買主管業便用，此係自己閣内清楚倉房，與内外伯叔兄弟人等並無干碍，如有來歷不明，賣人一力承當，不係買主之事，愿買愿賣，兩相情愿，從毋逼抑等情，恐口無憑，故立賣倉房字交與買主永遠為據。

光緒念四年巧月十六日　立賣字人　闞起楨

在見　闞起庸

依口代筆　闞玉梁

立退房屋基地字人闕振通今因無錢應用自情愿将父手遺下自己閫内房屋基地坐落松邑念壹都后宅庄小土名下村自己正屋左手小門邊安着披晒基地壹間在内其基地内至墙脚外至承主自己厨房墙脚左至闕姓墙脚右至小門併墙脚出入為界今具四至分明托中立字出退與本家闕振楊兄邊入受承退為業當日憑中三面斷定時值基地價洋銀叁元正其洋即日隨契兩相交訖不小分厘其基地自退之後任憑承主修整架造管業此係己分之業與内外伯叔兄弟子侄人等無涉日先亦無重典若有上手来歷不明退人一力承當不干承主之事契明價足愿退愿承兩相心愿各無反悔一退千休日後再不敢識認反悔找贖等情恐口無憑故立退房屋基地永遠為據

光緒念肆年七月十六日立退房屋基地字人闕振通（押）

在塲房兄闕振閏书

代筆闕乃發（押）

（前頁）>>>>>

立退房屋基地字人闕振通，今因無錢應用，自情愿将父手遺下自己鬮内房屋基地，坐落松邑念壹都后宅庄，小土名下村自己正屋左手小門邊，安着披晒基地壹間在内，其基地内至墻脚，外至承主自己厨房墻脚，左至闕姓墻脚，右至小門併墻脚出入為界，今具四至分明，托中立字，出退與本家闕振楊兄邊入受承退為業，當日憑中三面断定，時值基地價洋銀叁元正，其洋即日隨契兩相交訖，不小［少］分厘，其基地自退之後，任憑承主修整架造管業，此係己分之業，與内外伯叔兄弟子侄人等無涉，日先亦無重典，若有上手来歷不明，退人一力承當，不干承主之事，契明價足，愿退愿承，两相心愿，各無反悔，一退千休，日後再不敢識認反悔找贖等情，恐口無憑，故立退房屋基地永遠為據。

光緒念肆年七月十六日　立退房屋基地字人　闕振通

在場房兄　闕振閏

代筆　闕乃發

立討田劄字人邱砇斌，今因無田耕種，自情问到茶排阙玉庭親边討过民田壹处，坐落松邑廿一都石倉源夫人庙庄，小土名山边垻心裏，安着田壹处，其田上至阙姓，下至阙姓，左至阙姓，右至水塚，今俱四至分明，計水租谷四担，每年秋收之日，送到田主家中風扇交量，不得欠少，如有欠少，起耕易佃，種人無得异言，此出两家心愿，恐口無憑，故立討田劄字為據。

光绪念四年拾月廿一日　立討田劄人　邱砇斌

見　陳水生

代筆　王金興

立當田字人闕能福，今因無錢應用，自情
愿将上手遺下民田壹處，坐落松邑廿一都
石倉源茶排庄，土名老王嶺脚，安着田壹圵，
其田上至大路，下至當主屋後塝，左至路，右至
天后宫田為界，今俱四至分明，託中立字，
當與本家石祥侄边入手承當，三面
言断，當過英洋陸員正，每年秋收之
期，充納水谷四桶正，不敢欠拖，如有拖
欠，任憑錢主追租等情，恐口無憑，故立當
田字为據。

光緒弍拾六年叁月拾六日　立當田字人　闕能福
代笔　闕永言

一批丁未年十二月二十日收英洋六元。

立賣断截田契人王啟美今因管業不便自情愿将自置民田坐落松邑
二十一都石倉源夫人庙庄小土名山邊垻身宕安着民田壹處上至闕姓田
下至葉姓田左至闕姓田右至[illegible]為界其田今俱四至分明界内并及田頭
地坳槿茶雜木等項一概在内計額弍畝正計田壹大坵将田自愿托中立契
出賣與闕玉庭親邊入受永遠為業當日憑中三面言断目值時價契
内英洋壹伯弍拾弍員正其洋即日隨契交付清楚不少分厘其田自賣之後
任憑買主起耕易佃過户完粮收租管業未賣之先亦無文墨典当如有
上手来歷不明賣人一力承当不干買主之事此係之田自己清楚物業與内外
伯叔兄弟子侄人等無涉契明價足日後永無找贖一賣千休如同截木愿
賣愿買此及兩相情愿各無悔[illegible]等情恐口難信故立賣断截田契付與買
主永遠為據

光緒弍拾六年拾弍月初六日　立賣断截田契人　王啟美

胞兄在見　啟瑞

憑中　闕啟芳　闕起良　闕培章　王安發　闕玉對　邱砿斌

代筆　闕玉璜

(前頁)>>>>>

立賣断截田契人王啟美，今因管業不便，自情愿将自置民田，坐落松邑二十一都石倉源夫人庙庄，小土名山邊垻身裏，安着民田壹處，上至闕姓田，下至葉姓田，左至闕姓田，右至水□為界，其田今俱四至分明，界内并及田頭地角，槿茶雜木等項，一概在内，計額式畝正，計田壹大坵，将田自愿托中立契，出賣與闕玉庭親邊入受承買為業，當日憑中三面言断，目值時價契内英洋壹伯式拾式員正，其洋即日隨契交付清楚，不少分厘，其田自賣之後，任憑買主起耕易佃，過户完粮，收租管業，未賣之先，亦無文墨典当，如有上手来歷不明，賣人一力承当，不干買主之事，此係『之田』自己清楚物業，與内外伯叔兄弟子姪人等無涉，契明價足，日後永無找贖，一賣千休，如同截木，愿賣愿買，此及两相情愿，各無反悔等情，恐口難信，故立賣断截田契付與買主永遠為據。

光緒式拾六年拾式月初六日 立賣断截田契人 王啟美

胞兄在見 啟瑞

啟芳

闕起良

憑中 培章

王安發

闕玉對

邱硋斌

代筆 闕玉璜

立退田契字人闕振文、振潤仝侄等，今因錢粮無办，自情愿將祖父遺下自己阄内民田壹處，坐落松邑念壹都石倉源后宅庄，小土名觀音坪，安着田壹大坵，正計租叁桶正。其田上至闕姓田，下至闕姓田，左至闕姓荒坪，右至闕姓田為界，今具四至分明，計額五分正。今来托中立契出退與本家闕乃餘侄边入受承退為業。當日憑中三面断定，時值田價英洋銀弍拾陸元正。其洋即日隨契两相交付訖，不少分厘。其田自退之後，任憑承主推收過户，起耕改佃，收租完粮管業。如有上手來歷不退，人一力承當，不干承主之事。契明價足，愿退愿承，两相心愿，永断割藤，一退千休，日後永無找贖等情。恐口難信，故立退田契字永遠為據。

光緒弍拾柒年二月十九日立退田契字人　闕振文（押）

仝退　振潤（押）

在場　王氏　乃恒（押）　乃斐（押）　麗椿（押）

憑中　振茂（押）

代筆　乃發（押）

（前頁）>>>>>

立退田契字人闕振文、振潤仝侄等，今因錢粮無办，自情愿将祖父遺下自己阉内民田壹處，坐落松邑念壹都石倉源后宅庄，小土名觀音坪，安着田壹大坵正，計租壹桶正，其田上至闕姓田，下至闕姓田，左至闕姓荒坪，右至闕姓田為界，今具四至分明，計額五分正，今来托中立契，出退與本家闕乃餘侄边入受承退為業，當日凴中三面断定，時值田價英洋銀式拾陸元正，其洋即日随契两相交付（足）訖，不少分厘，其田自退之後，任凴承主推收过户，起耕改佃，收租完粮管業，如有上手來歷不（明），退人一力承當，不干承主之事，契明價足，愿退愿承，两相心愿，永断割藤，一退千休，日後永無找贖等情，恐口难信，故立退田契字永遠為據。

光緒式拾柒年二月十九日 立退田契字人 闕振文

仝退 振潤

王氏

在場 乃恒

乃斐

麗椿

凴中 振茂

代筆 乃發

立賣田契字人闕懷珠，今因無錢應用，自情愿將祖父遺下分己
鬮内民田，坐落松邑廿一都茶排庄，小土名水岗塆安着，計田大小貳
坵，計額伍分正。其田上至闕姓田，下至闕姓田，左至闕姓田，右至闕姓
田為業，今具四至分明，自愿托中立字出賣與雷義洪親邊入
手承買為業，三面言斷，目值時價英洋叁拾陆元正，其洋即日隨
字付清足訖，不少分厘。其賣之後，任凭雷邊清明祭掃，賣人無
得異言阻執。恐賣恐買，各無悔等情。恐口难信，故立賣田
契字為據。

一批：不限年月，備其契内原價取贖，粮額賣人自己完納再照。

光緒貳拾捌年貳月初九日　立賣田契字人　闕懷珠（押）

在見　闕懷瑾（押）
劉仁富（押）

中人　闕玉对（押）
胡炳堂（押）

依口代筆　闕沛匡（押）

（前頁）>>>>>

立賣田契字人闕懷珠，今因無錢应用，自情愿将祖父遺下分己阄内民田，坐落松邑廿一都茶排庄，小土名水岗墘安着，計田大小弍坵，计額伍分正，其田上至闕姓田，下至闕姓田，左至闕姓田，右至闕姓田為業［界］，今俱肆至分明，自愿托中立字，出賣与雷義洪親邊入手承買為業，三面言断，目直時價英洋叁拾陆元正，其洋即日随字付清足讫，不少分厘，其賣之後，任凴雷邊清明祭掃，賣人無得異言阻執，愿賣愿買，各無反悔等情，恐口难信，故立賣田契字為據。

一批不限年月，偹其契内愿［原］價取贖，粮額賣人自己完纳，再照。

光绪弍拾捌年弍月初九日　立賣田契字人　闕懷珠

在見　闕懷瑾

劉仁富

中人　闕玉対

胡炳堂

依口代筆　闕沛臣

立賣割斷田契羅紹寶今因缺錢應用自愿將父手遺下民田一處土名坐落南州本村坑頭源坟塝邊風樹脚田弍坵正計額壹畝壹分弍重伍毫正計租弍担弍桶正並田坪地角一應在內今俱四至分明托中親立文契出賣與阙玉庭岳父親邊為業三面斷定目值時價英洋柒拾元正其英洋即日清收完足其田任從阙邊易佃收租扦插安居過戶完粮此係自己物業為内外伯叔兄弟子姪人等無涉日前並無典當重賣文墨交加日后無找無贖契明價足自能一力承當不干阙邊之事如同截木羅世後戶下推出額壹畝壹分弍重伍毫正入與廿一都石倉源阙邊戶下入册办粮不得丢漏此出两家心愿各無返悔憑無逼抑等情恐口無憑故立賣割斷田契永遠為據

光緒甲辰卅年弍月拾六日立賣割斷田契羅紹寶

胞兄　羅庭耀

見中　羅大舉

代筆　羅國有

外批去英洋弍員正息以作完粮之資

（前頁）>>>>>

立賣割断田契羅紹寶，今因缺錢應用，自愿将父手遺下民田一處，土名坐落南州本村坑頭源坟塔邊風樹脚，田弍坵正，計額壹畝壹分弍厘伍毫正，計租弍担弍桶正，並田坪地角，一應在内，今俱四至分明，托中親立文契，出賣與闕玉庭岳父親邊為業，三面断定，目值時價英洋柒拾元正，其英洋即日清收完足，其田任從闕邊易佃收租，扦掘安厝，過户完粮，此係自己物業，為［與］内外伯叔兄弟子姪人等無涉，日前並無典當重賣文墨交加，日后無找無贖，契明價足，自能一力承當，不干闕邊之事，如同截木，羅世後户下推出額壹畝壹分弍厘伍毫正，入與廿一都石倉源闕邊户下入册办粮，不得丢漏，此出两家心愿，各無反悔，憑［並］無逼抑等情，恐口無憑，故立賣割断田契永遠為據。

光緒甲辰卅年弍月拾六日　立賣割断田契　羅紹寶

胞兄　羅庭耀

見中　羅大舉

代筆　羅國有

外批去英洋弍員正，利息以作完粮之資。

立賣斷截田契字人闕執舟今因無錢使用自情愿將自置民
田坐落松邑廿一都夫人廟庄小土名安代崗安着田壹處其田上
至闕姓田下至闕林二姓田左至闕姓田右至石礆為界今俱四至分
明四至界内田坪地埇細樹雜木一概在内計額叁畝正自愿托中
立契出賣與本家起爀叔边入手承買為業当日憑中三面言断時
值價洋银壹佰零叁元正其洋即日隨契交付足訖不少分厘其田自
賣之後任憑買主推收過户完粮收租執契管業出賣人無得異
言阻執如内外伯叔兄弟子侄人等並無過抑等情此係自己物業如
有上手来歷不明賣人一力承当不涉買主之事一賣千休如同截木愿
買愿賣兩相情愿永無找贖各無悔悔恐口難信故立賣斷截田
契字為據

光緒叁拾年十月初吾 立賣田契人闕執舟（押）

在場 雷興叙

在見 廣求（押） 執因（押）

憑中 信賢（押） 單娴炎（押）

代筆 起棟（押）

立賣 弍拾八号

（前頁）>>>>>

立賣断截田契字人闕執舟，今因無錢使用，自情愿將自置民田，坐落松邑廿一都夫人廟庄，小土名安代崗，安着田壹處，其田上至闕姓田，下至闕、林二姓田，左至闕姓田，右至石磡為界，今俱四至分明，四至界内，田坪地角，柏樹雜木，一概在内，計額弍畝正，自愿托中立契，出賣與本家起爋叔边入手承買為業，当日憑中三面言断，時值價洋銀壹伯零叁元正，其洋即日隨契交付足訖，不少分厘，其田自賣之後，任憑買主推收過户，完粮收租，執契管業，出賣人無得異言阻执，如［與］内外伯叔兄弟子侄人等，並無逼抑等情，此係自己物業，如有上手来歷不明，賣人一力承当，不陟［涉］買主之事，一賣千休，如同截木，愿買愿賣，两相情愿，永無找贖，各無反悔，恐口难信，故立賣断截田契字為據。

光緒叁拾年十一月初三日　立賣田契人　闕執舟

在場　雷兴

廣求

在見　執因

信賢

憑中　單炳炎

代筆　起楝

立賣竹頭山塲字人馮藍生，今因無錢應
用，自情愿將自置竹頭山壹處，土名坐落松
邑廿一都后宅庄大嶺后，小土名崀子裏
陰向，安着竹頭壹處，上至田路，下至大路，
左至兜肚坵内田角直下埋石為界，右
至隨路為界，今俱四至界内松杉雜
木在内，托中立字，出賣與本家侄藍茂
入手承買為業，当日凴中面断，時直竹
山價洋銀捌元正，其洋銀即日交付足
訖，不少分厘，其竹山任凴侄边養籙坎［砍］
伐，收整管業，賣人不得異言阻执，如有
上手來歷不清，賣主一力承當，不涉買主之
事，此出两家情愿，各無反悔，恐口难信，今欲
有凴，立賣竹頭山塲字『人』為據。
一批謝边坟地叁穴，地影内不可養竹，任凴子
孫每年祭掃，再照。
光緒叁拾壹年十一月廿六日　立賣竹山字人　馮藍生
在見侄　光成
凴中　謝陳光
親筆

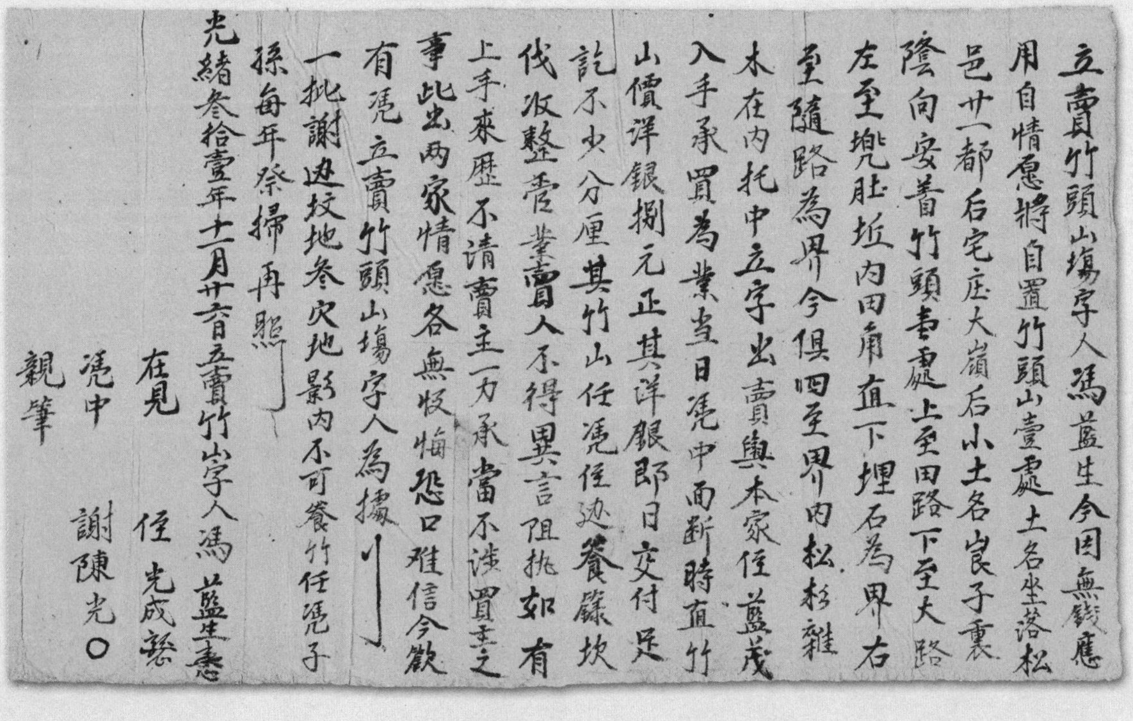
立賣竹頭山塲字人馮藍生今因無錢應
用自情愿將自置竹頭山壹處土名坐落松
邑廿一都后宅庄大嶺后小土名崀子裏
陰向安着竹頭壹處上至田路下至大路
左至兜肚坵内田角直下埋石為界右
至隨路為界今俱四至界内松杉雜
木在内托中立字出賣與本家侄藍茂
入手承買為業当日凴中面断時直竹
山價洋銀捌元正其洋銀即日交付足
訖不少分厘其竹山任凴侄边養籙坎
伐收整管業賣人不得異言阻执如有
上手來歷不清賣主一力承當不涉買主之
事此出两家情愿各無反悔恐口难信今欲
有凴立賣竹頭山塲字人為據
一批謝边坟地叁穴地影内不可養竹任凴子
孫每年祭掃再照
光緒叁拾壹年十一月廿六日立賣竹山字人馮藍生
在見侄光成
凴中謝陳光
親筆

立退田契字人馮藍生今因錢粮無办自情愿將父手遺下自己閫内民田壹處土名坐落松邑念壹都后宅庄大嶺后小土名退人處地背長坵安着田壹處弍坵其田上至闕姓田下至自己田左至食水圳右至生茂水茂田為界今俱四至分明計額貳分正併及界内田頭地墈食茶棕雜頂項在内立字出退與馮藍茂入手承買為業當日憑中三面言斷時值田價洋銀叁拾玖元正其洋銀即日交付足訖不少分厘其田字退之後任憑侄邊推收過户完粮起耕收租管業出退人不敢異言阻执恩退恩受兩相情愿各無反悔與内外房親伯叔兄弟人等並無干碍如有上手来歷不清退人自能承当不誤買主之事其田壹退斷休永無找贖等情恐口难信今欲有凭故立退田契字人為據

光緒叁拾貳年二月廿二日立退田契字人馮藍生（押）

在見侄德茂（押）

憑中侄水茂（押）

闕水旺（押）

叔金琳（押）

一批錢粮輝福户内完納

親筆

(前頁)>>>>>

立退田契字人馮藍生，今因錢粮無办，自情愿將父手遺下自己鬮内民田壹處，土名坐落松邑念壹都后宅庄大嶺后，小土名退人屋背長坵，安着田壹處弍坵，其田上至鬫姓田，下至自己田，左至食水圳，右至生茂、水茂田為界，今俱四至分明，計額貳分正，併及界内田頭地角，食茶棕雜頂［等］項在内，立字出退與馮藍茂入手承買為業，當日凴中三面言断，時值田價洋銀叁拾玖元正，其洋銀即日交付足訖，不少分厘，其田字［自］退之後，任凴侄边推收過户，完粮起耕，收租管業，出退人不敢異言阻执，愿退愿受，两相情愿，各無反悔，與内外房親伯叔兄弟人等並無干碍，如有上手來歷不清，退人自能承当，不涉買主之事，其田壹退扦［千］休，永無找贖等情，恐口难信，今欲有凴，故立退田契字『人』為據。

光緒叁拾貳年二月廿二日　立退田契字人　馮藍生

在見侄　德茂

凴中侄　水茂

鬫水旺

叔　金琳

親筆

一批錢粮輝福户内完納。

立当灰寮契字人闕能安，今因無錢應用，自情愿將父手遺下灰寮，坐落松邑廿一都茶排庄，小土名水缸墑，安着灰寮壹间，其灰寮前至路，後至山，左至能勝灰寮，右至能仁灰寮為界，今俱四至分明，自愿托中立字，出当與起爋兄边入受承当為業，当日面断，当過英洋陸元正，其洋即日交付清楚，不少分厘，其灰寮自当之後，每年充納水租谷肆桶正，其息不敢欠少，如有欠少，任憑銀主關鎖管業，当人無得異言阻执，愿当愿承，两相情愿，各無反悔，恐口無憑，故立当灰寮字為據。

光緒叁拾弍年三月初四日　立当灰寮字人　闕能安

在見　闕振員

代筆　闕起棟

立賣田契字人闕起鰲今因無錢應用自情愿將祖父遺下分已闔内民田壹坵坐落松邑念一都茶排庄小土名水缸塆厝門口安着其田上至闕姓田為界下至闕姓田為界左至買主田為界右至闕姓田為界今俱四至分明四至界内計額叁分正自情愿託中人立字出賣與起廷弟邊入受承買為業三面言断目值時價洋銀念五元正其洋即日隨字付訖不少分厘其田自賣之後任憑買主收租管業如有來歷不明賣人一力承當不涉買主之事此係正行交易兩相情愿各無反悔恐口难信故立賣田字為據

一批錢粮賣人完納

光緒叁拾弍年　三月　十八日

立賣田契字人闕起鰲（押）

胞兄　起標（押）

依口代筆　懷瑾（押）

（前頁）>>>>>

立賣田契字人闕起鰲，今因無錢應用，自情愿将祖父遺下分己闔内民田壹坵，坐落松邑念一都茶排庄，小土名水缸埼瓦窑門口，安着其田，上至闕姓田為界，下至闕姓田為界，左至買主田為界，右至闕姓田為界，今俱四至分明，四至界内計額叁分正，自情愿託中人立字，出賣與起廷弟邊入受承買為業，三面言断，目值時價洋銀念五元正，其洋即日隨字付訖，不少分厘，其田自賣之後，任憑買主收租管業，如有來歷不明，賣人一力承當，不涉買主之事，此係正行交易，两相情愿，各無反悔，恐口难信，故立賣田字為據。

一批錢粮賣人完納。

光緒叁拾弍年三月十八日　立賣田契字人　闕起鰲

胞兄　起標

依口代筆　懷瑾

立賣田契人闕懷珍今因無錢應用自情愿將祖父遺下
分己閹內民田壹坵坐落松邑廿一都蔡排庄小土名水崗塆安着
其田上至闕姓下至闕姓左至劉姓右姓闕田為界今俱四至分明
其田壹坵計額五分正計租水谷壹担正自愿托中立字出賣與
胞伯玉庭入受承買為業當日面斷日值時價英洋貳拾元正其
洋即付訖不少分厘其田賣之後任憑胞伯管業佃種無得異言
阻執愿買愿賣此係兩相情愿各無反悔等情恐口難信故
立賣字為據
一批不限年月原價取贖
一批錢粮賣人自己戶下完納
光緒叁拾弍年閏四月廿六日立賣田契字人闕懷珍
代筆 懷珠

（前頁）>>>>>

立賣田契人闕懷珍，今因無錢應用，自情愿将祖父遺下
分己閹内民田壹坵，坐落松邑廿一都茶排庄，小土名水崗墑，安着
其田，上至闕姓，下至闕姓，左至闕姓，右姓〔至〕闕（姓）田為界，今俱四至分明，
其田壹坵，計額五分正，計租水谷壹担正，自言〔愿〕托中立字，出賣與
胞伯玉庭入受承買為業，當日面断，目值時價英洋貳拾元正，其
洋即付乞〔訖〕，不少分厘，其賣之後，任凴胞伯管業，侄邊無得異言
阻执，愿買愿賣，此係两相情愿，各無反悔等情，恐口难信，故
立賣字為據。
一批不眼〔限〕年月，原價取贖。
一批錢粮賣人自巳〔己〕户下完納。
光緒叁拾弍年潤〔閏〕四月廿六日　立賣田契字人　闕懷珍
代筆　懷珠

立退田契字人馮藍生今因錢粮無辦自情愿將父手遺下自己鬮內民田壹處土名坐落松邑廿一都后宅庄大嶺后小土名退人屋背右手片安着田壹處其田上至闕姓田下至買主房屋左至田塝石頭墈坪右至水圳俱路為界今俱四至分明併及界內食茶雜木在內計額退人完納無貼立自出退與本家侄藍茂入手承買為業當日憑中三面言斷時值田價英洋銀壹拾元正其洋艮即日交付足訖不少分厘其田自退之後任憑侄邊起耕改佃耕種管業退人不敢言阻挑異內外房親伯叔兄弟祖侄人等並無干碍如有上手來歷不明退人壹力承當不該侄邊之事此並兩相情愿各無反悔壹退千休契斷價足永無找贖並無逼抑之理等情恐口難信今欲有憑故立田退契字人為據

光緒叁拾貳年拾月初二日立退田契字人馮藍生（押）

在見 馮癸生（押）

憑中 謝文書 ○

親筆

（前頁）>>>>>

立退田契字人馮藍生，今因錢粮無办，自情愿将父手遺下自己鬮内民田壹處，土名坐落松邑廿一都后宅庄大嶺后，小土名退人屋背右手片，安着田壹處，其田上至闕姓田，下至買主房屋，左至田角石頭荒坪，右至水圳併路為界，今俱四至分明，併及界内食茶雜木在内計額，退人完納無貼，立自［字］出退與本家侄藍茂入手承買為業，當日凴中三面言断，時直田價英洋銀壹拾元正，其洋银即日交付足訖，不少分厘，其田自退之後，任凴侄边起耕改佃，耕種管業，退人不敢（異）言阻执，與内外房親伯叔兄弟祖［子］侄人等並無干碍，如有上手來歷不明，退人壹力承当，不涉侄边之事，此出两相情愿，各無反悔，壹退千休，契断價足，永無找贖，並無逼抑之理等情，恐口难信，今欲有凴，故立退契字『人』為據。

光緒叁拾貳年拾月初二日　立退田契字人　馮藍生

在見　馮發生

凴中　謝文書

親筆

立當坑坪椿樹字人雷新樹今因無錢使用自情愿將祖父遺下自己閣內坑坪椿樹土名坐落松邑二十一都石源后宅庄小土名大砂塆安着壹塊坑坪椿樹其坑坪上至水聡坑坪下至坑坪左至墻脚右至圓發坑坪為界今俱四至分明柴茶雜木一應在內自愿托中立字出當與火旺侄邊入受承當為業即日三面言斷當過時價洋銀柒元正其洋銀即日隨字兩相交付足訖不少分厘每年充納水谷壹斗正八月秋收之日送到承主家內風淨交量清楚如白不敢欠少升合如有拖欠少任凴銀主起耕改佃追租管業當人與內兄弟子侄人等不敢異言阻执愿當愿受兩相情愿等情恐口難信故立當坑坪椿樹字付與受主為據

光緒三十三年二月二十二日立當坑坪椿樹字人雷新樹〇

凴中　水聡　號

代筆　火發　號

（前頁）>>>>>

立當荒坪椿樹字人雷新樹，今因無錢使用，自情愿将祖父遺下自己閹内荒坪椿樹，土名坐落松邑二十一都石源后宅庄，小土名大砂墘，安着壹塊荒坪椿樹，其荒坪上至水聪荒坪，下至荒坪，左至墻脚，右至圓發荒坪為界，今俱四至分明，崇［棕］茶雜木，一應在内，自愿托中立字，出當與火旺侄邊入受承當為業，即日三面言断，當過時價洋銀柒元正，其洋銀即日隨字两相交付足訖，不少分厘，每年充納水谷壹箩正，八月秋收之日，送到承主家内風净交量，清楚如白，不敢欠少升合，如有拖欠少，任溤銀主起耕改佃，追租管業，當人與内兄弟子侄人等不敢異言阻执，愿當愿受，两相情愿等情，恐口難信，故立當荒坪椿樹字付與受主為據。

光緒三十三年二月二十二日　立當荒坪椿樹字人　雷新樹

溤中　水聪

代筆　火發

立当字人王安雍，今因口食不給，自愿将蚊帳壹床，面断價洋弍元壹角正，其蚊帳與鄧其慶承当為用，其洋即日收足，其蚊帳限戊申年八月拾六日期取贖，如有过期，無德［得］取贖，恐口难信，故立当字為據行。

光緒卅三年四月拾六日　立当字人　王安雍

外批蚊帳准掛。　代笔　王安權

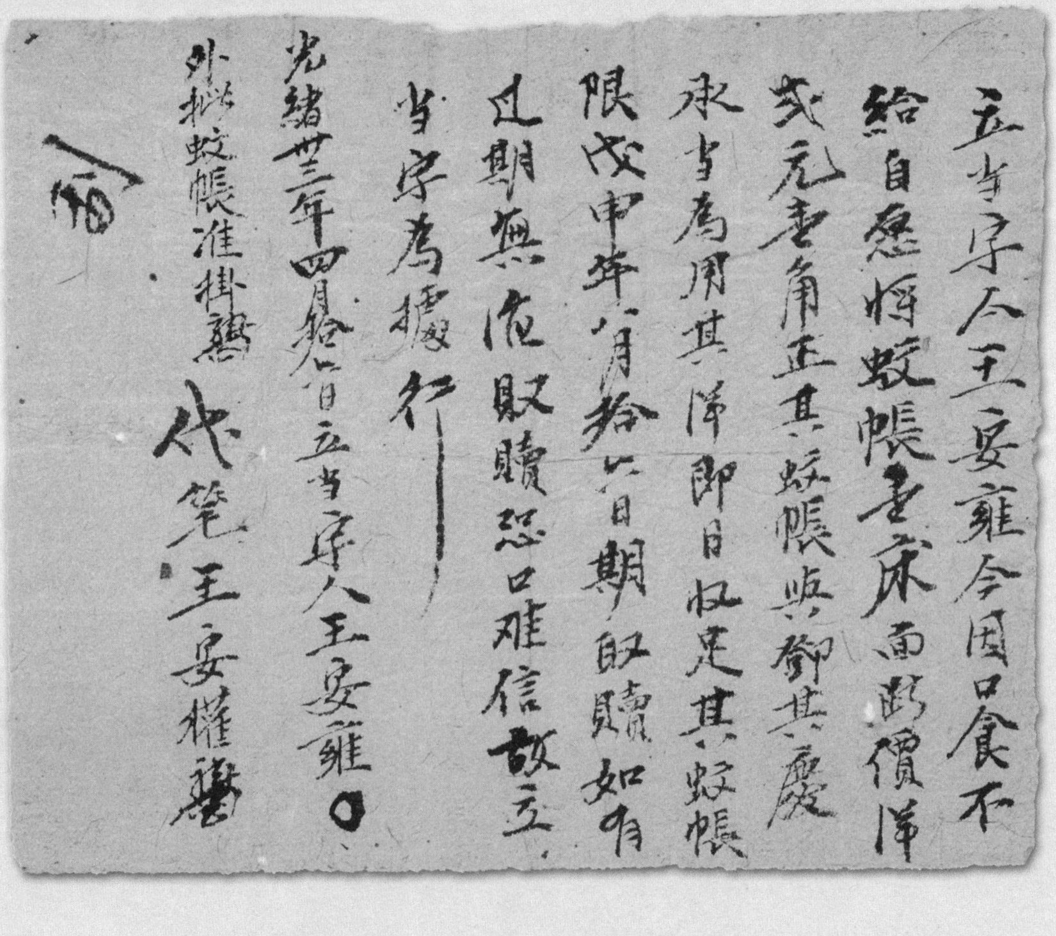

立当字人王安雍今因口食不
給自愿将蚊帳壹床面断價洋
弍元壹角正其蚊帳與鄧其慶
承当為用其洋即日收足其蚊帳
限戊申年八月拾六日期取贖如有
过期無德取贖恐口难信故立
当字為據行
光緒卅三年四月拾六日立当字人王安雍
外批蚊帳准掛　代笔王安權

立拚杉木字人張福安今因缺錢使用自情愿將父手遺下山塲杉木壹處土名坐落松邑廿一都芥菜源庄小土名竒馬崀棟安着杉木壹塊上至横路下至玉書茶山左至小窩直下右至拚主茶山為界今值四至分明自愿托中立字出拚與闕振章边入受為業當日憑中面斷拚過杉木價英洋銀柒元正其洋即日付訖不少分厘其杉木自拚之后任憑銀主蓄養出拚三面斷定式拾陸年滿限砍木還山艮主不得異言兩家情愿各無悔等情恐口難信故立拚杉木字為據

光緒叁拾叁年十月廿四日立拚杉木字人張福安（押）

憑中　玉棋（押）　玉書（押）

在見　福仁（押）　福起（押）

代筆　朱志和（押）

民國拾七年三月初一日闕宫良收大洋柒元正

（前頁）>>>>>

立拚杉木字人張福安，今因缺錢使用，自情愿将父手遺下山塲杉木壹處，土名坐落松邑廿一都芥菜源庄，小土名奇［騎］馬崀棟，安着杉木壹塊，上至横路，下至玉畫茶山，左至小窩直下，右至拚主茶山為界，今值四至分明，自愿托中立字，出拚與闕振章边入受為業，當日憑中面断，拚過杉木價英洋銀柒元正，其洋即日付訖，不少分厘，其杉木自拚之后，任憑銀主籙养出拚，三面断定，弍拾陸年滿限，砍木還山，银主不得異言，两家情愿，各無反悔等情，恐口难信，故立拚杉木字為據。

光绪叁拾叁年十月廿四日　立拚杉木字人　張福安

憑中　玉棋

玉畫

福仁

在見　福起

代筆　朱志和

民國拾七年三月初一日，闕官良收大洋柒元正。

立賣斷截田契字人闕起鰲今因無錢應用自情愿將祖父遺下分已闔内民田壹
坵坐落松邑念壹都茶排庄小土名水缸塘尾寮門口安着其田上至闕姓田下至
闕姓田左至闕姓田右至買主田為界今俱四至分明四至界内坑坪地墈桐茶雜木
一應在内計額弍分五厘正自情托中立字出賣與房兄起樾入受承買為業當日憑
中三面言斷目值時價銀壹拾陸兩正其銀隨契付訖不少分厘其田未賣之先並無文
墨典當如有來歷不明賣人一力承當不涉買主之事自賣之後任憑買主推收過户完
糧管業與内外兄弟伯叔子侄人等並無干礙愿買愿賣無找無贖此出兩相情愿各無反
悔等情恐口難信故立賣斷截田契字為據

光緒叁拾叁年十一月二十九日立賣斷截田契字人　闕起鰲（押）

在見胞兄　起標（押）

侄　吉開（押）

憑中　吉謙（押）

代筆　懷瑾（押）

（前頁）>>>>>

立賣断截田契字人闕起鰲，今因無錢應用，自情愿将祖父遺下分己鬮内民田壹坵，坐落松邑念壹都茶排庄，小土名水缸墑瓦窑門口，安着其田，上至闕姓田，下至闕姓田，左至闕姓田，右至買主田為界，今俱四至分明，四至界内荒坪地角，桐茶雜木，一應在内，計額式分五厘正，自情托中立字，出賣與房兄起爋入受承買為業，當日憑中三面言断，目值時價銀壹拾陆两正，其銀隨契付訖，不少分厘，其田未賣之先，並無文墨典當，如有來歷不明，賣人一力承當，不涉買主之事，自賣之後，任憑買主推收過户，完糧管業，與内外兄弟伯叔子侄人等並無干碍，愿買愿賣，無找無贖，此出两相情愿，各無反悔等情，恐口難信，故立賣断截田契字為據。

光緒叁拾叁年十一月二十九日　立賣断截田契字人　闕起鰲

在見胞兄　起標

侄　吉開

憑中　吉謙

代筆　懷瑾

立賣石竹山塲字人馮文聪，今因無錢應用，自情愿将父手遺下阄内竹山壹塊，坐落松邑廿一都后宅庄大嶺后，小土名大坑裏對門山，安着其山，上至山頂横良，下至大坑，左至玉基石竹山，右至金琳石竹山為界，今俱四至分明，併及界内松杉雜木等項一併在内，自愿托中立字，出賣與馮藍茂入受承買為業，當日憑中三面言断，時直山價英洋柒角正，其英洋即日隨字交付足訖，不少分厘，其山自賣後，任憑買主修整养錄，砍伐管業，賣人與内外房親伯叔兄弟子姪人等並無干碍，不得異言阻执，如有來歷不明，賣人一力承當，不涉買主之事，愿賣愿買，两相情愿，各無反悔，壹賣千休，永遠無找無贖等情，恐口难信，今欲有憑，故立賣石竹山塲字『人』為據。

光緒卅四年正月拾一日　立賣山塲字人　馮文聪

在見兄　藍生

憑中姪　水茂

代筆姪　發生

立當房屋字人謝陳光今因無
錢應用自情愿将父手遺下閩
内房屋壹間坐落松邑廿一都
石宅庄大嶺后村頭安着右手
房屋壹間上連瓦桷下併地基
閩房門路出入一應在内其屋
前至筵口夾柱後至隨筵滴水
左至中壹右至隨筵滴水爲
界今俱四至分明自愿托中立
字出當與瀏乃有入受承當
爲業當日三面言斷木直時
價英洋伍元正其洋即日隨
字交付足訖不少分厘其銀利
息每年上納銀利五角正其銀
利每年不敢欠少如有欠少

立當房屋字人謝陳光，今因無錢應用，自情愿将父手遺下阄内房屋壹间，坐落松邑廿一都后宅庄大嶺后村頭，安着右手房屋壹间，上連瓦桷，下併地基间房，门路出入，一應在内，其屋前至筵［檐］口弍柱，後至隨筵［檐］滴水，左至中堂，右至隨筵［檐］滴水為界，今俱四至分明，自愿托中立字，出當與闕乃有入受承當為業，当日三面言断，木［目］直時價英洋伍元正，其洋即日隨字交付足訖，不少分厘，其銀利息每年上納銀利五角正，其銀利每年不敢欠少，如有欠少，任憑錢主鎖門管業，出当人不敢異言阻执，愿当愿受，两相情愿，各無反悔等情，恐口难信，故立當房屋字『人』為據。

一批不限年月将價助［取］贖，再照。

光緒卅四年八月初六日　立當房屋人　謝陳光

一批外付花押錢一百五十文。

憑中　馮金琳

代筆　馮發生

立賣斷截田契字人闕起旺起暹等今因無錢應用自情愿將文公撥與自
己股下民田壹處坐落松邑念壹都蔡宅庄小土名大隂山脚安着其田上至
闕姓下至蔡張二姓内至闕姓外至大路為界今俱四址分明四至界内荒坪
地埆桐茶雜木一應在内計額柒分正自愿託中立字出賣與王庭房叔入
受承買為業憑中三面言斷目值時價洋銀叁拾五元正其洋銀即日隨字付清
不少分厘其田未賣之先並無文墨重典如有來歷不明賣人一力承當不
涉買主之事自賣之後任憑買主推收過户完粮管業愿買愿賣兩相情愿
永無找贖賣人無得異言阻執等情恐口難信故立賣斷截田契字為據

一批契外洋銀壹元正利息與作完文公户内粮

光緒叁拾四年十弍月十八日立賣斷截田契字人 闕起旺

起暹

在見 起晧

起鰲

依口代筆 怔瑾

（前頁）>>>>>

立賣断截田契字人闕起旺、起暹等，今因無錢應用，自情愿将文公撥與自己股下民田壹處，坐落松邑念壹都蔡宅庄，小土名大陰山脚，安着其田，上至闕姓，下至蔡、張二姓，内至闕姓，外至大路為界，今俱四址分明，四至界内，荒坪地角，桐茶雜木，一應在内，計額柒分正，自愿託中立字，出賣與玉庭房叔入受承買為業，憑中三面言断，目值時價洋銀叁拾五元正，其洋銀即日随字付清，不少分厘，其田未賣之先，並無文墨重典，如有來歴不明，賣人一力承當，不涉買主之事，自賣之後，任憑買主推收過户，完粮管業，愿買愿賣，两相情愿，永無找贖，賣人無得異言阻执等情，恐口难信，故立賣断截田契字為據。

一批契外洋銀壹元正，利息與作完文公户内粮。

光緒叁拾四年十弍月十八日　立賣断截田契字人　闕起旺

在見　起暹

起晧

起鰲

依口代筆　怀瑾

立賣斷截田契人張樹賢今因管業不便自愿將父手遺下水田坐落松邑念壹都后宅庄小土名大嶺口屋對面田壹處上至闕馮兩姓田下至馮姓常田左至灰寮并馮姓田與坑為界右至大坑為界計額壹畝正并及田頭地塝食茶棕椿雜物等項壹應在內今具四至畝分載明自愿托中立契出賣與馮藍茂親邊入受承買為業當日憑中面訂目值時田價英洋伍拾捌元正其洋即日隨契交付足訖不少分厘其田自賣之後憑任買主推收過戶完粮收租起耕改佃自己耕種管業如有來歷不清賣人一力支當不涉買主之事一賣千休契斷價足永遠無找無贖等情愿賣愿買兩相心甘並無逼抑之理恐口難信立賣斷截田契為據

宣統元年三月初三日立賣斷截田契人　張樹賢

在見堂兄　順賢

原中　林其章

親筆

（前頁）>>>>>

立賣断截田契人張樹賢，今因管業不便，自愿將父手遺下水田，坐落松邑念壹都后宅庄，小土名大嶺口屋對面，田壹處，上至闕、馮两姓田，下至馮姓常［嘗］田，左至灰寮并馮姓田與坑為界，右至大坑為界，計額壹畝正，并及田頭地角，食茶棕椿，雜物等項，壹應在內，今具四至畝分載明，自愿托中立契，出賣與馮藍茂親邊入受承買為業，當日凴中面訂，目值時田價英洋伍拾捌元正，其洋即日隨契交付足訖，不少分厘，其田自賣之後，凴任買主推收過户，完粮收租，起耕改佃，自己耕種管業，如有来歷不清，賣人一力支當，不涉買主之事，一賣千休，契断價足，永遠無找無贖等情，愿賣愿買，两相心甘，並無逼抑之理，恐口难信，立賣断截田契為據。

宣統元年三月初三日　立賣断截田契人　張樹賢

在見堂兄　順賢

原中　林其章

親筆

立收字張樹賢，今收得松邑大嶺后
居住屋对面田粮壹畝正，收過馮藍茂
親翁英洋弍元，其洋利息帖〔貼〕每年
水粮，一應收清足讫，不短分厘，其
粮两人無得所算，愿帖〔貼〕愿承，二
相心甘，恐口無凴，立收水粮字爲據。
宣統元年三月十九日　立收字　張樹賢
親筆　樹賢

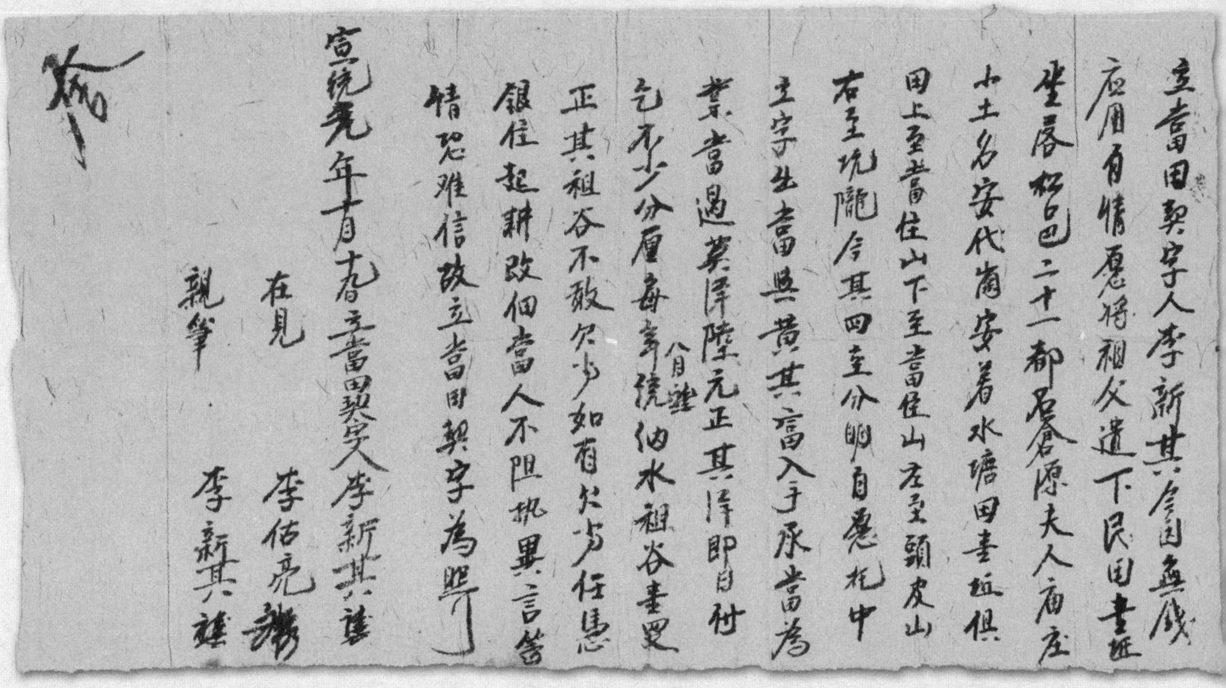

立當田契字人李新其，今因無錢
应用，自情愿将祖父遺下民田壹坵，
坐落松邑二十一都石倉源夫人庙庄，
小土名安代崗，安着水塘田壹坵，俱［其］
田上至當住［主］山，下至當住［主］山，左至頭皮山，
右至坑壠，今其［具］四至分明，自愿托中
立字，出當與黄其富人手承當為
業，當過英洋陸元正，其洋即日付
乞［讫］，不少分厘，每年八月统［充］纳水租谷壹罗［籮］
正，其租谷不敢欠少，如有欠少，任憑
銀住［主］起耕改佃，當人不（敢）阻执異言等
情，恐（口）难信，故立當田契字為照。

宣统元年十月十九日　立當田契字人　李新其

在見　李佔亮

親筆　李新其

立賣杉木字人馮藍茂今因無錢應用自情愿將自己耕種栽植有杉木壹處土名坐落松邑廿一都后宅庄大嶺后小土名松樹崗下内直窩内手安着杉木壹處其杉木上至横壟透入生茂杉木山下至茶山内接芳山田塝左至茶山右至隨崀直下生茂杉木山為界今俱四至分明立字出賣與蔡玉雲玉祥仝入手承買為業當日憑中三面言斷時值杉木價英洋銀肆拾伍元正其洋隨字交付足訖不少分厘其杉木字賣之後任憑買主前去水整的限養籙貳拾年出拚砍伐發運完備賣字不得用與内外房親伯叔兄弟並無干碍如有上手來歷不清賣人自能事力承当不涉買主之事愿賣愿買兩相情愿各無反悔等情恐口难信今欲有憑故立賣杉木字人為據

宣統元年拾二月初五日立賣杉木字人馮藍茂（押）

在見弟水茂（押）

憑中兄德茂（押）

代筆叔藍生（押）

合約

（前頁）>>>>>

立賣杉木字人馮藍茂，今因無錢應用，自情愿将自己耕種栽插有杉木壹處，土名坐落松邑廿一都后宅庄大嶺后，小土名松樹崗下内直窩内手，安着杉木壹處，其杉木上至横黨透入生茂杉木山，下至茶山，内接芳山田角，左至茶山，右至隨良直下生茂杉木山為界，今俱四至分明，立字出賣與蔡玉雲、玉详［祥］仝入手承買為業，當日凴中三面言断，時值杉木價英洋銀肆拾伍元正，其洋隨字交付足訖，不少分厘，其杉木字［自］賣之後，任凴買主前去收整，的限養籙貳拾年，出拚坎［砍］伐，發運完滿，賣字不得用，與内外房親伯叔兄弟並無干碍，如有上手來歷不清，賣人自能壹力承当，不涉買主之事，愿賣愿買，两相情愿，各無反悔等情，恐口难信，今欲有凴，故立賣杉木字『人』為據。

宣統元年拾二月初五日　立賣杉木字人　馮藍茂

在見弟　水茂

凴中兄　德茂

代筆叔　藍生

立賣東勝社會字人謝 陳光今因無
錢應用自情愿將自置股內會田一處坐
落松邑廿一都后宅庄大嶺后小土名把
岩下安着會田一處自愿托中立字出
賣與馮藍茂入受承買為業當日三
面言斷時直價洋八角正其洋即日隨
字交付不少分厘其會自賣之後任憑
買主每年春秋做會前去宵散賣人
不敢異言阻挽賣人與內外房親伯叔
兄弟人等並無干碍如有來歷不明
賣人一力承當不涉買主之事愿賣愿
買兩相情愿各無反悔一賣仟休永遠
無找無贖等情恐口無憑立賣東勝
社會字人為據

立賣東勝社會字人謝陳光，今因無錢應用，自情愿将自置股内會田一處，坐落松邑廿一都后宅庄大嶺后，小土名泥岩下，安着會田一處，自愿托中立字，出賣與馮藍茂人受承買為業，当日三面言断，時直價洋八角正，其洋即日隨字交付，不少分厘，其會自賣之後，任憑買主每年春秋做會前去胥散，賣人不敢異言阻执，賣人與内外房親伯叔兄弟人等並無干碍，如有来歷不明，賣人一力承當，不涉買主之事，愿賣愿買，两相情愿，各無反悔，一賣仟休，永遠無找無贖等情，恐口無憑，立賣東勝社會字『人』爲據。

宣統元年拾弍月初九日　立賣社會人　謝陳光

憑中　馮樟富

代筆　馮發生

立賣斷截田契字人關懷珍今因錢粮無办自情愿將父手遺下分己個内民田坐落松邑二十一都石蒼源茶排庄小土名水崗壋安着其田壹坵上至關姓田為界下至關姓田為界左至買主田右至關姓田為界今俱四至分明并及田頭地墈茶頭雜木一應在内計額弍分五厘正自愿托中立契出賣與胞伯父關玉庭入手承買為業當日憑中三面言斷目值時價文銀拾伍两正其銀即日隨契付足不少分厘其田自賣之後任憑買主推收過户入册完粮起耕易佃收租管業賣人無得異言阻挑與内外房親伯叔兄弟子侄人等無干未賣日先並無文墨典当交加如有來歷不明賣人一力承當不干買主之事愿賣愿買二家心愿一賣千休割藤斷根永無找無贖之理等情恐口难信故立賣斷截田契為據

一批付過契外英洋壹元息以作賣人完粮

立賣斷截田契字人關懷珍

在場　關起楨

憑中　劉文芳

代筆　關懷珠

宣統弍年十二月十二日

（前頁）>>>>>

立賣断截田契字人闕懷珍，今因錢粮無办，自情愿将父手遺下分己阄内民田，坐落松邑二十一都石蒼〔倉〕源茶排庄，小土名水崗塆，安着其田壹坵，上至闞姓田為界，下至闞姓田為界，左至買主田，右至闞姓田為界，今俱四至分明，并及田頭地角，茶頭雜木，一應在内，計額弍分五厘正，自愿托中立契，出賣與胞伯父闕玉庭入手承買為業，當日凴中三面言断，目值時價文〔紋〕銀拾伍两正，其銀即日隨契付足，不少分厘，其田自賣之後，任凴買主推收過户，入册完粮，起耕易佃，收租管業，賣人無得異言阻执，與内外房親伯叔兄弟子侄人等無干，未賣日先，並無文墨典当交加，如有來歷不明，賣人一力承當，不干買主之事，愿賣愿買，二家心愿，一賣千休，割藤断根，永無找無贖之理等情，恐口难信，故立賣断截田契為據。

一批付過契外英洋壹元，息以作賣人完粮。

宣統弍年十二月十二日　立賣断截田契字人　闕懷珍

在塲　闕起楨

凴中　劉文芳

代筆　闕懷珠

立賣斷截田契人張國來賢仝弟今因無錢便用自情愿將祖父手遺下自己閹内粮田坐落松邑廿一都后宅庄大嶺后小土名鳥節降安着田壹處上至曹姓田下至曹姓馮姓田左至曹姓田右至山為界又田壹處槽碓頭安着上至山與買主田下至山左至山右至買主田為界又田壹處上至蔡姓田下至闕姓田左至荒坪右至坑為界今具四至分明并及界内荒坪地塝食茶棕相雜木頂項一應在内計額壹畝正自愿託中立契出賣與馮藍莪入受承買為業当日憑中三面言斷目值時足價英洋叁拾元正其洋即日隨契交付足訖不少分厘其田自賣之后任憑買主推收過户完粮起耕改佃收租管業與内外房親伯叔兄弟子侄人等並無干碍如有上手來歷不明賣人一力之身不涉買主之事愿賣愿受兩相情愿各無反悔一賣仟秋契斷價足移同截木永遠無找無贖等情恐口难信今欲有憑故立賣斷截田契人付與買主永遠管業為據

一批契外賣人借過英洋交元正每年利息貼與賣主自己完納錢粮再照

宣統三年二月十八日立賣斷截田契人 張國賢 來賢

在見胞弟 梁賢 元賢

憑中 林其樟 馮發生

親筆 謝文松

五號台

（前頁）>>>>>

立賣断截田契人張國賢、來賢仝弟，今因無錢便用，自情愿将祖父手遺下自己�内粮田，坐落松邑廿
一都后宅庄大嶺后，小土名烏節降，安着田壹處，上至曹姓田，下至曹姓、馮姓田，左至曹姓田，右至山
為界，又田壹處，槽碓头安着，上至山與買主田，下至山，左至山，右至買主田為界，又田壹處，上至蔡姓田，
下至闕姓田，左至荒坪，右至坑為界，今具四至分明，并及界内荒坪地角，食茶棕柏雜木頂［等］項，一應在
内，計額壹畝正，自愿託中立契，出賣與馮藍茂入受承買為業，当日憑中三面言断，目直時足
價英洋叁拾元正，其洋即日隨契交付足訖，不少分厘，其田自賣之后，任憑買主推收過户完粮，
起耕改佃，收租管業，與内外房親佰叔兄弟子侄人等並無干碍，如有上手來歷不明，賣人一力之［支］
当，不涉買主之事，愿賣愿受，两相情愿，各無反悔，一賣仟休，契断價足，移［如］同截木，永遠無找無
贖等情，恐口难信，今欲有憑，故立賣断截田契『人』付與買主永遠管業為據。
一批契外賣人借過英洋弍元正，每年利息帖［貼］與賣主自己完納錢粮，再照。
宣統三年二月十八日　立賣断截田契人　張國賢
來賢
在見胞弟　架賢
充賢
憑中　林其樟
馮發生
親筆　謝文松

立退田契字人闕吉桂今因移居潼離縣同來出入路途遥遠路費無办想起無奈自情愿將上祖遺下分派成公股下民田坐落松邑廿一都夫人廟庄小土名下石坑安着田壹大坵其田上至路下至蔡張二姓田左至路右至坑為界今具四至分明計租壹拾五桶正吉裕名下派祖捌桶吉桂名下派祖柒桶內抽出田祖式桶留與成公每年祭掃將其田祖五桶出退與吉裕兄邊入受承退為業當衆面斷退過田價洋銀壹拾五元正其洋即日隨字付清不少分毫其田自退之後任憑兄边過户完粮起耕改佃收祖管業退人不得異言阻執愿退愿受一退千休割藤斷根永遠無找無贖此出兩相情愿各無恢悔苛情恐口難憑故立退田契字為據

又土名下冈坑伯公庙门口下坵自己壹股并退與吉裕名下管業再照

宣統叁年叁月初三日

立退田契字人闕吉桂（押）

在見堂叔 起旺（押） 起標（押） 起椿（押） 起鰲（押） 懷瑾（押）

依口代筆 起朋（押）

（前頁）>>>>>

立退田契字人闕吉桂，今因移居潼離縣，回來出入路途遥遠，路費無办，想起無奈，自情愿將上祖遺下分派成公股下民田，坐落松邑廿一都夫人廟庄，小土名下石坑，安着田壹大坵，其田上至路，下至蔡、張二姓田，左至路，右至坑為界，今具四至分明，計租壹拾五桶正，吉裕名下派租捌桶，吉桂名下派租柒桶，内抽出田租弍桶留與成公每年祭掃，将其田租五桶出退與吉裕兄邊入受承退為業，當衆面断，退過田價洋銀壹拾五元正，其洋即日隨字付清，不少分毫，其田自退之後，任憑兄边過户完粮，起耕改佃，收租管業，退人不得異言阻執，愿退愿受，一退千休，割藤断根，永遠無找無贖，此出两相情愿，各無反悔等情，恐口難憑，故立退田契字為據。

又土名下内坑伯公庙门口下塊自己壹股，并退與吉裕名下管業，再照。

宣統叁年叁月初三日　立退田契字人　闕吉桂

在見堂叔　起旺

起標

起椿

起鰲

懷瑾

依口代筆　起朋

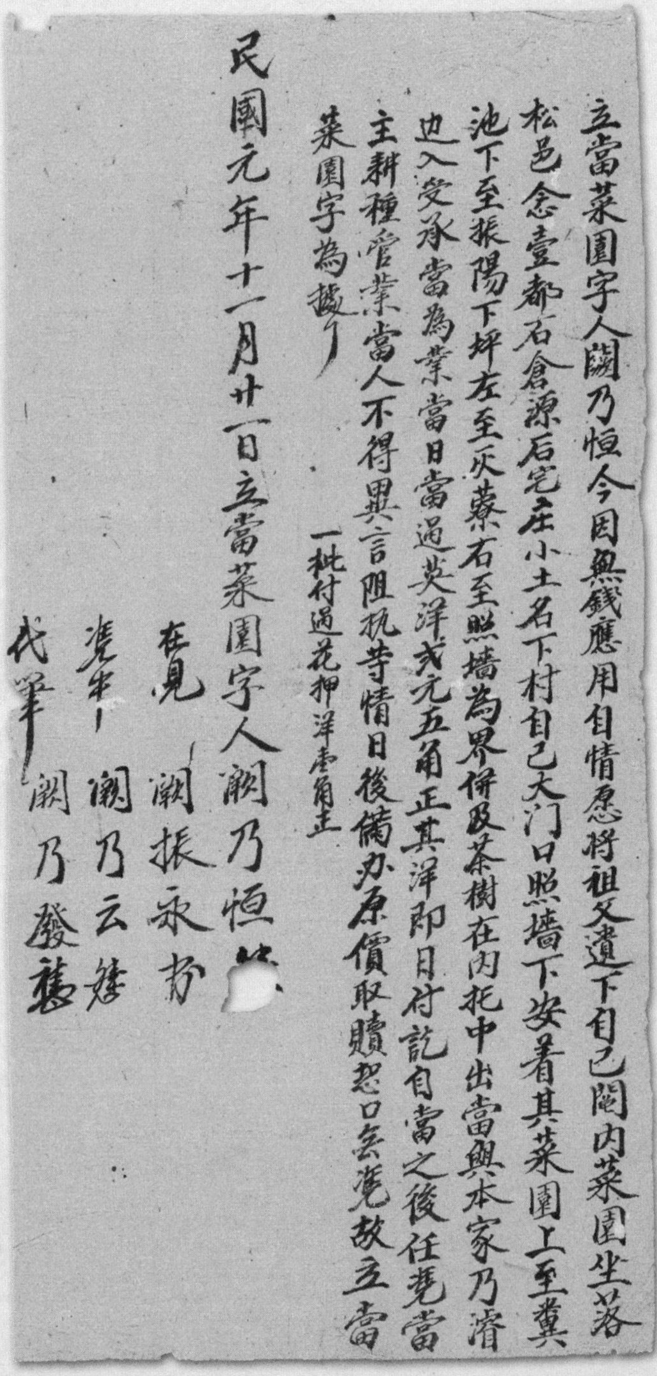

立當菜園字人闕乃恒，今因無錢應用，自情愿将祖父遺下自己閣内菜園，坐落松邑念壹都石倉源后宅庄，小土名下村自己大门口照墻下，安着其菜園，上至糞池，下至振陽下坪，左至灰寮，右至照墻為界，併及茶樹在内，托中出當與本家乃濬边入受承當為業，當日當過英洋弍元五角正，其洋即日付訖，自當之後，任凴當主耕種管業，當人不得異言阻执等情，日後備办原價取贖，恐口無凴，故立當菜園字為據。

一批付過花押洋壹角正。

民國元年十一月廿一日　立當菜園字人　闕乃恒

在見　闕振永

凴中　闕乃云

代筆　闕乃發

立賣斷截田契字人闕懷珠今因無錢應用自情愿將父手遺下分己迴內民田弍坵坐落松邑二十一都茶排庄小土名水蘭壙安着其田上至闕姓田下至闕姓田左至買主田右至闕姓田為界今俱四至分明并及田頭地埼畬㕑在內計額弍分五厘正自愿托中親立文契出賣與胞伯玉庭入受承買為業當日憑中三面言斷目値時價銀拾伍両正其銀即日付訖不少分厘其賣之後任憑買主過戶完粮收租管業出賣無得異言阻執與內外兄弟叔侄人等並無干涉和有来歷不明賣人一力承當不碍買主之事一賣千休永無找贖之理愿買愿賣此係兩之相情愿各無反悔等並係逼抑之言恐口难信故立賣斷截田契字付與胞伯子孫永遠為據

一批契外英洋壹元比粮賣人完納此照

中華民國弍年二月二十四日立賣斷截田契字人闕懷珠（押）

在見兄　懷玲（押）

憑中　起楨（押）

親筆（押）

(前頁)>>>>>

立賣断截田契字人闕懷珠，今因無錢應用，自情愿将父手遺下分己阄内民田弍坵，坐落松邑二十一都茶排庄，小土名水崗垮，安着其田，上至闕姓田，下至闕姓田，左至買主田，右至闕姓田為界，今俱四至分明，并及田頭地角，壹應在内，計額弍分五厘正，自愿托中親立文契，出賣與胞伯玉庭入受承買為業，當日凴中三面言断，目值時價銀拾伍两正，其銀即日付訖，不少分厘，其賣之後，任凴買主過户完粮，收租管業，出賣（人）無得異言阻执，與内外兄弟叔侄人等並無干涉，如有来歷不明，賣人一力承当，不碍買主之事，一賣千休，永無找贖之理，愿買愿賣，此係两相情愿，各無反悔等，並係［無］逼抑之言，恐口难信，故立賣断截田契字付與胞伯子孫永遠為據。

一批契外英洋壹元，此粮賣人完納，此照。

中華民國弍年二月二十四日　立賣断截田契字人　闕懷珠

在見兄　懷珍

凴中　起楨

親筆

立賣割斷田契人羅紹賓，今因缺錢應用，自情愿將自己置買民田壹處，土名坐落松邑念弍都南州庄下村坑頭源棟內，田叁坵，計租叁担貳桶正，東至王姓田為界，南至謝姓田為界，西至徐姓田為界，北至徐、羅弍姓田為界，又土名坐落南州下埠頭夫人殿下手圩頭嘴，田壹坵，東至高姓田為界，南至大路為界，西至高姓田為界，北至高姓田為界，計租弍担弍桶正，以上共計租五担四桶正，共計額弍畝壹分五厘正，自愿托中立契，出賣與貳拾壹都石倉源茶排庄闕玉庭親邊為業，三面斷定，目值時價英洋壹伯肆拾九元正，其洋即日親收完足，其田自賣之後，任從闕姓親邊子孫易佃過耕，執契管業，完粮收租，羅邊不得異言，並無內外伯叔兄弟子姪人等，無涉爭執，如有此色，賣人一力承當，不干買主之事，如同截木，其粮即將羅瞻雲户下推出粮弍亩壹分五厘正，入與闕玉庭户內办粮，不得丟漏，此出两愿，各無反悔逼抑等情，恐口無憑，故立賣割斷田契永遠為據。

中華民國貳年歲在癸丑菊月廿九（日）　立賣割斷田契人　羅紹賓

見中堂兄　羅有貴

的筆　羅廷秀

中華民國三年弍月十一日收到稅銀並註册驗契。

立討田劄人羅紹賓今因耕種欠少自情愿向
與茶排庄闕玉庭親邊討過民田壹處土名
坐落松邑南廿本村坑頭源棟内田叁坵計濕
祖谷叁担弍桶正又土名坐落南廿下埠頭夫人
殿下手圩頭嘴田壹坵計濕祖谷弍担弍桶以上共計濕
祖谷五担四桶正其祖每年種人約至秋收之日充納如
若天年不順請仝田主面劄均分除此以外不敢欠少升如
有欠少任從闕姓親邊佃過耕日後如若闕姓田主自
種討人不敢阻埶霸種之理此出兩愿各無悔恨口
無憑故立討田劄存照
中華民國弍年菊月廿九日立討田劄人羅紹賓
見劄人羅廷秀
親筆

（前頁）>>>>>

立討田劄人羅紹寶，今因耕種欠少，自情愿向
與茶排庄闕玉庭親邊討過民田壹處，土名
坐落松邑南州本村坑頭源楝内，田叁坵，計濕
租谷叁担弍桶正，又土名坐落南州下埠頭夫人
殿下手圩頭嘴，田壹坵，計濕租谷弍担弍桶，以上共計濕
租谷五担四桶正，其租每年種人約至秋收之日充納，如
若天年不順，請仝田主面割均分，除此以外，不敢欠少升（合），如
有欠少，任從闕姓親邊易佃過耕，日後如若闕姓田主自
種，討人不敢阻夌霸種之理，此出两愿，各無反悔，恐口
無憑，故立討田劄存照。
中華民國弍年菊月廿九日　立討田劄人　羅紹寶
親筆　　見劄人　羅廷秀

立掯田字人阙起爔原因四子吉璣名下之妻聘礼洋银貴有会欵元來付清自情愿將父手遺下民田壹坵坐落松邑廿一都茶排庄小土名桐坑麻地下安着其田計租拾弍碩正四至界限自有契字明其田界內拾弍碩內將正租米捌碩歸與吉璣名下貼為聘礼之資計額五分正其田自掯之後任凭吉璣過戶完粮起耕改佃收租管業此係清楚之業與內外房親伯叔人等無涉如有來歷不清父能壹力承当不干吉璣之事此係父親情愿各無反悔并情恐口难信故掯田契據付與吉璣永遠為據

一批其田倘有旱晒三股均分吉璣归大股父归壹股

民国叁年九月二十六日故立掯田契字人 阙起爔

書侄 阙吉偎

在見親房叔 阙起頑 阙起朋

依口代筆 林葛明

（前頁）>>>>>

立拍田字人闕起爊，原因四子吉璂名下之妻聘礼洋银賞有念肆元未付清，自情愿将父手遺下民田壹处，坐落松邑廿一都茶排庄，小土名桐坑麻地下，安着其田，计租拾式桶正，四至界限，自有（前）契分明，其田界内拾式桶内拍出租谷捌桶歸与吉璂名下，貼為聘礼之資，计額五分正，其田自拍之後，任憑吉璂過户院［完］粮，起耕改佃，收租管業，此係清楚之業，与内外房親伯叔人等無涉，如有来歷不清，父能壹力承当，不干吉璂之事，此係父親情愿，各無反悔等情，恐口难信，故拍田契據付与吉璂永遠為據。

一批其田倘有旱晒，三股均分，吉璂归式股，衆归壹股。

民国叁年九月二十六日　故立拍田契字人　闕起爊

堂侄　闕吉偎

在見親房叔　闕起禎

闕起朋

依口代筆　林葛明

立討田劄人雷昌進，今因無田耕種，自愿问到阙玉庭親邊手内討過水田弍處，坐落松邑廿一都石倉源后宅庄梨樹崗三鬲田下，安着田大小拾弍坵，其田面断每年賞［償］納租谷叁担陆桶正，其租谷每年秋收之日，送到田主倉前扇净交量明白，不敢欠少，如有拖欠，任凴（田）主追租起耕易佃，種人無得異言阻执等情，恐口难信，故立討（劄）為照。

民国叁年十月初六日　故立討劄人　雷昌（進）

在見劄人　丁有田

代筆　雷石丰

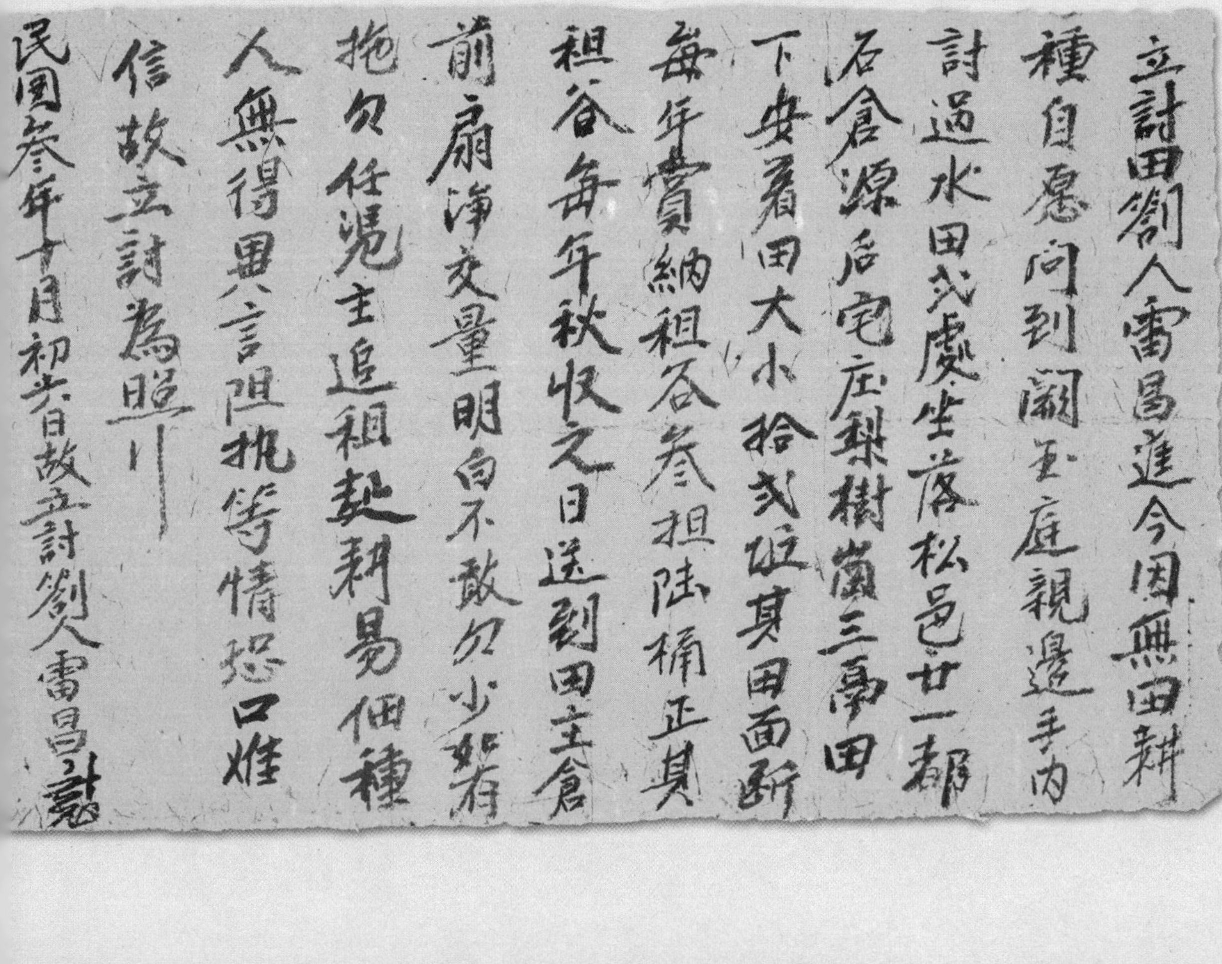

今於闕起爋手領轉賴氏靠書

壹紙，具領是實。

民國三年十月初十日　具領人　賴招和

同領人　賴氏

親筆　賴盛豐

立賣山塲契字人羅旺茂今因無錢應用自情愿将字至山塲

落松邑二十都大陰庄源內小土名小芥坑石窩裏瑶基上安着山

塲壹處上至山頂下至坑左至李姓山随窩合水右至林姓山随石磜窩合水直

上山頂為界今俱四至分明四至界內併及松杉雜木桐茶棕竹概行一應在內寸土

不留自愿托中立契出賣張砫玉清邊入手承買為業當日憑中三言斷

時值山塲價英洋拾壹元伍角正其洋即日随契交付足不少分厘其

山出賣之後任憑買主管業如有上手來歷不明賣人一力承當不該買

主之事愿賣愿買此出兩相情愿各無悔異情恐口難憑立賣斷根山塲契

字人永遠為據

民國甲寅年十二月廿日　立賣山塲字人　羅旺茂

在見　羅其利

憑中　李忠輝　李景昌　李朝吉

代筆　李朝鴻

（前頁）>>>>>

立賣山塲契字人羅旺茂，今因無錢應用，自情愿将字［自］至［置］山塲，坐落松邑二十都大陰庄源内，小土名小芽坑石窝裏瑶［窑］基上，安着山塲壹處，上至山頂，下至坑，左至李姓隨窝合水，右至林姓山隨石礤窝合水直上山頂為界，今俱四至分明，四至界内，併及松杉雜木，桐茶棕竹，概行一應在内，寸土不晋［留］，自愿托中立契，出賣張砿玉清［親］邊入手承買為業，當日憑中三（面）言断，時直山塲價英洋拾壹元伍角正，其洋即日隨契交付足，不少分厘，其山出賣之後，任凴買主管業，如有上手來歷不明，賣人一力承當，不該買主之事，愿賣愿受，此出两相情愿，各無反悔等情，恐口难凴，立賣断根山塲契字『人』永遠為據。

民國甲寅年十一月廿日　立賣山塲字人　羅旺茂

在見　羅其利

凴中　李忠輝

李景昌

李朝吉

代筆　李朝鴻

立討田劄人邱石培，今因無田
耕種，自愿问到闞起爋親
边手內，討过民田壹處，坐落
松邑二十一都夫人庙庄，小土名安
岱崗，安着其田壹坵，计水租
谷弍担七桶正，每年秋收之日，
送到田主家内扇净交量，
不敢欠少升合，如有欠少，任憑
田主追租起耕易佃，種人無
得霸種阻执，恐口难信，故立
劄字為據。

民國四年二月二十一日　立討田劄人　邱石培

見劄　邱石仁

代筆　闞水生

立討田劄字人闕玉兆，今因耕種缺少，自
情问到本家玉庭兄邊討過民田壹處，
坐落本邑廿一都茶排庄，小土名黄旺楊柳
樹下屋上，安着田弍坵，自向兄邊討來耕
種，每年八月秋收之日，充納水租谷弍担
正，送到田主家下車凈過量清楚，升斗
不敢欠少，如有欠少，任憑田主起耕易佃，
討人毋得異言霸種等情，恐口無憑，故
立討田劄字為據。

民國肆年叁月初五日　立討田劄人　闕玉兆
見劄　吉開
代筆　成銘

立賣灰寮基菜地字人馮根茂今因無錢應用自情愿将父手遺下灰寮基菜地壹處坐落松邑念壹都后宅庄大嶺后小土名槽碓頭路内手安着上至德茂田下至路左至謝姓牛欄右至水圳為界今俱四至分明自愿托中立字出賣與馮藍茂入受承買為業當日憑中三面言斷目值時價英洋壹元七角正其洋即日隨字交付足訖不少分厘其灰寮菜地自賣之後任憑買主開墾耕種管業賣人不敢異言阻执如有上手來歷不明賣人一力承當不涉買主之事愿賣愿買两相情愿各無反悔一賣扦休永遠無找無贖等情恐口難信今欲有憑故立賣灰寮菜地字人永遠管業為據

民國乙卯四年六月十六日立賣灰寮基菜地字人 馮根茂〇

憑中 張棟賢 [押]

代筆 馮發生 [押]

（前頁）>>>>>

立賣灰寮基菜地字人馮根茂，今因無錢應用，自情愿将父手遺下灰寮基菜地壹處，坐落松邑念壹都后宅庄大嶺后，小土名槽碓頭路内手安着，上至德茂田，下至路，左至謝姓牛欄，右至水圳為界，今俱四至分明，自愿托中立字，出賣與馮藍茂入受承買為業，當日憑中三面言断，目直時價英洋壹元七角正，其洋即日隨字交付足訖，不少分厘，其灰寮菜地自賣之後，任憑買主開墾耕種管業，賣人不敢異言阻执，如有上手來歷不明，賣人一力承當，不涉買主之事，愿賣愿買，两相情愿，各無反悔，一賣扦〔千〕休，永遠無找無贖等情，恐口难信，今欲有憑，故立賣灰寮菜地字『人』永遠管業為據。

民國乙卯四年六月十六日　立賣灰寮基菜地字人　馮根茂

憑中　張棟賢

代筆　馮發生

立討屋劄字人闕吉輝，今因無屋居住，自情问到本家起爋叔边討过火房壹间、猪欄壹间、客軒壹间，坐落廿一都茶排庄，小土名塆裏下新屋上手三间，其屋租三年之内無租，三年之外，充納屋租弍桶正，三年外，每年八月秋收之日，送到屋主家内扇净交量，不敢欠少，如有拖欠屋租，任凴屋主鎖门闭户，討人無得異言阻执，恐口难信，故立討屋劄『人』為據。

民國六年十月初十（日） 立討屋劄人 吉輝

見劄 起鰲

代笔 吉旺

立找断絕田契字人闕吉英仝弟，今因日前與馮蘭茂親邊交有民田壹契，坐落松邑廿一都石倉源后宅庄，小土名大嶺后屋對面，安着田壹契，其田畝分界至，前有正契載明，自托憑中相勸，找過契外英洋肆拾五員正，其洋交付足讫，其田自找之後，契明價足，一找千休，割藤断绝，永無找贖等情，愿承愿找，此出两相心愿，恐後無信，故立找断绝字為據。

民國丁巳六年拾弍月初七日　立找断绝田字人　闕吉英

在場　吉雄

起閬

憑中　来生

馮發生

代筆　闕起詔

立賣田契字人闕吉玶，今因無銀應用，自
情願将父手遺下自己阄内粮田壹處，
坐落松邑二十一都茶排庄，小土名洞坑源麻
地窝脚田安着，計額叁分正，計租壹担
正，上至路，下至闕姓田，内至小坑，外至路
為界，今俱四至分明，自托憑中立契，出賣
與闕培智叔边入手承買為業，當日
憑中三面言断，目直時田價洋銀壹拾伍元
正，其洋即日隨交付足清，不少分厘，其
田自賣之後，任憑買主入册完粮，
收租管業，出賣人兄弟叔侄人等無
得異言阻执，此出两相情願，其田日后
任憑賣人備办原價取贖，恐口難
信，故立賣田契字為據。

一批其田日后不限年月，任憑賣（人）備办原價取贖。

民國丁巳六年十二月十七日　立賣田契人　闕吉玶

在見　闕吉瑛

代筆　闕老喜

一批契外付過洋銀壹元正，其利亦［以］作完粮。

一批花押洋式角五分正。

立當荒坪石竹坪字人馮文發今因
無錢應用自情愿將父手遺下荒坪
石竹坪式處坐落松邑廿一都石宅
大嶺后小土名杉樹塆裏路下安着

立當荒坪石竹坪字人馮文發，今因無錢應用，自情愿将父手遺下荒坪石竹坪弍處，坐落松邑廿一都后宅大嶺后，小土名杉樹角裏路下，安着荒坪一處，上至路，下至和尚坪，左至路，右至官全荒坪為界，又石竹坪壹處，小土名沙垻坵下安着，上至闕姓田，下至坑，左至田角，右至德茂田為界，今俱四至分明，自愿托中立字，出當與姪边馮藍茂入受承當為業，即日三面言断，目直時價英洋壹元正，其洋即日隨字交付足訖，不少分厘，其洋每年弍分起息，不敢欠少，如有欠少，任憑姪边耕種籙养管業，愿当愿受，两相情愿，各無反悔等情，恐口难信，立当荒坪石竹坪字『人』為據。

民國七年拾一月十三日　立当荒坪石竹坪人　馮文發

中人兄　樟富

代筆姪　發生

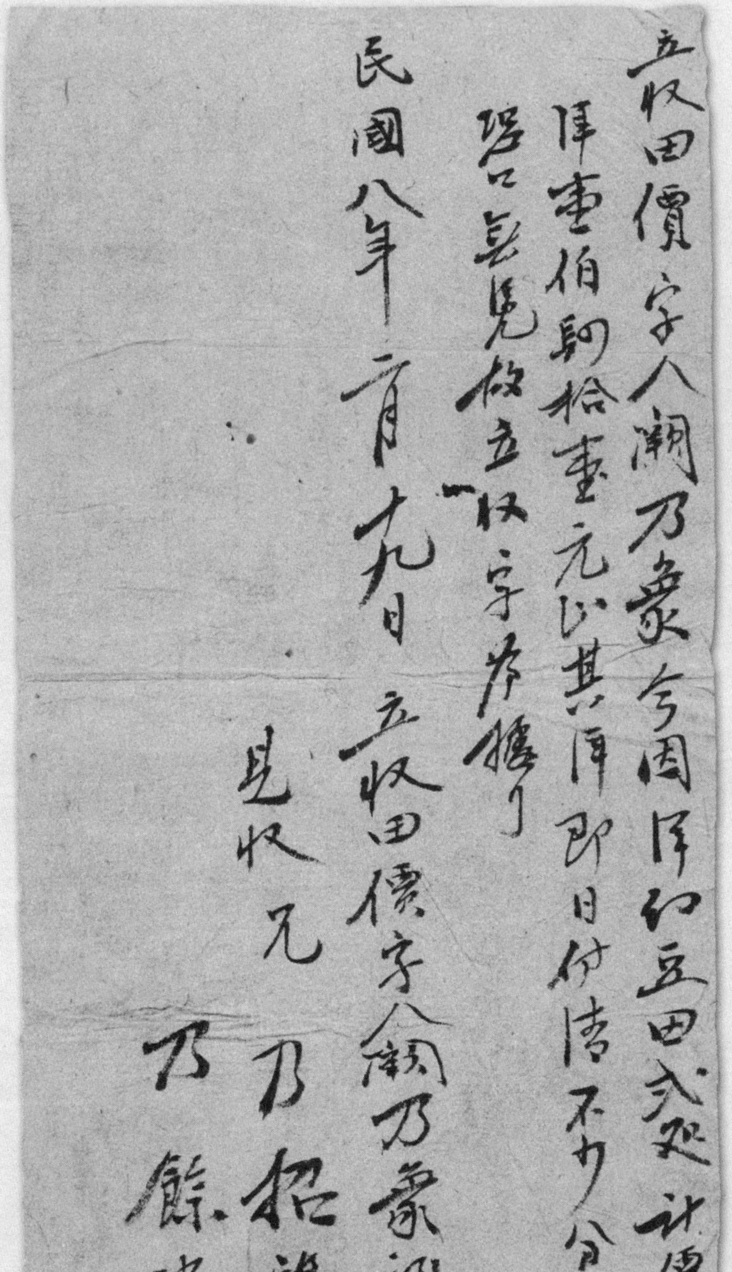

立收田價字人阙乃象，今因洋坳豆田弍处，计價洋壹伯肆拾壹元正，其洋即日付清，不少分文，恐口無凴，故立收字為據。

民國八年二月十九日　立收田價字人　阙乃象

見收兄　乃招

乃餘

己未年六月拾壹日
闞吉豪退去汶水口埠头存堆杉木
壹庄，計数六百餘枝，每
枝計大洋式角柒分伍厘，
其洋面断，筏起身時，付
壹百元，其餘回头付清。

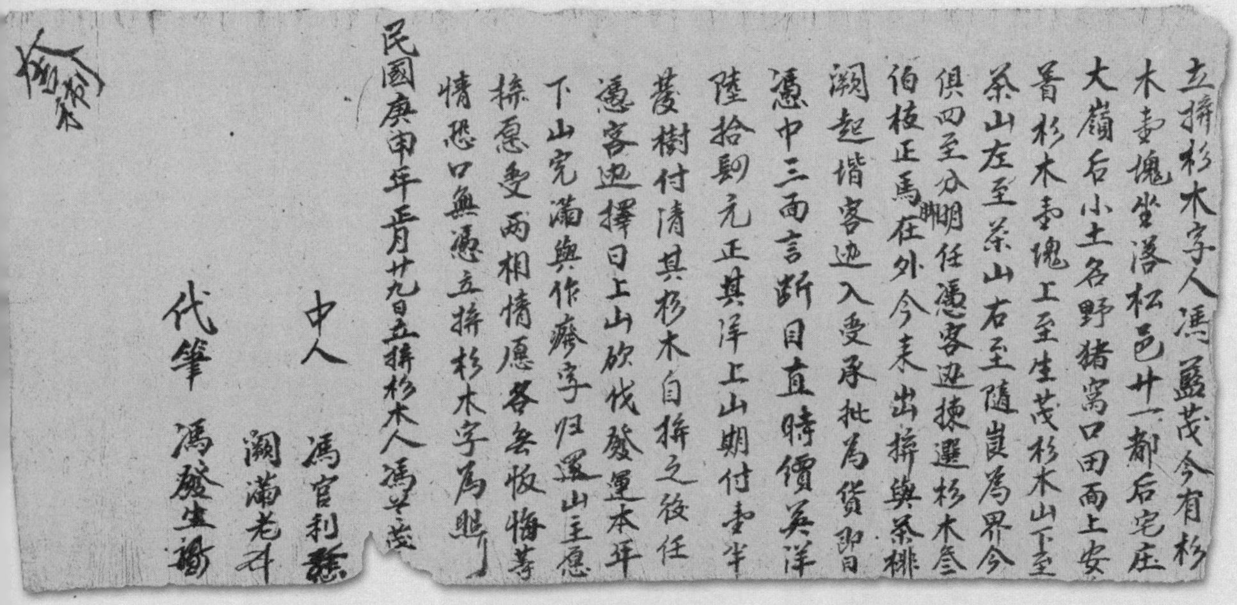

立拚杉木字人馮藍茂，今有杉
木壹塊，坐落松邑廿一都后宅庄
大嶺后，小土名野猪窝口田面上，安
着杉木壹塊，上至生茂杉木山，下至
茶山，左至茶山，右至隨崀為界，今
俱四至分明，任憑客边揀選杉木叁
伯枝正，馬脚在外，今来出拚與茶排
闕起堦客边入受承批為貨，即日
憑中三面言断，目直時價英洋
陸拾肆元正，其洋上山期付壹半，
發樹付清，其杉木自拚之後，任
憑客边擇日上山砍伐發運，本年
下山完滿，與作廢字归還山主，愿
拚愿受，两相情愿，各無反悔等
情，恐口無憑，立拚杉木字為照。

民國庚甲年正月廿九日　立拚杉木人　馮兰茂

中人　馮官利

闕滿老

代筆　馮發生

立賣塃坪椿樹断截字契人雷興樹今因無錢應用自
情愿將父手遺下分已閣内氏荒坪壹處坐落松邑廿一
都石倉源后宅庄小土名周宅㙓砂鈄裏屋右手上堪
安着荒坪壹處上至雷子財荒坪下至石有塃坪左至雷
元生屋基墻脚直入右至石有坪為界今俱四至分明併及界内
椿樹食茶雜木一應在内計額壹分正自愿托中立契出賣與親邊
馮藍茂入受承買為業即日憑中三面言断日直荒坪價英洋拾助
元伍角正其洋即日随契交付不少分厘其塃坪椿樹自賣之後任
憑買主起耕顧雪耕種雪業賣人不敢異言阻执如有來歷不明賣人
一力承當不涉買主之事愿賣愿買兩相情愿各無版悔壹賣仟休
割藤断根永遠無找無贖等情恐口难信故立賣塃坪椿樹字永
遠為據　　一批錢粮賣主完納

民國庚申九年拾一月廿拾四日立賣椿樹塃坪字契人雷興樹〇

在見　侄　雷石有〇

憑中　馮發生

代筆　闕順富

（前頁）>>>>>

立賣荒坪椿樹断截字契人雷興樹，今因無錢應用，自情愿将父手遺下分己閹内民荒坪壹處，坐落松邑廿一都石倉源后宅庄，小土名周宅寮砂翁裏屋右手上坳，安着荒坪壹處，上至雷子財荒坪，下至石有荒坪，左至雷元生屋基墻脚直入，右至石有坪為界，今俱四至分明，併及界内椿树食茶雜木，一應在内，計額壹分正，自愿托中立契，出賣與親邊馮藍茂入受承買為業，即日憑中三面言断，目直荒坪價英洋拾肆元伍角正，其洋即日隨契交付，不少分厘，其荒坪椿樹自賣之後，任憑買主起耕顧管，耕種管業，賣人不敢異言阻执，如有來歷不明，賣人一力承當，不涉買主之事，愿賣愿買，两相情愿，各無反悔，壹賣仟休，割藤断根，永遠無找無贖等情，恐口难信，故立賣荒坪椿樹字永遠為據。

一批錢粮賣主完納。

民國庚申九年拾一月弍拾四日　立賣椿樹荒坪字契人　雷興樹

在見侄　雷石有

凴中　馮發生

代筆　闕順富

立向儀字人馮藍茂，今因新造
牛蘭［欄］，少路通行，向與弟邊有茂
仝侄官全两房砌來牛蘭［欄］門口
路，闊三尺，長透到大路，任憑兄边
日後嗣孫永遠耕牛出入通行，
弟邊两房永遠不敢異言闭路，
牛蘭［欄］背水，任憑弟邊两房食水
通流等情，恐口难信，今欲有憑，
故立儀字『人』為據。
民國拾年七月廿弍日　立向儀字人　馮有茂
仝侄　官全
在塲中人兄　光成
代筆　馮發生

立撥田契字人闕起爋，原因男吉玶妻聘禮洋未清，愿将自己民田壹處，坐落松邑二十一都茶排水崗墑坑边外手田，安着其田，粮額界至，前有正契載明，計租壹担，計田價洋銀叁拾弍元正，其田當衆面議，付與吉玶承受管業，日後兄弟人等無得異（言）阻执，愿撥愿承，恐口難信，故立撥田契字為據。

民國壬戌拾壹年九月初十日　立撥田契字人　闕起爋

在見　闕吉琜

闕吉璜

代筆　闕培松

立合約字人張祖玉李盛林賴細昌張福仁等今因山場無人承種自愿出批與闕吉瑹前來墾種其山場坐落雲邑九都內宮茶鋪庄担鐵路對面野豬窩安着山場壹處其山上至山頂下至坑外至社公崀分水內至闕陳生所種山為界又坐落中心崗田畲口賴細昌杉木山外手安着山場壹處其山上至横路闕光清坪沿下至坑左右兩至俱係坑為界四至界內松杉雜木任憑種人砍伐開用發賣出售山主毋得異言阻執當日面斷批過山租洋銀柒元正其洋即日收清不少分厘其山自批之後任從種人上山墾種所有苞蘿桐子茶叶以及雜粮等項均歸種人自收山主毋得抽分日後扦插杉木籙養成林出拚之日邀仝山主面議出拚其所拚杉木價洋數山主種人各半均分兩家不敢執少爭多的限四拾五年為止限滿其山歸還山主管業此出兩相情愿各無反悔恐口難信故立合約式紙各執壹紙日後為據

一批內添註六個字再照

中華民國拾壹年九月二十三日　立合約字人　張祖玉（押）

仝批人　李盛林（押）　張福仁（押）

在見　賴細昌　闕水旺（押）

代筆　闕呈祥（押）

比山合約為照

(前頁)>>>>>

立合约字人張祖玉、李盛林、賴细昌、張福仁等，今因山塲無人承種，自愿出批與闕吉琭前來墾種，其山塲坐落雲邑九都内管茶鋪庄担鐵路对面野猪窝，安着山塲壹處，其山上至山頂，下至坑，外至社公崀分水，内至闕陳生所種山為界，又坐落中心崗田窝口賴细昌杉木山外手，安着山塲壹處，其山上至横路闕光清坪沿，下至坑，左右两至俱係坑為界，四至界内，松杉雜木，任憑種人砍伐閞用，發運出售，山主毋得異言阻执，當日面断，批過山租洋銀柒元正，其洋即日收清，不少分厘，其山自批之後，任從種人上山墾種，所有苞蘿、桐子、茶叶以及雜粮等項，均歸種人自收，山主毋得抽分，日後扦插杉木，籙養成林，出拚之日，邀仝山主面議出拚，其所拚杉木價洋数，山主種人各半均分，两家不敢执少争多，的限四拾五年為止限满，其山歸還山主管業，此出兩相情愿，各無反悔，恐口难信，故立合約式纸，各执壹纸，日後為據。

一批内添註六個字，再照。

中華民國拾壹年九月二十三日　立合約字人　張祖玉

仝批人　李盛林

張福仁

在見　賴细昌

闕水旺

代筆　闕呈祥

立批山場字人張祖玉，今因山場坐落雲邑九都内管茶鋪庄，小土名田窩口陽向，又野猪窩共壹處，内至光清坪下為界，上至山頂，下至坑，外至社公崀，又田窩口细昌杉木山外手，内至杉木山，上至山頂，下至坑，外至拼真，四至界内分明，其山批过洋柒元正，其洋即日付清，不少分厘，其山自批之後，壬［任］凴阙边松杉雜木，壬［任］凴種人砍伐出售，伐運墾種，苞籮桐子雜粮等歸種人自收，山主無得抽租，扦插杉木，籙養成林，出拼要同種人面議，出拼價洋各半均分，式家不敢执各［多］争少，年限四拾五年完滿，限滿之日歸還山主管業，愿批愿種，两相情愿，各無反悔，恐难信，故立式纸，各执纸為據。

民國拾一年拾月初四日　故立批字人　張祖玉

賴细昌

張福起

李順林

在見　阙水旺

賴林昌

代筆　阙德旺

立退田契字人闕乃恒今因無錢應用自情愿將振通叔股内計田租承谷壹桶正民田坐落竒風崗安着出退与本家闕乃餘房弟边入受承退為業當日憑中三面言断時田價洋銀弍元五角正其洋即日付清不少分厘其田自退之後任憑承主收租管業此係己分股内与内外房親伯叔兄弟子侄人等無涉愿退愿承兩相情愿永断割藤一退仟休日後無找無贖各無悔異等情恐口無憑故立退田契字為據

民国壬戌拾壹年十一月初五日立退田契字人闕乃恒

在見胞弟　闕乃雲

憑中　闕秉昌○

代筆　闕乃發

（前頁）>>>>>

立退田契字人闕乃恒，今因無錢應用，自情愿将振通叔股内計田租水谷壹桶正，民田坐落奇風崗安着，出退与本家闕乃餘房弟边入受承退為業，當日凴中三面言断，時田價洋銀弍元五角正，其洋即日付清，不少分厘，其田自退之後，任凴承主收租管業，此係己分股内，与内外房親伯叔兄弟子侄人等無涉，愿退愿承，两相情愿，永断割藤，一退仟休，日後無找無贖，各無反悔等情，恐口無凴，故立退田契字為據。

民国壬戌拾壹年十一月初五日　立退田契字人　闕乃恒

在見胞弟　闕乃雲

凴中　闕秉昌

代筆　闕乃發

立賣田契人阙吉琉今因缺錢使用自情愿将父手遺下分已阄内民田坐落松邑廿一都茶排庄小土名水红墩安着民田壹坵其田上下俱至德璉忌田左至起廷田右至吉瑞田為界今俱四至分明計額五分正界内田坪地埔樣茶雜木一概在内自愿托中立契出賣與本家祥銘侄邊入受承買為業當日憑中三面言断時值田價洋銀叁拾元正其洋即日交付清楚不少分厘其田自賣之后任凭買主起耕易佃過户完粮執契收祖管業出賣人無得異言阻执如有上手来歷不明賣人一力承当不干買主之事愿賣愿買此出兩家心愿日後不限年月任凭原價取贖各無飯悔恐口難信故立賣田契為據

一批契外付過洋銀弍元正其洋息以貼賣人每年完粮之費再照

民國癸亥拾弍年　拾弍月初九日　立賣田契人阙吉琉

在見弟　吉璘

憑中　培漢

代筆　玉璜

一批契外付過押洋四角

（前頁）>>>>>

立賣田契人闕吉琪，今因缺錢使用，自情愿将父手遺下分己阄内民田，坐落松邑廿一都茶排庄，小土名水缸埼，安着民田壹坵，其田上下俱至德璉忌田，左至起廷田，右至吉璜田為界，今俱四至分明，計額五分正，界内田坪地角，槿茶雜木，一概在内，自愿托中立契，出賣與本家祥銘侄邊入受承買為業，當日憑中三面言断，時值田價洋銀叁拾元正，其洋即日交付清楚，不少分厘，其田自賣之後，任憑買主起耕易佃，過户完粮，執契收租管業，出賣人無得異言阻执，如有上手來歷不明，賣人一力承当，不干買主之事，愿賣愿買，此出两家心愿，日後不限年月，任憑原價取贖，各無反悔，恐口難信，故立賣田契為據。

一批契外付過洋銀弍元正，其洋息以貼賣人每年完粮之費，再照。

民國癸亥拾弍年拾弍月初九日　立賣田契人　闕吉琪

在見弟　吉琹

憑中　培漢

代筆　玉璜

一批契外付過押洋四角。

立收田價洋銀字人闕吉琉，今收過祥銘

承買水缸湾安着，田價洋銀叁拾弌元正，并

貼粮在内，其洋所收是實，恐口难信，故立

收田價洋銀字爲據。

民國癸亥年十弍月初九日　立收田價洋銀字人　闕吉琉

見收　吉琭

代筆　玉璜

立討田劄字人藍新喜，今因
無田耕種，自情问到闕吉玶
親边手内，討出嘗田水田壹處，
坐落松邑廿一都石蒼［倉］源
夫人廟庄，小土名安代崗
坑鋪后礱子礼［裏］，安着水田壹處，大
小弍坵，計租水谷叁担陸桶
正，每年八月秋割之日，照租
充纳，送到田主家内風扇
交量過桶，升合兑付清楚，
不敢欠少，如有短少，任憑田
主起耕改佃，討劄為照。
民國甲子年十月廿九（日）立　藍新喜
見劄　藍新財
代筆　藍新松

立賣断截房屋字人闕吉璣今因無錢應用自情愿將父手遺下分己阄内民屋坐落二十一都茶排庄塆裏德瑋公香火堂右手橫屋大雨壹間又面前邑連小雨房一間其屋前至正屋墻為界後至盤房為界左至起湊廚房為界右至翰文公盤房為界今俱四至分明四至界内上連瓦桷下及基地以及板壁樓梁门窗户扇一概在内又小門外第弍間豬欄一間與起禎邑連托中立字出賣與本家成招等入受承買為業當日憑中三面断定時價洋銀肆拾元正其洋即日隨字付清不少分厘其屋自賣之後任憑買主居住管業出賣人毋得異言阻挑此係自己清業與房親兄弟人等並無干涉上手如有來歷不明賣人一力承當不干買主之事此出兩家情愿各無反悔一賣千休永遠無找無贖恐口難信故立賣房屋字為據

一批衙衕門路任憑通用毋得阻塞再照

一批契内註有弍字再照

中華民國拾叁年十月初三日　立賣断截房屋字人闕吉璣（押）

在見兄闕吉璨（押）

憑中闕起禎（押）

代筆闕呈祥（押）

（前頁）>>>>>

立賣断截房屋字人闕吉珹，今因無錢應用，自情愿將父手遺下分己阄内民屋，坐落二十一都茶排庄塆裏德瑋公香火堂右手横屋火厢壹間，又面前毘連小厢房一間，其屋前至正屋墻為界，後至礱房為界，左至起焕厨房為界，右至翰文公礱房為界，今俱四至分明，四至界内，上連瓦桷，下及基地，以及板壁楣梁，门窗户扇，一概在内，又小門外第式间猪欄一間，與起禎毘連，托中立字，出賣與本家成招等入受承買為業，當日憑中三面断定，時價洋銀肆拾元正，其洋即日隨字付清，不少分厘，其屋自賣之後，任憑買主居住管業，出賣人毋得異言阻执，此係自己清業，與房親兄弟人等並無干涉，上手如有來歷不明，賣人一力承當，不干買主之事，此出两家情愿，各無反悔，一賣千休，永遠無找無贖，恐口难信，故立賣房屋字為據。

一批�衖門路，任憑通用，毋得闭塞，再照。

一批契内註有式字，再照。

中華民國拾叁年十月初三日　立賣断截房屋字人　闕吉珹

在見兄　闕吉璨

憑中　闕起禎

代筆　闕呈祥

立退分種山塲字人闕吉瑹，今因日前向張、李、賴主边承有山塲，坐落云邑九都茶鋪庄，小土名騎馬崀田窩口陽向，安着山塲一片，上至崀，下至坑，内至小垠賴细昌杉木山，外至隨崀分水直下山脚為界，今俱踏出四至分明，界内分與王啟坤親边耕種苞蘿、桐子等項，苞蘿一九均分，闕边坐一，王边坐九，桐子二八均分，闕边坐弍，種人坐八，扦插杉苗，日后养簶成林，出拚之日，□張、李、賴山主種人对半均分，闕边無得分息，如有上手不清，闕边、張、李、賴主边一力支当，不干王边之事，又一處野猪窝，種有苞蘿、黄粟、桐子等項，歸與王边自種自收，扦插杉木，齊錦归還闕边山主，王边無分承受，两愿，各無反悔，恐口难憑，立退分種山付與王边為據。

民国拾四年弍月十九日　立分種山人　闕吉瑹

△

△

△

代筆　△

立討田劄字人馮官連今因少田耕種自願问到叔边討過水田玖處坐落松邑廿一都后宅庄大嶺后小土名圓坵安着田壹處又伯公门口安着田壹横叁坵共計水租谷叁担桶正又楠碓頭伍坵田安着水田弍處共計租壹担七桶正又伯公窩竹圓頭安着田弍處共計水租谷叁担正又松樹崗下安着水田壹處計租弍担壹籮正又祥樹窩安着水田壹處計租九桶正又后门栖谷坪坑边安着田壹接計租壹籮正以上大共計水租谷拾弍担叁桶正的限每年八月秋收之期送到叔边家内扇净交量明白不敢欠少如有欠少任憑叔边起耕改佃追租壹葉侄边無得异言阻执等情恐口無憑故立討田劄字為據

一批圓坵田堪與伯公门口茶葉棕歸與叔边田主收摘再照

民國乙丑拾肆年九月初伍日立討田劄字人　馮官連（押）

見劄　叔　有茂（押）

代筆　馮鏊生（押）

（前頁）>>>>>

立討田劄字人馮官連，今因少田耕種，自愿问到叔边討過水田玖處，坐落松邑廿一都后宅庄大嶺后，小土名圓坵，安着田壹處，又伯公门口，安着田壹横叁坵，共計水租谷叁担叁桶正，又槽碓頭伍坵田，安着水田弍處，共計租壹担七桶正，又伯公窝竹圓頭，安着田弍處，共計水租谷叁担正，又松樹崗下，安着水田壹處，計租弍担壹籮正，又祥樹窝，安着水田壹處，計租九桶正，又后门晒谷坪坑边，安着田壹接，計租壹籮正，以上大（小）共計水租谷拾弍担叁桶正，的限每年八月秋收之期，送到叔边家内扇净交量明白，不敢欠少，如有欠少，任憑叔边起耕改佃，追租管業，姪边無得异言阻执等情，恐口無憑，故立討田劄字為據。

一批圓坵田塝與伯公门口茶葉棕歸與叔边田主收摘，再照。

民國乙丑拾肆年九月初伍日　立討田劄字人　馮官連

見劄叔　有茂

代筆　馮發生

立賣断截山塲契人李恒富今因無錢應用自情愿将祖父遺下山塲壹處坐落松邑廿一都后宅庄大嶺后小土名松樹崗石岜外大路下安着其山上至大路下至田左至路右至石岜直下馮姓山為界今具四至分明并及界内松杉雜木毛竹壹應在内自愿託中立契出賣與馮门張氏翠珠入受承買為業即日三面言断目直時價大洋叁元正其洋即日隨契交付足訖不少分毫其山自賣之後任憑買主修理籙養砍伐管業賣人不敢異言阻执如有上手來歷不明賣人一力承直理不涉買之事愿賣愿受两相情愿各無悔悔契断價足一賣千休永遠無找無贖等情恐口無憑故立賣断截山塲契人為據

民國乙丑拾肆年十一月十六日立賣断截山塲契人　李恒富（押）

在見　男　水發（押）

憑中　馮有茂（押）

代筆　馮發生（押）

（前頁）>>>>>

立賣断截山塲契人李恒富，今因無錢應用，自情愿将祖父遺下山塲壹處，坐落松邑廿一都后宅庄大嶺后，小土名松樹崗石崀外大路下，安着其山，上至大路，下至田，左至路，右至石崀直下馮姓山為界，今具四至分明，併及界内松杉雜木毛竹，壹應在内，自愿託中立契，出賣與馮門張氏翠珠入受承買為業，即日三面言断，目直時價大洋叁元正，其洋即日随契交付足訖，不少分毫，其山自賣之後，任凴買主修理籙養，砍伐管業，賣人不敢異言阻执，如有上手来歷不明，賣人一力承当，不涉買（主）之事，愿賣愿受，两相情愿，各無反悔，契断價足，一賣千休，永遠無找無贖等情，恐口無憑，故立賣断截山塲契『人』為據。

民國乙丑拾肆年十一月十六日　立賣断截山塲契人　李恒富

在見男　水發

憑中　馮有茂

代筆　馮發生

立賣杉木、柳杉木字人馮官利，今因無錢應用，自情愿将父手遺下分己股内杉木，坐落松邑廿一都后宅庄大嶺后，小土名石竹窩口大田坪下安着，上至德茂杉木，下至坑，内至兰姓杉木，外至兰茂茶山為界，今具四至分明，自愿託中立字，出賣與張氏翠珠嫂边入受承買為業，即日憑中三面言断，時直杉木價大洋捌元正，其洋即日隨字交付，不少分厘，其杉木、柳杉自賣後，任凭買主管理籙養肆拾年成林，出拚砍伐，發運完滿，歸还山主，愿賣愿受，兩相情愿，各無反悔等情，恐口难信，故立賣杉木、柳杉木字為據。

民國丙寅拾伍年拾弍月初九日　立賣杉木字人　馮官利

在見父　有茂

代筆　馮發生

立賣田契字人蔡永瀾今因缺錢應用自情愿將父手遺下民田壹處坐落松邑廿壹都石倉源蔡宅庄小土名石坑口安着其田上至瀾姓田下至路左至坑右至路并張姓田為界今俱四至分明計額壹畝叁分并及田頭地塝橋茶雜木一概在內計租弍担陸桶自愿托中立契出賣與關乃餘親边入受承買為業當日經中三面言斷時值田價洋銀壹佰弍拾捌元正其價洋銀即日交付不少分厘其田自賣之後任憑買主起耕改佃收租管業如有上手來歷不明賣人一力承當不干買主之事此田任憑賣人不限年月備办原價取贖愿買愿賣各無反悔恐口難信故立賣田契字為據

一批另帖过洋銀叁元利息以作完粮之資

一批付过花押洋銀弍元正此照

民國拾五丙寅年十弍月十一日立賣田契字人蔡永瀾（押）

在見 永濟（押）

憑中 張水發（押）

代筆 蔡玉楨（押）

（前頁）>>>>>

立賣田契字人蔡永瀾，今因缺錢應用，自情愿将父手遺下民田壹處，坐落松邑廿壹都石倉源蔡宅庄，小土名石坑口，安着其田，上至闕姓田，下至路，左至坑，右至路并張姓田為界，今俱四至分明，計額壹畝叁分，併及田頭地角，椿茶雜木，一概在内，計租式担陆桶，自愿托中立契，出賣與闕乃餘親边入受承買為業，當日经中三面言断，時值田價洋銀壹佰式拾肆元正，其價洋銀即日交付，不少分厘，其田自賣之後，任憑買主起耕改佃，收租管業，如有上手來歷不明，賣人一力承當，不干買主之事，此田任憑賣人不限年月備办原價取贖，愿買愿賣，各無反悔，恐口難信，故立賣田契字為據。

一批另帖［貼］过洋銀叁元，利息以作完粮之資。

一批付过花押洋銀式元正，此照。

民國拾五丙寅年十式月十一日　立賣田契字人　蔡永瀾

在見　　永濟

憑中　張水發

代筆　蔡玉楨

立典杉木苗字人李盛林，今因栽插杉木壹处，坐落雲邑九都茶鋪庄，小土名騎馬崀賴昇科篷後窝尾，其山上至山頂，下至崩山党，左至李廷招山為界，右至張陳有闸種山為界，今俱四至分明，自愿托中立字，出典與闕吉琛入受承典為業，當中面断，时價大洋捌元正，其洋即日交付□□□□厘，其山自□□□□□□典人籙養拾陸年冬成滿批□□□□□□□□□□□□滿批以後，以作廢纸，恐口难憑，故立典杉木字為據。

民國拾六年二月十九日　立典杉木字人　李盛林

中　張福仁

代筆　闕祥銘

立仰批合同字代表人張祖玉等，缘先太祖遺下三大股山塲，坐落雲邑九都茶鋪庄，小土名担铁路，安着山塲壹處，上至山顶，下至坑，左至葉上松种山，右至大崀分水為界，今俱四至分明，托中立批，仰与松邑石倉源茶排闕吉璨承去闲種，當日三面言订，山價大洋捌元正，其洋即日随仰收足，並無短欠，其山自仰之後，任從闕边擇日上山砍伐松杉做蓬，仰人不得異言阻执，如有混阻，仰人自出支當，不涉承人之事，面断闲種苞萝薯蕻，桐茶竹木，雜物等件，無得抽租，日後栽插杉木成林出拚，樹价对半均分，不得佔多減少等情，其山的限伍拾年，滿期過后，仰批不得行用，其山内樹脚歸还山主养籙，各無异言，恐後难憑，故立仰合同批字存照。

民國丁卯拾陆年九月初三日　立仰合同批代表　張祖玉

全仰人　張福仁

李顺林

中　闕水旺

代筆　張慎之

立出拚杉木字人王德松忠今因乏死喪費無办自將父前批來闹迮山場壹塊坐落松邑廿一都蔡砷庄小土名山粉叢楊梅樹窩安着上至山頂下至坑左至大窩右至佰公崀直上為界今俱四至分明四至界内批来耕種人扦插杉木各半均分飛子老樹不在數内將自己名下種工杉木大小斷山砍伐凈自愿托中立出拚與闹利記入受承拚為貨當中三面言斷定目直時樹價洋銀壹佰伍拾元正其洋限八月廿九日付清足訖不少分厘其杉木任憑客迮砍伐凈出拚人無得異言阻挽愿拚愿承兩相情愿各無悔恐口無憑故立出拚杉木字為據

一批其山歸还山主大小杉木歸養此照

民國戊辰十七年七月廿日立出拚杉木字人　王德松（押）

在見　王德忠〇

　　　蔡其連〇

憑中　蔡其柱（押）

　　　蔡闹龍（押）

代筆　蔡闹球书

（前頁）>>>>>

立出拚杉木字人王德松、德忠，今因父死，丧費無办，自将父前批來闞边山塲壹塊，坐落松邑廿一都茶排庄，小土名山粉寮楊梅樹窩安着，上至山頂，下至坑，左至大窩，右至伯公崀直上為界，今俱四至分明，四至界内批来耕種人扦插杉木，各半均分，飛子老樹不在数内，将自己名下種工杉木大小断山砍伐净，自愿托中立（契），出拚與闞利記人受承拚為貨，當中三面言断，定目直時樹價洋銀壹佰伍拾元正，其洋限八月廿九日付清足訖，不少分厘，其杉木任凴客边砍伐净，出拚人無得異言阻执，愿拚愿承，两相情愿，各無反悔，恐口無凴，故立出拚杉木字為據。

一批其山歸还山主大小杉木録養，此照。

民國戊辰十七年七月廿日　立出拚杉木字人　王德松

在見　王德忠

蔡其連

凴中　蔡其柱

蔡閈龍

代笔　蔡閈球

立祖田劄字人鄭運丹今因做瓦
缺坭自向茶排湖吉璜親边祖
得坐落后金坑瓦窯边田壹坵
其田上至德璉公忌田下至德璉公
坪左至吉坪田右至坑為界今
俱四至踏明自愿向吉璜祖来扦
坭做瓦每年秋收之期充約祖谷
壹担正又付過填底大洋捌元正其
洋隨即付清不少分厘其田自祖
之後任憑祖人扦掘坭土製作磚
瓦田主毋得異言阻挑其填底

立租田劄字人鄭連兴，今因做瓦缺泥，自向茶排闕吉璜親边租得坐落后金坑瓦窑边田壹坵，其田上至德璉公忌田，下至德璉公坪，左至吉坪田，右至坑為界，今俱四至踏明，自愿向吉璜租來扦泥做瓦，每年秋收之期，充納租谷壹担正，又付過填底大洋捌元正，其洋隨即付清，不少分厘，其田自租之後，任憑租人扦掘泥土，製作磚瓦，田主毋得異言阻执，其填底洋亦無利息，日後歇業，其田應由承租人照依原式闸墾成田，交还田主管業，不得潦草塞責，如或闸墾不整，其填底洋任憑田主扣除，以作闸墾之費，此出两愿，各無反悔，恐口無憑，故立劄為據。

民國己巳拾捌年四月廿四日　立租田劄字人　鄭連兴

在見　王禮貴

依口代筆　闕吉根

立承批山場字人闕承邦今因無山耕種自愿問到馮林氏手内批出山場壹處坐落松邑廿一都后宅庄大嶺后小土名楓樹窩口陰陽两片安着山場壹處陰向上至官松茶山下至坑内至石竹窩口闕姓山外至後龍崀闕姓山分水為界今具四至分明又陽向安着上至大崀闕姓山分水下至坑内至翠珠柳杉苗直上外至大崀直下為界今具四至分明併及界内松杉雜木壹應在内即日憑中三面言断山租大洋柒元正其洋即日隨批收訖不少分厘其山自批之後任憑承種人擇日上山砍伐做蓬耕種苞蘿桐子茶葉等色帰與種人收摘山主無得異言其山的限批日議定叁拾陸年完滿不許再種其山扦種杉木柳杉録養成林出拚山主種人两坐各半均分扦苗拚尽樹孫帰還山主種人無得异言此係两相情愿各無反悔等情恐口無憑故立承批山場字為據

一批陰向上據文有公衆清山上至官松茶山下至出批人杉木山埋石為界取山租大洋壹元正左右至俱闕姓山為界此照

民國庚午十九年八月十九日立承批山場字人 闕承邦（押）

憑中 馮官廷（押）

代筆 馮發生（押）

（前頁）>>>>>

立承批山塲字人闞承邦，今因無山耕種，自愿問到馮林氏手内，批出山塲壹處，坐落松邑廿一都后宅庄大嶺后，小土名楓樹窝口陰陽两片，安着山塲壹處，陰向上至官松茶山，下至坑，内至石竹窝口闞姓山，外至後龍崀闞姓山分水為界，今具四至分明，又陽向安着，上至大崀闞姓山分水，下至坑，内至翠珠柳杉苗直上，外至大崀直下為界，今具四至分明，併及界内松杉雜木，壹應在内，即日憑中三面言断，山租大洋柒元正，其洋即日隨批收訖，不少分厘，其山自批之後，任憑承種人擇日上山砍伐做篷，耕種苞蘿、桐子、茶葉等色，歸與種人收摘，山主無得異言，其山的限批日議定叁拾陸年完滿，不許閑種，其山扦插杉木、柳杉，籙養成林出拚，山主、種人两坐，各半均分，扦苗拚尽，樹孫歸還山主，種人無得异言，此係两相情愿，各無反悔等情，恐口無憑，故立承批山塲字為據。

一批陰向上接文有公衆清山，上至官松茶山，下至出批人杉木山埋石為界，取山租大洋壹元正，左右至俱闞姓山為界，此照。

民國庚午十九年八月十九日　立承批山塲字人　闞承邦

憑中　馮官廷

代筆　馮發生

立當房屋字人今闕成招，今因無錢應用，自情愿將自己親置買房屋坐落二十一都上
茶排庄灣裏德瑾公香火堂右手橫屋火廂壹間，又面前昆連小廂房一間，其屋前至正屋
牆為界，後至磐房為界，左至起煥廚房為界，右至翰文公磐房為界，今俱四至分明，四至界內上
連瓦桷，下及地基，及板壁、楣梁、門窗、戶扇一概在內，又小門外第二間豬欄一間，與起禎昆連，托中
立字出當與本家吉瑹入受承當為業，當日憑中三面言斷，定時價洋拾伍元正，其洋即日隨字
付清，不少分厘。其屋之當以後每年完納利息洋貳元四角正，其利息不清，任憑當主管業，出當人毋得
異言阻挑。此係自己情業，與房親伯叔兄弟等並無干涉，上手如有來歷不明，當人一力承當，
不干當主之事。此出兩家情愿，各無反悔，恐口難信，故立當房屋字為據。

中華民國拾九年十月二十四日立當房屋字人闕成招（押）

憑中　闕吉程（押）

在見代筆　闕成達（押）

（前頁）>>>>>

立當房屋字人『字人』闕成招，今因無錢應用，自情愿將自己親罡［置］買房屋，坐落二十一都上茶排庄墻裏德瑋公香火堂右手横屋火厢壹間，又面前毘連小厢房一間，其屋前至正屋墻為界，後至礱房為界，左至起煥厨房為界，右至翰文公礱房為界，今俱四至分明，四至界内，上連瓦桷，下及地基，及板壁楣梁，門窗户扇，一概在内，又小門外第弍間猪欄一間，與起禎毘連，托中立字，出當與本家吉瑹入受承當為業，當日憑中三面言断，定時價洋拾伍元正，其洋即日隨字付清，不少分厘，其屋之［自］當以後，每年充納利息洋弍元四角正，其利息不清，任憑當主管業，出當人毋得異言阻执，此係自己情［清］業，與房親伯叔兄弟等並無干涉，上手如有來歷不明，當人一力承當，不干當主之事，此出两家情愿，各無反悔，恐口难信，故立當房屋字為據。

中華民國拾九年十月二十四日　立當房屋字人　闕成招

憑中　闕吉輝

在見代筆　闕成達

立賣断絕山契字人張福仁張福起仝侄等今因無銀應用自情愿將張李二姓山撥出壹股自己民山壹處坐落雲邑九都内管茶鋪左小土名騎馬崗担鉄路對面安着其山上至山頂并畫寧窩四门溜頭值下野猪窩并閘絲坪上横路為界下至坑脚内至田窩并野猪窩過來四门值下為界外至過石壁大崀為界又外手蔴石松耕種山上至山頂下至李姓田内至賣主山枇連外至上嶺大崀為今俱二處山四至分明清楚計額弍分正自愿托中立契出賣與闕吉璨親邊入受永買為業當日憑中三面言断目值時價大洋弍拾玖元正其洋即日隨契交付清白不少分文其山自賣之後任憑買主闢種杆棟杉木永遠管業其山撥出自己民山愿賣愿買此出兩家情愿各無反悔等情一賣千休永遠無找無贖恐口难信故立賣断絕山契字為據

中華民國弍拾年十一月廿三日　立賣断絕山契字人張福仁　張福起

在見　張嵩培　張福攸

憑中　闕吉偎

代筆　闕培鐸

（前頁）>>>>>

立賣断絕山契字人張福仁、張福起仝侄等，今因無銀應用，自情愿將張、李二姓山撥出壹股，自己民山壹處，坐落雲邑九都内管茶鋪庄，小土名騎馬崗担铁路對面，安着其山，上至山頂并畫寧窝凹门溜頭值下野猪窝并闕姓坪上横路為界，下至坑脚，内至田窝并野猪窝過来凹门值下為界，外至過石壁大良為界，又外手闕石松耕種山，上至山頂，下至李姓田，内至買主山批［毗］連，外至上嶺大良為（界），今俱二處山，四至分明清楚，計額弍分正，自愿托中立契，出賣與闕吉琜親邊入受承買為業，當日憑中三面言断，目值時價大洋弍拾玖元正，其洋即日隨契交付清白，不少分文，其山自賣之後，任憑買主開種，扦插杉木，永遠管業，其山撥出自己民山，愿賣愿買，此出两家情愿，各無反悔等情，一賣千休，永遠無找無贖，恐口难信，故立賣断絕山契字為據。

中華民國弍拾年十一月廿三日　立賣断絕山契字人　張福仁

福起

在見　張嵩培

張福攸

憑中　闕吉俍

代筆　闕培鐸

立賣山塲字人馮官進今因無錢應用
自情愿將父手遺下分己股内山塲壹處
坐落松邑念壹都后宅庄大嶺后小土名
楓樹窩口石竹窩對面安着其山上至石
養山下至坑左至光成山右至買主杉木為
界今具四至分明自愿托中立字出賣
與張氏翠珠入受承買為業即日三面
言斷時直山價大洋叁元正其洋即日
隨字交付足訖不少分厘其山自賣之
後任憑買主修理蓄養成林出拚砍伐
管業賣人無得異言阻執如有來歷不
清賣人一力承當不涉買之事愿賣愿
買此係兩相情愿各無恢悔一賣千休永
遠無找無贖等恐口無憑故立賣山塲
字為據

民國念壹年十一月廿一日立賣山塲字人馮官進○

在塲　兄官其○

立賣山塲字人馮官進，今因無錢應用，自情愿将父手遺下分己股内山塲壹處，坐落松邑念壹都后宅庄大嶺后，小土名楓樹窝口石竹窝對面，安着其山，上至石養山，下至坑，左至光成山，右至買主杉木為界，今具四至分明，自愿托中立字，出賣與張氏翠珠入受承買為業，即日三面言断，時直山價大洋叁元正，其洋即日隨字交付足訖，不少分厘，其山自賣之後，任憑買主修理籙養成林，出拚砍伐管業，賣人無得異言阻执，如有来歷不清，賣人一力承當，不涉買（主）之事，愿賣愿買，此係两相情愿，各無反悔，一賣千休，永遠無找無贖等，恐口無憑，故立賣山塲字為據。

民國念壹年十一月廿一日　立賣山塲字人　馮官進

在塲兄　官其

代筆　馮發生

立賣山斷絕契字人闕家品今因無錢應用自愿將祖父遺下民山壹處坐落松邑念一都石倉源后宅庄小土名上觀音坪安着併及松茶雜木山边荒坪等項一應在內其山上至山頂下至闕姓田荒坪左至買主山右至闕姓山為界今俱四至分明托中立契出賣與本家闕乃餘叔边入受承買為業當日賣過英洋拾伍元正其英洋即日付清不少分厘其山自賣之後任憑買主管業出賣人無得異言阻執等情恐口無憑情各無悔故立賣山契字永遠為據

中華民國癸酉式拾弍年五月二十五日賣山契字人闕家品○

在見 闕家泉

憑中 應有松

代筆 應官洪

（前頁）>>>>>

立賣断絕山契字人闕家品，今因無錢應用，自情愿將祖父遺下民山壹處，坐落松邑念一都石倉源后宅庄，小土名上觀音坪安着，併及松茶雜木，山边荒坪等項，一應在内，其山上至山頂，下至闕姓田荒坪，左至買主山，右至闕姓山為界，今俱四至分明，托中立契，出賣與本家闕乃餘叔边入受承買為業，當日賣過英洋拾伍元正，其英洋即日付清，不少分厘，其山自賣之後，任憑買主管業，出賣人無得異言阻执等情，恐口無憑等情，各無反悔，故立賣山契字永遠為據。

中華民國癸酉弍拾弍年五月二十五日　賣山契字人　闕家品

在見　闕家泉

憑中　應有松

代筆　應官洪

立出批山塲字人馮林氏今有山塲壹處坐落松邑念壹都后宅庄大嶺后
小土名楓樹窩尾安着其山上至山頂下至山主嫩苗杉木山左至官榮官根杉
木山小窩爲界右至大崀分水𣸪姓山爲界今俱四至分明托中立字出
批與馮起茂前未(來)開耕種苞蘿黄菽山主坐弍種人坐捌均分種有桐
桐子種人坐陸山主坐肆均分其山扦插杉木柳杉山主坐陸種人坐肆均分
其山自批之後任憑承種人擇日上山砍伐倣遂耕種苞蘿桐子等色山主無
得異言阻執如有來歷不清山主自能支當其山的限叁拾玖年籙養成林
出拚砍伐發運下山完滿此批以作無效歸还山主愿批愿承此係兩相情愿
各無悔悔等情恐口無憑故立出批山塲字爲據

中華民國丁丑念六年弍月廿六日立出批山塲字人　馮林氏〇

在塲　侄官榮

憑中　馮官全

代筆　馮發生

永遠

存據

（前頁）>>>>>

立出批山塲字人馮林氏，今有山塲壹處，坐落松邑念壹都后宅庄大嶺后，小土名楓樹窩尾，安着其山，上至山頂，下至山主嫩苗杉木山，左至官荣、官根杉木山小窩為界，右至大良分水闕姓山為界，今俱四至分明，托中立字，出批與馮起茂前来承凥，耕種苞蘿、黄菽，山主坐弍，種人坐捌均分，種有桐『桐』子，種人坐陸，山主坐肆均分，其山扦插杉木、柳杉，山主坐陸，種人坐肆均分，其山自批之後，任憑承種人擇日上山砍伐做篷，耕種苞蘿、桐子等色，山主無得異言阻执，如有来歷不清，山主自能支當，其山的限叁拾玖年籙養成林，出拚砍伐，發運下山完滿，此批以作無效，歸还山主，愿批愿承，此係两相情愿，各無反悔等情，恐口無憑，故立出批山塲字為據。

中華民國丁丑念六年弍月廿六日　立出批山塲字人　馮林氏

在塲侄　官荣

憑中　馮官全

代筆　馮發生

立承批山塲字人馮起茂今因無山耕種自愿问到本家嫂边馮林氏手内批出山塲壹處坐落松邑念壹都后宅庄大嶺后小土名楓樹窩尾安着其山上至山頂下至嫩苗杉木山左至官荣官根山小窩右至大崀分水瀨姓山爲界今俱四至分明任憑承人擇日上山砍伐做蓮耕種苞蘿黄荍承種人坐捌山主坐貳均分耕種桐子山主坐肆承人坐陸股均分其山扦插杉木柳杉山主坐陸種人坐肆股均分其山的限叁拾玖年籙養成林出拚砍伐發運完滿下山此批以作無效愿出愿承此係兩相情愿各無反悔等情恐口無憑故立承批山塲字爲據

中華民國丁丑念六年叁月廿六日立承批山塲字人 馮起茂 押

启首

在塲 馮官荣 押

憑中 馮官全 押

張継饌 押

代筆 馮發生 押

參執

（前頁）>>>>>

立承批山塲字人馮起茂，今因無山耕種，自愿问到本家嫂边馮林氏手内，批出山塲壹處，坐落松邑念壹都后宅庄大嶺后，小土名楓樹窝尾，安着其山，上至山頂，下至嫩苗杉木山，左至官荣、官根山小窝，右至大崀分水闞姓山為界，今俱四至分明，任憑承人擇日上山砍伐做蓬，耕種苞蘿、黄菽，承種人坐捌，山主坐貳均分，耕種桐子，山主坐肆，承人坐陸股均分，其山扦插杉木、柳杉，山主坐陸，種人坐肆股均分，其山的限叁拾玖年籙養成林，出拚砍伐，發運完滿下山，此批以作無效，愿出愿承，此係两相情愿，各無反悔等情，恐口無憑，故立承批山塲字為據。

中華民國丁丑念六年弍月廿六日　立承批山塲字人　馮起茂

在塲　馮官荣

憑中　馮官全

張继饌

代筆　馮發生

立杜找田契字人闕家政今因向與橋會日先交易民田壹處土名坐落松邑夫人廟庄小土名安岱岗西坑子安着畝額四至前有正契載明托與憑中找過國幣洋銀肆拾六元正其洋即日收清不少分文其田自找之後永無找贖等情恐口無憑故立找田契字永遠為據

民國丁丑式拾六年十二月廿六日立杜找田契字人闕家政

闕家培

原中

闕家材

代筆

曹磁生

（前頁）>>>>>

立杜找田契字人闕家政，今因向與橋会日先交易民田壹處，土名坐落松邑夫人廟庄，小土名安岱岗四坑子安着，畝額四至，前有正契載明，托與憑中找過國幣洋銀肆拾六元正，其洋即日收清，不少分文，其田自找之後，永無找贖等情，恐口無憑，故立找田契字永遠為據。

民國丁丑式拾六年十二月廿六日　立杜找田契字人　闕家政

原中　闕家培

闕家材

代筆　曹磁生

[illegible]牛欄[illegible]信武今因[illegible]錢應用[illegible]情愿將父手置下自己闞
內牛欄壹門坐西朝東坐落松邑廿一都石倉源后宅庄小土名下村魚塘皆
安着其牛欄民擁門路壹座等情上至[illegible]主下至魚塘[illegible]簟寮右至[illegible]
為界今俱四至分明自愿托中立契出賣與闞荷發叔[illegible]承買為業
當日憑中三面言斷目值時價國[illegible]元正其洋[illegible]
[illegible]貨主佳牛放物件如[illegible][illegible]手來歷不明賣[illegible]壹力[illegible]
主之事契明價足一賣千休割籐斷絕[illegible]無找無贖愿賣愿買各無悔悔
[illegible]信故立賣牛欄斷截字永吉為據
中華民國念七年三月拾九日立賣斷截牛欄字人闞信武 押
在見 闞官元 ○
憑中 闞家鴻 押
[illegible]笔 [illegible]升梭 押

立收牛欄價洋字人闞信武與闞荷發牛欄交易坐落松邑廿都石倉源后宅
庄小土名下村魚塘皆安着牛欄價國幣洋拾元正是實所收此照
中華民國念七年三月十九日立收牛欄價洋字人闞信武 押
見收 闞官元 ○
代笔 闞邦梭 押

（前頁）>>>>>

立賣断截牛欄字人闕信武，今因無錢應用，自情愿將父手遺下自己閹内牛欄壹間，坐西朝東，坐落松邑廿一都石倉源后宅庄，小土名下村魚塘背，安着其牛欄，瓦埆［桷］門路，壹應等情，上至□□，下至魚塘，左至簟寮，右至□為界，今俱四至分明，自愿托中立契，出賣與闕荷發叔邊□□承買為業，當日憑中三面言断，目值時價國幣洋拾元正，其洋□□□□□□□□□□□□買主住牛放物件，如有上手來歷不明，賣人壹力□□，□□□主之事，契明價足，一賣千休，割藤断絕，□□無找無贖，愿賣愿買，各無反悔，□□难信，故立賣牛欄断截字永遠為據。

中華民國念七年三月拾九日　立賣断截牛欄字人　闕信武

在見　闕官元

憑中　闕家鴻

代笔　闕邦棪

立收牛欄價洋字人闕信武，向與闕荷發牛欄交易，坐落松邑廿一都石倉源后宅庄，小土名下村魚塘背安着，牛欄價國幣洋拾元正，是實所收，此照。

中華民國念七年三月十九日　立收牛欄價洋字人　闕信武

見收　闕官元

代笔　闕邦棪

立賣斷截菜〔缺〕闕信武今因無錢應用自情愿將〔缺〕遺下自己股內
菜園壹處坐□〔缺〕邑廿一都石倉源后宅庄小土名下材安着其菜園
上至買主下至買主菜園左至路右至茶園坪為界今俱四至分明計額
貳分正自愿托□立契出賣與闕荷發入受承買為業當日憑中三面
言斷目值時價大洋叁拾貳元正其洋即日付訖不少分文其菜園任憑買主
收租種菜管業，賣人無得異言阻執壹賣千休割籐斷絕永遠無找無贖愿
賣愿買兩相〔缺〕□板悔恐口無憑故立賣□菜〔缺〕截字永遠為據
壹批粮額□□〔缺〕納此照

中華民國弍拾柒年四月初五日立賣斷截菜園字人闕信武

在見　闕信佳

　　　闕官元

憑中　林景發

代笔　闕邦桜

保長　蔡雲龍

（前頁）>>>>>

立賣断截菜園字人闕信武，今因無錢應用，自情愿將□□遺下自己股内菜園壹處，坐落松邑廿一都石倉源后宅庄，小土名下材，安着其菜園，上至買主，下至買主菜園，左至路，右至茶園坪為界，今俱四至分明，計額貳分正，自愿托中立契，出賣與闕荷發入受承買為業，當日憑中三面言断，目值時價大洋叁拾弍元正，其洋即日付訖，不少分文，其菜園任憑買主收租種菜管業，賣人無得異言阻執，壹賣千休，割藤断絕，永遠無找無贖，愿賣愿買，两相□□，□無反悔，恐口無憑，故立賣菜園断截字永遠為據。

中華民國弍拾柒年四月初五日　立賣断截菜園字人　闕信武

在見　闕信佳

闕官元

憑中　林景發

代笔　闕邦棪

保長　蔡雲龍

立收菜園田價字人闕信武，今因向與闕荷發交易，坐落松（邑）廿一都石倉源后宅庄，小土名下材安着，收菜園價洋陸拾元正，其洋所收是，此照。

中華民國念七年四月初五日　立收菜園田價字人　闕信武

見收　闕官元

代笔　闕邦棪

立承種山塲字人葉關旺，今因無山耕種，自己問到張砝玉業主家中，討來山塲壹處，坐落松邑廿都香雪鄉，小土名烏林坑坿扇塢，安着其山，上至山頂，下至坑，左至、右至㞀為界，今俱四至分明，四至界内种苞蘿、雜物、桐子，一應式捌均分，種人坐捌，山主坐式，日後扦插杉木成林出拚，種人坐式成，山主坐捌成，此出两相情愿，恐口無憑，故立承種字為據。

一批杉木籙養，戊寅年起至辛亥年至為限，年外归還山主。

中華民國式拾柒年十一月初五日　立承種人　葉關旺

在見　葉坤林

代筆　闞祥明

立承批山場字人闕吉琛今因無山耕種自愿问到親边馮林氏手内批出山場壹處坐
落松邑念壹都后宅庄大嶺后小土名楓樹窩安着其山上至横境下至生茂杈山左至生茂
山右至岗為界又山壹處土坐中歇場口磜面上安着上至青山下至坑左至小窩右至官旺
杈山為界今俱四至分明當日憑中三面言定山租國幣柒元正其洋即日随批付訖不必分
厘其山自批之後任憑承種人擇日上山砍伐做蓬耕種苞蘿桐子雜粮等色山主無得抽
租其山扦插杉木柳杉山主種人两坐各半均分其山的限承日議定駟拾伍年籙養成林出
拚砍伐發運下山完滿此批以作無数帰还山主愿批愿承此係兩相情愿各無反悔等情
恐口难信故立承批山場字為據

民國戊寅念七年十弍月十四日立承山場人 闕吉琛 押

憑中 馮官全 押

代筆 馮發生 押

合約

（前頁）>>>>>

立承批山塲字人闕吉璨，今因無山耕種，自愿问到親边馮林氏手內，批出山塲壹處，坐落松邑念壹都后宅庄大嶺后，小土名楓樹窩，安着其山，上至横墘，下至生茂叔山，左至生茂山，右至艮為界，又山壹處，土坐中歇塲口磜面上安着，上至青山，下至坑，左至小窩，右至官旺叔山為界，今俱四至分明，當日憑中三面言定，山租國幣柒元正，其洋即日隨批付訖，不少分厘，其山自批之後，任憑承種人擇日上山砍伐做蓬，耕種苞蘿、桐子、雜粮等色，山主無得抽租，其山扦插杉木、柳杉，山主、種人两坐各半均分，其山的限承日議定肆拾伍年籙養成林，出拚砍伐，發運下山完滿，此批以作無效，歸还山主，愿批愿承，此係两相情愿，各無反悔等情，恐口难信，故立承批山塲字為據。

民國戊寅念七年十式月十四日　立承山塲人　闕吉璨

浼中　馮官全

代筆　馮發生

立賣斷絕房屋字人關吉僕今因染病在床口食無門誠恐日後喪費等項無办特將繼父遺下民屋壹間坐落松邑二十一都茶排庄小土名水缸塝安着其屋上首廂房壹間前向天井後向簷牆滴水為界左至巷衖左至巷衖為界其廂房上連桷椽瓦角下連門窗户扇地基一概在内又大門外上首三項即下地基弍間在内也任憑買主立程做屋出賣與關吉璘入受承買為業當日中三面言斷目值時價國幣叁拾叁元正其洋即日隨契交付清訖不少分文其屋自賣之後任憑買主任居管業與房親伯叔内外兄弟叔侄人等無干涉其屋一賣千秋割籐斷根二相情愿原受原賣永無找贖各無反悔如有來歷不明賣人一力承當恐口無憑故立賣房屋斷絕字為據

一批契内註過四字

民國二十八年十二月初六日立賣斷絕房屋字人關吉僕

見　關吉玶

中　關吉璜

　　關起禎

筆　關鳳翔

（前頁）>>>>>

立賣断絕房屋字人闕吉偎，今因染病在床，口食無門，誠恐日後喪費等節無办，特将继父遺下民屋壹間，坐落松邑二十一都茶排庄，小土名水缸塆，安着其屋，上首廂房壹間，前向天井，後向簷墙滴水為界，左至巷衕，右至巷衕為界，其廂房上連楣樑瓦角［桷］，下連門窗户扇地基，一概在内，又大門外上首三節即下地基弍間在内，也任憑買主立柱做屋，出賣與闕吉瑹入受承買為業，当日中三面言断，目值時價國幣叁拾叁元正，其洋即日隨契交付清訖，不少分文，其屋自賣之後，任憑買主住居管業，與房親佰叔内外兄弟叔侄人等無干涉，其屋一賣千秋［休］，割藤断根，二相情愿，原［願］受原［願］賣，永無找贖，各無反悔，如有來歷不明，賣人一力承当，恐口無憑，故立賣房屋断絕字為據。

民國二十八年十二月初六日　立賣断絕房屋字人　闕吉偎

一批契内註過四字。

見　闕吉玶

中　闕吉璜

闕起禎

筆　闕鳳翔

立賣田契字人闕吉洋今因缺錢使用自情愿將自己民田壹坵坐落
松邑廿一都茶排庄土名墳裏老屋後有公坟前安着其田壹坵荒坪一塊
上至有公坟下至珮公嘗田左至路右至起禎田為界今俱四至分明界内併
及椿茶雜木一應在内共計租谷駟甬内撥出壹甬歸與德珮公收租其餘叁甬
併荒坪自愿托中立契出賣與本家吉璨弟邊入受承買為業當日憑
中三面言斷時值田價國幣捌拾伍圓正其幣即日隨契付清不少分釐其
田自賣之後任憑買主起耕改佃執契管業賣人無得異言阻執其田
面斷限定陸年外取贖愿賣愿買各無悔恐口無憑故立賣田契字
為據

一批契外付過國幣拾伍圓正以利息甬貼完粮　一批契外付過花押洋叁元五角

中華民國叁拾壹年二月初六日立賣田契字人闕吉洋（押）

在見　吉雪　吉輝（押）

代筆　闕占祥（押）

（前頁）>>>>>

立賣田契字人闕吉洋，今因缺錢使用，自情愿將自己民田壹坵，坐落松邑廿一都茶排庄，土名塆裏老屋後有公坟前，安着其田壹坵、荒坪一塊，上至有公坟，下至珮公嘗田，左至路，右至起禎田為界，今俱四至分明，界内併及椿茶雜木，一應在内，共計租谷肆桶，内撥出壹桶歸與德珮公收租，其餘叁桶併荒坪，自愿托中立契，出賣與本家吉璨弟邊入受承買為業，當日憑中三面言断，時值田價國幣捌拾伍圓正，其幣即日隨契付清，不少分釐，其田自賣之後，任憑買主起耕改佃，執契管業，賣人無得異言阻執，其田面断，限定陸年外取贖，愿賣愿買，各無反悔，恐口無憑，故立賣田契字為據。

一批契外付過國幣拾伍員正，以利息与貼完粮。一批契外付過花押洋叁元五角。

中華民國叁拾壹年二月初六日　立賣田契字人　闕吉洋

在見　吉雪

吉輝

代筆　闕占祥

立當田契字人馮林氏戭音今因無錢正用自情愿将夫手遺下民田壹坵坐落松邑念一都后宅庄大嶺后小土名謝姓屋後安着其田上至當主田與馮姓山下至謝姓山左至馮姓竹山右至當主田為界今俱四至分明自愿托中立契出當與闕乃興親边入受承當為業當日三面言斷當過時價國幣弍百元正其國幣即日隨契交付足訖不少厘毫其國幣銀利每年八月秋之期充納銀利水谷壹籮正的限每年到期送到受主家内扇凈交量清楚不敢欠少如有欠少任憑銀主起耕改佃收租管業出當無得異言阻執如有来歷不清出當人一力承当不涉受主之事愿当愿受兩相情愿各無反悔等情恐口無憑故立當田契字為據

一批付過花押國幣叁元正此照

中華民國叁拾壹年十弍月初一日立當田契字人　馮林氏戭音

憑中　馮官全

代筆　馮發生

（前頁）>>>>>

立當田契字人馮林氏盛音，今因無錢正用，自情愿将夫手遺下民田壹坵，坐落松邑念一都后宅庄大嶺后，小土名謝姓屋後，安着其田，上至當主田與馮姓山，下至謝姓山，左至馮姓竹山，右至當主田為界，今俱四至分明，自愿托中立契，出當與闕乃興親边入受承當為業，當日三面言断，當過時價國幣弍百元正，其國幣即日随契交付足訖，不少厘毫，其國幣銀利每年八月秋收之期充納銀利水谷壹籮正，的限每年到期送到受主家内扇净交量清楚，不敢欠少，如有欠少，任憑銀主起耕改佃，收租管業，出當（人）無得異言阻执，如有来歷不清，出當人一力承当，不涉受主之事，愿当愿受，两相情愿，各無反悔等情，恐口無憑，故立當田契字為據。

一批付過花押國幣叁元正，此照。

中華民國叁拾壹年十弍月初一日　立當田契字人　馮林氏盛音

憑中　馮官全

代筆　馮發生

立賣斷截田契人廖新來今因無錢應用自情愿將自己開墾民田壹處坐落松邑廿一都石倉源夫人廟
庄小土名塘子裏切子背安着田壹横四坵其田上至賣主田下至闕姓田左至小坑及路右至闕廖兩姓田為界併又
田頭地塝柳杉雜木應在內計額伍分正今俱四至分明自愿托中立文契出賣與闕吉琛親邊入受承買為業當日憑
中三面言斷時值田價燥谷叁担正其谷即日隨契交付足訖不少升合其田自賣之後任憑買主起耕易佃収租壹
業賣人無得異言阻执此係已分之業內外伯叔兄弟並無干涉如有上手來歷不明賣人一力承當不涉買主之事
契明價足割騰根一賣仟休日先並無典當文墨加交愿賣愿買永遠無找無贖等情此出兩家情愿各無反悔恐
口难信故立賣斷截田契永遠為據

一批計額伍分正永遠賣主完納不涉買主之事再照

中華民國叁拾伍年十二月初六日　立賣斷截田契人　廖新來（押）

在見　廖永根（押）
　　　廖新有（押）
憑中　闕執生（押）
代筆　應有水（押）

（前頁）>>>>>

立賣断截田契人廖新來，今因無錢應用，自情愿将自己閘墾民田壹處，坐落松邑廿一都石倉源夫人廟庄，小土名塘子裏切子背，安着田壹横四坵，其田上至賣主田，下至闕姓田，左至小坑及路，右至闕、廖两姓田為界，併及田頭地角，柏茶雜木，（一）應在内，計額伍分正，今俱四至分明，自愿托中立文契，出賣與闕吉琭親邊入受承買為業，當日憑中三面言断，時值田價燥谷叁担正，其谷即日隨契交付足訖，不少升合，其田自賣之後，任憑買主起耕易佃，收租管業，賣人無得異言阻执，此係己分之業，内外伯叔兄弟並無干涉，如有上手來歷不明，賣人一力承當，不涉買主之事，契明價足，割藤（斷）根，一賣仟休，日先並無典當文墨加交，愿賣愿買，永遠無找無贖等情，此出两家情愿，各無反悔，恐口难信，故立賣断截田契永遠為據。

一批計額伍分正，永遠賣主完納，不涉買主之事，再照。

中華民國叁拾伍年十二月初六日　立賣断截田契人　廖新來

在見　廖永根

廖新有

憑中　闕執生

代筆　應有水

立收田價燥谷字人廖新來，今與闞吉璘民田交易，土名石倉源塘子裏切子背，田壹處，計燥谷伍担正，其谷當日今收是實，故立收燥谷字爲據。

中華民國叁拾伍（年）十弍月初六日　立收田價燥谷字人　廖新來

見　廖新有

中　闞執生

代筆　應有水

立賣斷絶田契字人廖新來今因無錢應用自情愿將自己闢墾民田壹處
坐落松邑廿一都石倉源夫人廟庄小土名塘子裏切子背安着田壹處其田上
至闕姓併買主下至闕姓田左至闕姓併路右至闕姓田爲界併及田頭地塆柮
茶雜木一應在内計額壹分五厘正今俱四至分明自愿托中立文契出賣與
闕吉璘親邊入受承買爲業當日憑中三面言斷目值時價燥谷壹担正其谷
即日隨契交付足訖不少升合其田自賣之後任憑買主起耕易佃收租管業
賣人無得異言阻挑此係分己之業内外房親伯叔兄弟人等並無干涉如有上手
來歷不明出賣人一力承當不干買主之事契明價足割騰斷根一賣千休日先
並無典當文墨加交愿賣愿買永遠無找無贖兩相等情各無收悔恐口難信故
立賣斷絶田契永遠爲據

一批契外付過國幣柒仟元正其利息每年以作完粮此批

中華民國叁拾六年三月初三日　立賣斷絶田契字人廖新來十

在見　廖新有

憑中　闕執星

代筆　闕成達

（前頁）>>>>>

立賣断絕田契字人廖新來，今因無錢應用，自情愿将自己開墾民田壹處，坐落松邑廿一都石倉源夫人廟庄，小土名塘子裏切子背，安着田壹處，其田上至闕姓併買主，下至闕姓田，左至闕姓併路，右至闕姓田為界，併及田頭地角，柏茶雜木，一應在內，計額壹分五厘正，今俱四至分明，自愿托中立文契，出賣與闕吉璨親邊入手承買為業，當日憑中三面言断，目值時價燥谷壹担正，其谷即日隨契交付足訖，不少升合，其田自賣之後，任憑買主起耕易佃，收租管業，賣人無得異言阻执，此係分己之業，內外房親伯叔兄弟人等並無干涉，如有上手來歷不明，出賣人一力承當，不干買主之事，契明價足，割藤断根，一賣千休，日先並無典當文墨加交，愿賣愿買，永遠無找無贖，两相等情，各無反悔，恐口难信，故立賣断絕田契永遠為據。

一批契外付過國幣柒仟元正，其利息每年以作完粮，此照。

中華民國叁拾六年三月初三日　立賣断絕田契字人　廖新來

在見　廖新有

憑中　闕執星

代筆　闕成達

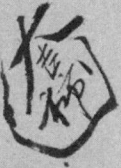

立收田價字人廖新來，今有民田壹處，坐落松邑廿一都夫人廟庄，小土名塘子裏切子背，
其田界前有正契載明，計額壹分五厘正，自愿托中出賣與闕吉瑹入受買為業，當
日憑中三面言断，目值時價燥谷拾肆桶正，即日随契字付清足訖，不少升合，正兩
想［相］情愿，今收過是實字為據。

中華民國叁拾六年三月初三日　立收田價字人　廖新來

見　廖新有

闕成達

立當田契字人蔡家順今因祖父仙逝乏費無办自愿將祖父清置民田壹處坐落松邑廿一都石倉源后宅庄小土名社公段安着計實租谷玖桶正其田上至闕姓田下至闕姓田左至坑右至闕姓田為界今俱四至分明自愿托中立契與闕乃餘親邊入受承當為業當日经中三面言斷時值田價𬒟谷陸担正其谷即日隨契付清不少顆粒其出[illegible]當之後任憑當主收租执契管業出當人無將異言該田面斷限兩年外任憑出當人備办原價谷取贖承當人亦毋得阻留契據愿當愿受各無反悔欲後有憑特立當田契字為據

一批付過花押國幣伍萬元正此照

中華民國叁拾陸年拾月十七日　立當田契字人　蔡家順（押）

在見　蔡玉兩（押）

憑中　蔡玉壽（押）

代筆　闕煥文（押）

立收田價字人蔡家順今因與闕乃餘交易民田壹契計田價𬒟谷陸担正雖係即日隨契收到是實特立收據爲照

民國三拾六年拾月十九日立收田價字人蔡家順（押）

見收　蔡玉兩（押）

代筆　闕煥文（押）

（前頁）>>>>>

立當田契字人蔡家順，今因祖父仙逝，丧費無办，自情愿将祖父清［親］置民田壹處，坐落松邑廿一都石倉源后宅庄，小土名社公段安着，計實租谷玖桶正，其田上至闕姓田，下至闕姓田，左至坑，右至闕姓出為界，今俱四至分明，自愿托中立契，與闕乃餘親邊入受承當為業，當日经中三面言断，時值田價燥谷陸担正，其谷即日隨契付清，不少顆粒，其田自當之後，任憑當主收租执契管業，出當人無得異言，該田面断，限兩年外任憑出當人備办愿［原］價谷取贖，承當人亦毋得阻留契據，愿當愿受，各無反悔，欲後有憑，特立當田契字為據。

一批付過花押國幣伍萬元正，此照。

中華民國叁拾陸年拾月十九日　立當田契字人　蔡家順

在見　蔡玉雨

憑中　蔡玉壽

代筆　闕煥文

立收田價字人蔡家順，今因與闕乃餘交易民田壹契，計田價燥谷陆担正，確係即日隨契收到是實，特立收據為照。

民國三拾六年拾月十九日　立收田價字人　蔡家順

見收　蔡玉雨

代筆　闕煥文

立賣茶山字人闕吉昶今因粮食不足，憑
將父手遺下茶山一処，坐落松邑廿一都石倉
源茶排庄小土名羊头崗良安着，其山
上至路，下至田，左至崗脊荒坪，右至过
路坳田塝直下為界，今具四至分明，四至
界內茶樹一概在內，自愿托中立字出
賣与本家闕吉綵兄入受承買為
業，當日三面言断目直時價粿谷細
桶正，其谷即日隨字付清足訖，不少分
文，自賣之後，任憑買主採摘管業，每
房親伯叔兄弟人等無涉，如有上手來
歷不清，賣人一力承当，不干買主之
事，此係愿賣愿買，各無返悔，恐口
無憑，故立賣茶山字為據。
一批日後不限年月，備办原價取贖

立賣茶山字人闕吉昶，今因粮食不足，愿将父手遺下茶山一处，坐落松邑廿一都石倉源茶排庄，小土名羊头崗良，安着其山，上至路，下至田，左至闕姓荒坪，右至过路坵田角直下為界，今具四至分明，四至界内，茶樹一概在内，自愿托中立字，出賣与本家闕吉瑹兄入受承買為業，當日三面言断，目直時價燥谷肆桶正，其谷即日随字付清足讫，不少分文，自賣之後，任憑買主採摘管業，与房親伯叔兄弟人等無涉，如有上手来歷不清，賣人一力承当，不干買主之事，此係愿賣愿買，各無反悔，恐口無憑，故立賣茶山字為據。

一批日後不限年月，備办原價取贖。

一批付过花押米式斗正。

民國三十八年二月十一日　立賣茶山字人　闕吉昶

見　闕吉樟

代笔　闕闗濟

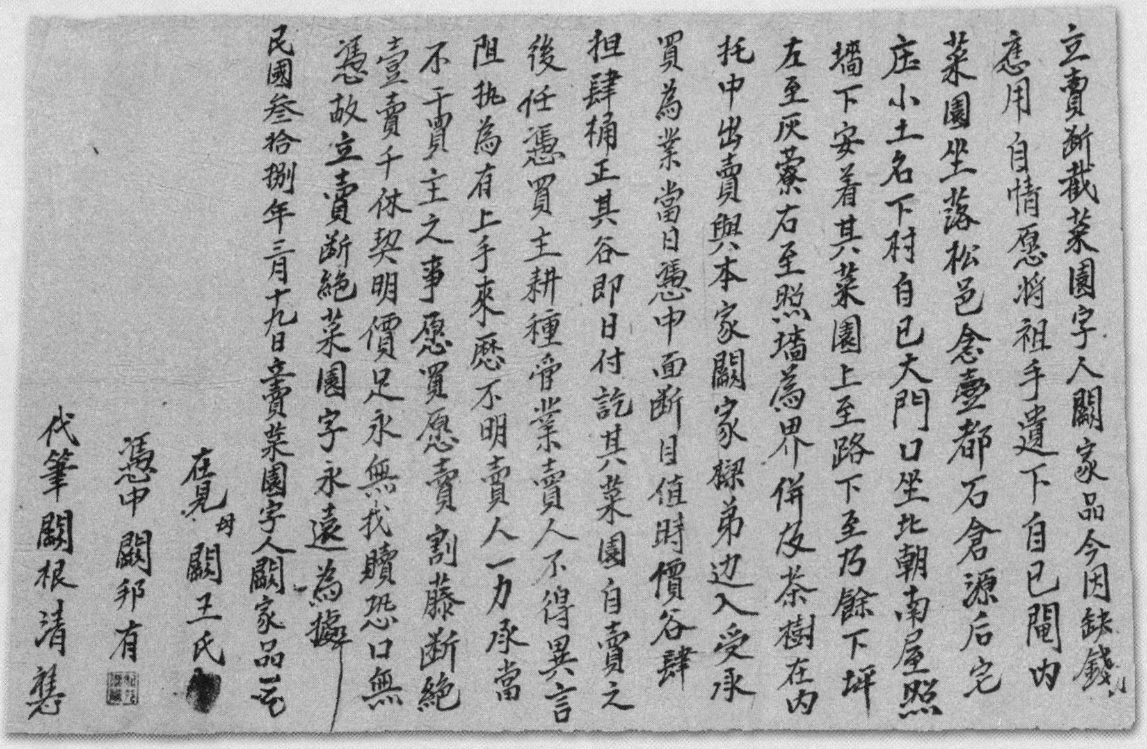

立賣断截菜園字人闞家品，今因缺錢
應用，自情愿将祖手遺下自己閫内
菜園，坐落松邑念壹都石倉源后宅
庄，小土名下村自己大門口，坐北朝南屋照
墻下，安着其菜園，上至路，下至乃餘下坪，
左至灰寮，右至照墻為界，併及茶樹在内，
托中出賣與本家闞家樑弟边入受承
買為業，當日憑中面断，目值時價谷肆
担肆桶正，其谷即日付訖，其菜園自賣之
後，任憑買主耕種管業，賣人不得異言
阻执，為［如］有上手來歷不明，賣人一力承當，
不干買主之事，愿買愿賣，割藤断絕，
壹賣千休，契明價足，永無找贖，恐口無
憑，故立賣断絕菜園字永遠為據。
民國叁拾捌年三月十九日　立賣菜園字人　闞家品
在見母　闞王氏
憑中　闞邦有
代筆　闞根清

立收过與家樑交易小土名下村自己大門
口菜園價谷肆担肆桶正，其谷所收是实，恐口
無憑，故立收过菜園價谷字永遠為據。
民國叁拾捌年三月廿五日　立收菜園價字人　闕家品
見收　闕王氏
代筆　闕根清

立賣断截杉木山塲字人馮官能，今因無錢應用，自情愿将祖父手遺下己分閹內山塲，坐落松邑念壹都后宅庄大嶺后，小土名横崀背石竹窝，安着山塲壹處，其山上至下窑基横路，下至横路，左至闕姓山隨小崀分水，右至馮光成山小崀为界，併及松杉木雜木，一应在內，今俱四至分明，自愿託中立契，出賣断與馮張氏翠珠入受承買为業，当日憑中恳與□及與

自賣之後，任憑買主修劄開恳［墾］成林，賣人房親伯叔兄弟子侄人等，不敢異言阻执，如有上手来歷不明，賣人一力支当，不涉買主之事，愿賣愿買，两相情愿，各無反悔，並無逼抑之理，恐口难信，故立賣断截杉木山塲契为據。

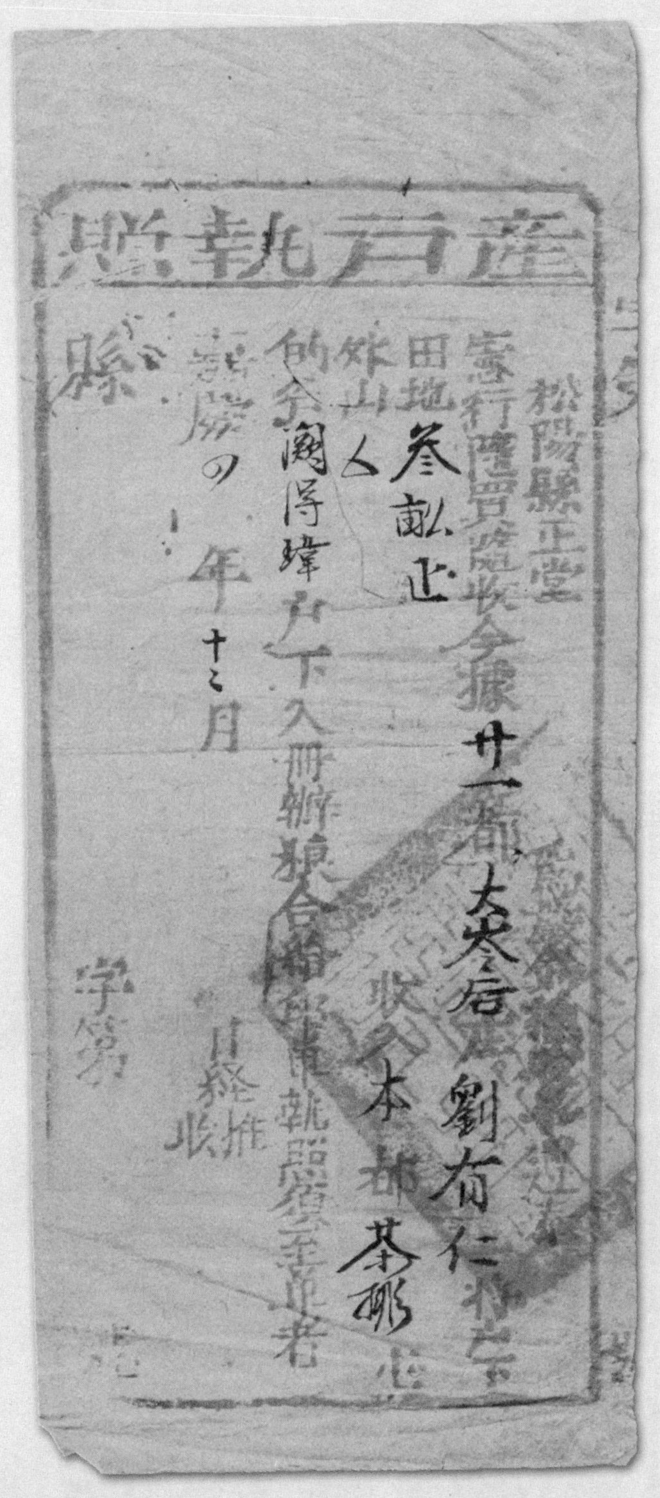

産戶執照

松陽縣正堂　　為嚴飭推收事，遵奉

憲行，隨買隨收，今據 廿一 都 大岭后 庄 劉有仁 将户下

田地 叁畝正　　收入本都 茶排 庄

外山 ○

的名 闕得［德］瑋户下入册辦粮，合給印单執照，須至单者。

嘉慶 四 年 十二 月　　日經推收

縣　　字第　　號

下忙執照

松陽縣知事為徵收事今據　都　圖　莊業戶蘭壬義完納

民國叁年分下忙成熟地丁銀圓壹角壹分叁厘正所有該戶應完數目合行[illegible]

每兩折價洋[illegible]錢數如有[illegible]

產別畝分	田	山
原額銀數	壹錢壹分貳厘	
原定折價	貳貳串	
經收人姓名	科則	[illegible]

中華民國叁年　月　日給業戶收執　字[illegible]號

民國　之　字　號　正

上忙執照

松陽縣知事為徵收事今據　都　圖　莊業戶蘭壬義完納

民國叁年分上忙成熟地丁銀圓貳角壹分叁厘正所有該戶應完數目合行[illegible]

銀數折價列後　錢數如有[illegible]

產別畝分	田	山
原額銀數	壹錢壹分叁厘	
原定折價	貳貳串	
經收人姓名	科則	[illegible]

中華民國叁年　月　日給業戶收執　字[illegible]號

下忙執照

松陽縣知事爲給串事，今據　都　圖　村莊業戶　闕壬義　完納

民國叁年分下忙成熟地丁銀圓　貳角肆分柒厘正，所有該戶產業坐落畝分科則

銀數折價列後　銀數如有舛錯，准其聲明更正。

產別畝分	原額銀數
田	壹錢壹分貳厘
山	原定折價
	貳貳申
科則	經收人姓名
田每畝捌分玖厘柒毛正 山每畝壹厘貳毛	

中華民國叁年　月　日給業戶　收執　喔字　三百四四　號

已完民國叁年分上下忙　正

上忙執照

松陽縣知事爲給串事，今據　都　圖　村莊業戶　闕壬義　完納

民國叁年分上忙成熟地丁銀圓　貳角肆分玖厘　正　所有該戶產業坐落畝分科則

銀數折價列後　銀數如有舛錯，准其聲明更正。

產別畝分	原額銀數
田	壹錢壹分叁厘
山	原定折價
	貳貳申
科則	經收人姓名
田每畝捌分玖厘柒毛正 山每畝壹厘貳毛	

中華民國叁年　月　日給業戶　收執　喔字　三百四四　號

執照

今據廿一都　圖　村莊業户　闞任義　所有產　貳伍畝分　完納

民國四年分下忙成熟地丁原額銀　壹壹貳錢分厘　每兩連糧捐折征一元八角合

銀元　貳角叁厘　抵補金特捐每石附收洋伍角　銀數如有舛錯，准其聲明更正。

帶征特捐抵補金征收費加戳後方

特捐照原額銀每兩帶收銀元柒角　合〇元壹角伍分捌厘

抵補金照原額銀每兩收米貳升陸合伍勺　合〇元〇角壹分伍厘　經征人姓名

征收費照原額銀每兩帶收銀元壹角陸分貳厘　合〇元〇角壹分捌厘

中華民國　四　年　月　日松陽縣公署給執　共　字第　一千七百卅九　號

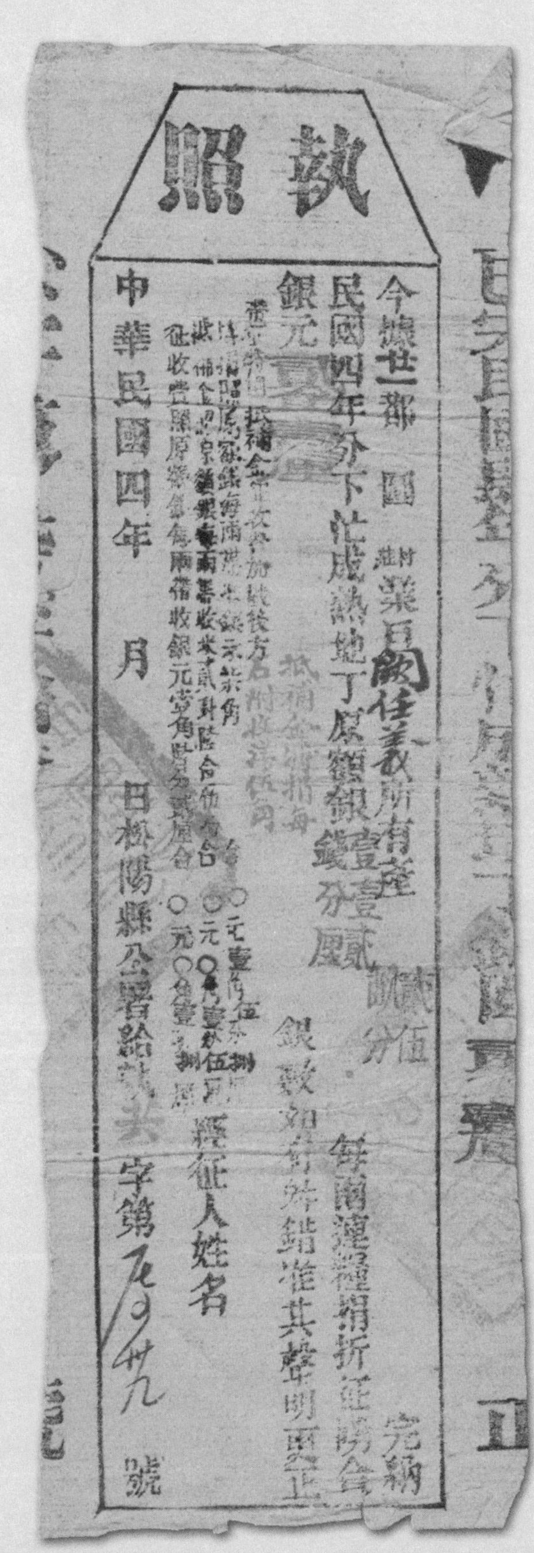

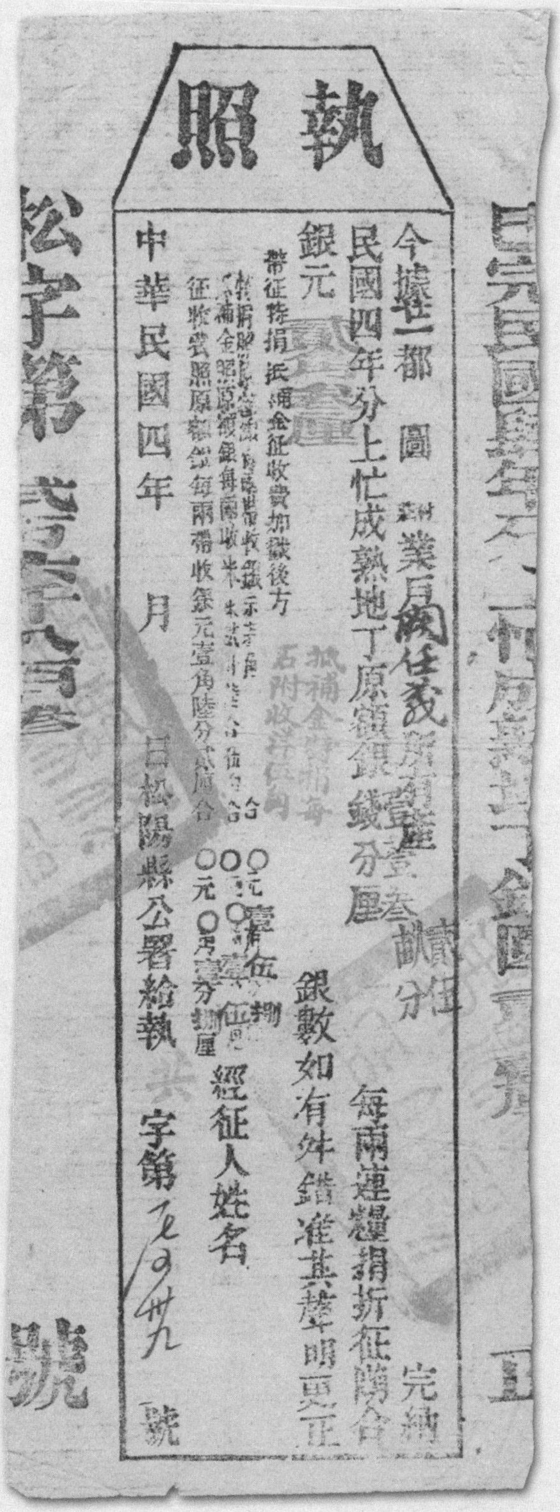

執照

今據廿一都　圖　村莊業户　闕任義　所有產　貳畝伍分　完納

民國四年分上忙成熟地丁原額銀　壹錢壹分叁厘　每兩連糧捐折征一元八角合

銀元　貳角叁厘，抵補金特捐每石附收洋伍角　銀數如有外錯，准其聲明更正。

帶征特捐抵補金征收費加戳後方

特捐照原額銀每兩帶收銀元柒角　合〇元壹角伍分捌厘

抵補金照原額銀每兩收米貳升陸合伍勺　合〇元〇角壹分伍厘　經征人姓名

征收費照原額銀每兩帶收銀元壹角陸分貳厘　合〇元〇角壹分捌厘

中華民國　四　年　月　日松陽縣公署給執　共　字第　一千七百卅九　號

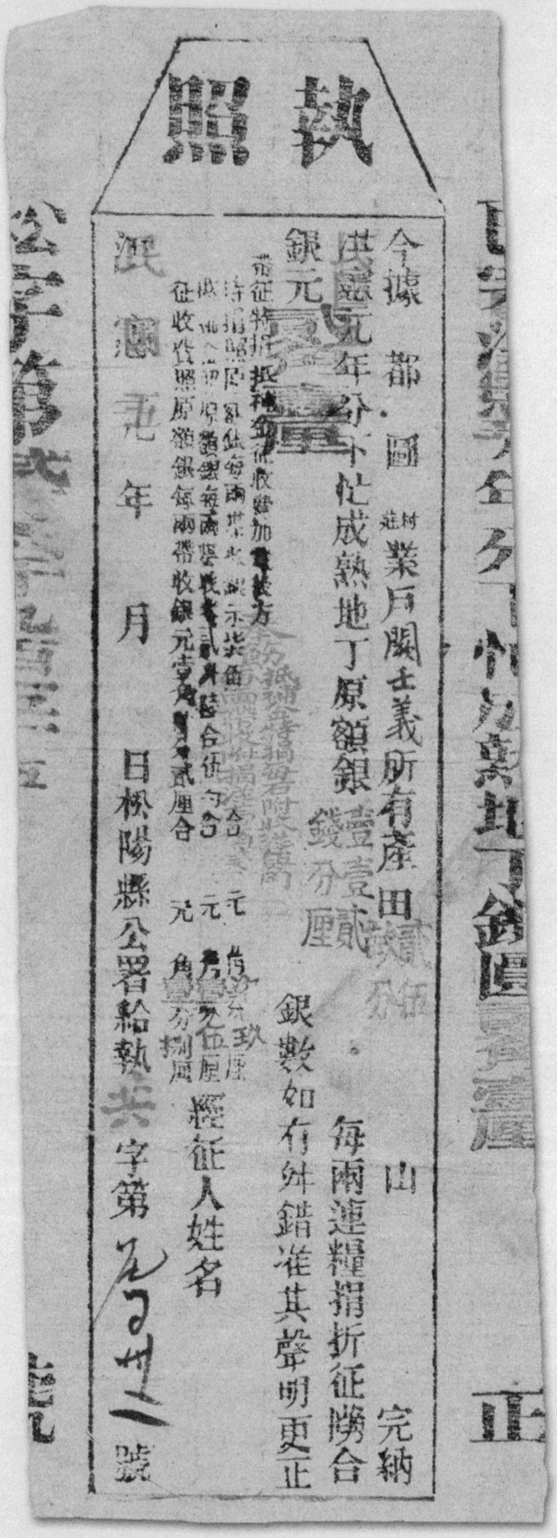

執照

今據　都　圖　村莊業户　闕壬義　所有産　田貳伍畝分　山　完納

民國五年分下忙成熟地丁原額銀壹壹貳錢分厘　每兩連糧捐折征一元八角合

銀元　貳角壹厘，抵補金特捐每石附收洋伍角　銀數如有舛錯，准其聲明更正。

帶征特捐抵補金征收費加戳後方

特捐照原額銀每兩帶收銀元柒角　合　元　角柒分玖厘

抵補金照原額銀每兩收米貳升陸合伍勺　合　元　角壹分伍厘　經征人姓名

征收費照原額銀每兩帶收銀元壹角陸分貳厘　合　元　角壹分捌厘

民國五年　月　日松陽縣公署給執　共　字第　一千七百卅二　號

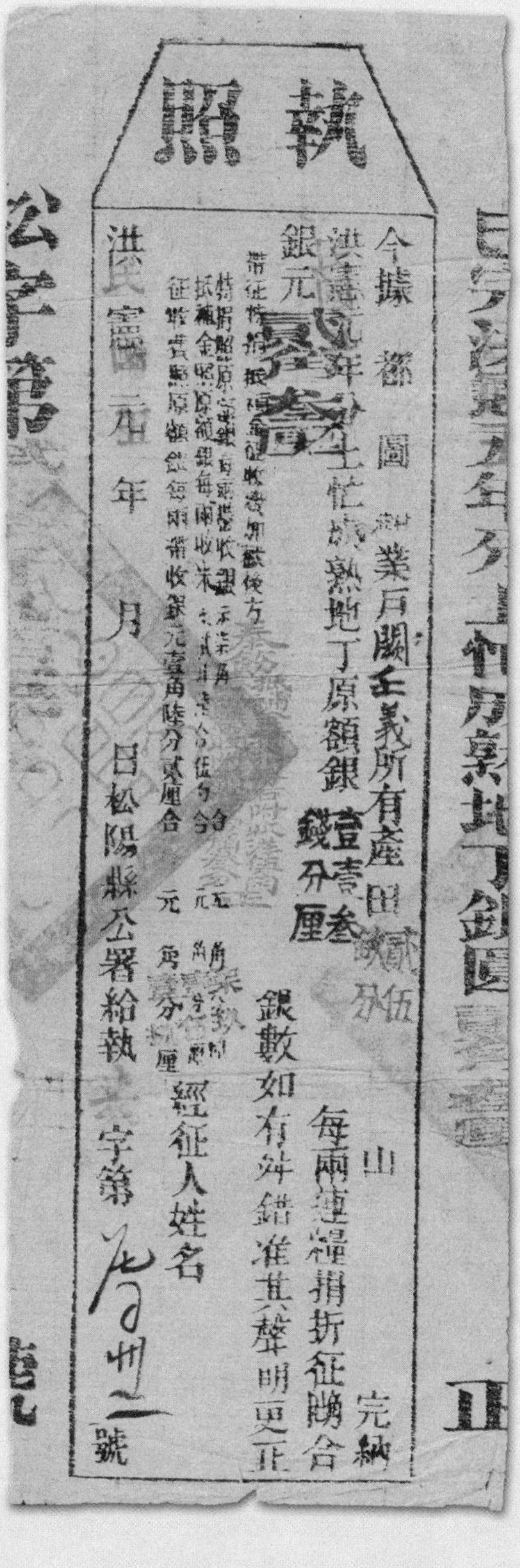

執照

今據　都　圖　村莊業户　闕壬義　所有產　田貳畝伍分　山　　完納

民國五年分上忙成熟地丁原額銀　壹錢壹分叁厘　每兩連糧捐折征一元八角合

銀元　貳角叁厘，抵補金特捐每石附收洋伍角　銀數如有舛錯，准其聲明更正。

帶征特捐抵補金征收費加戳後方

特捐照原額銀每兩帶收銀元柒角　合　元　角柒分玖厘

抵補金照原額銀每兩收米貳升陸合伍勺　合　元　角壹分伍厘　經征人姓名

征收費照原額銀每兩帶收銀元壹角陸分貳厘　合　元　角壹分捌厘

民國五年　月　日松陽縣公署給執　共　字第　一千七百卅二　號

松陽縣公署發給承粮户摺

業户須知

一 本摺為業户承粮之證據

一 凡有買賣行為時由賣出與買入者雙方呈繳原有户摺分別推收换給新户摺

一 凡因承繼或分析而取得所有權時須呈繳原有户摺分別推收换給新户摺

一 凡呈繳户摺請求推收時須呈驗不動產契據如係舊契尚須檢有[illegible]照驗契辦法呈驗之憑證或[illegible]用

前給之登記證書如新成立之契須有已納契稅之憑證否則不准推收

一 凡業户住所有變更時須即時將此户摺呈請該管縣公署驗明於有行住所下加蓋紅戳

一 凡每年在開征以前未請推收换給之新户摺其摺內所載畝分米數應照本年征粮由單[illegible]

征以後呈請者照與次年征粮由單[illegible]

一 本摺如有遺失時准檢齊前第四欵規定之合法證據并明遺失理由並同住所所在地之[illegible]保證人呈請[illegible]

縣知事查明補給

一 户摺手數料[illegible]所有之產七行以內[illegible]分[illegible]

業户

住所 都 圖 莊 堂

圖 莊 征冊

產別	畝分	產之所在地圣號	原有名	粮額	米數
田	陸畝肆分		馮益茂 坑[illegible]		一升五合二勺

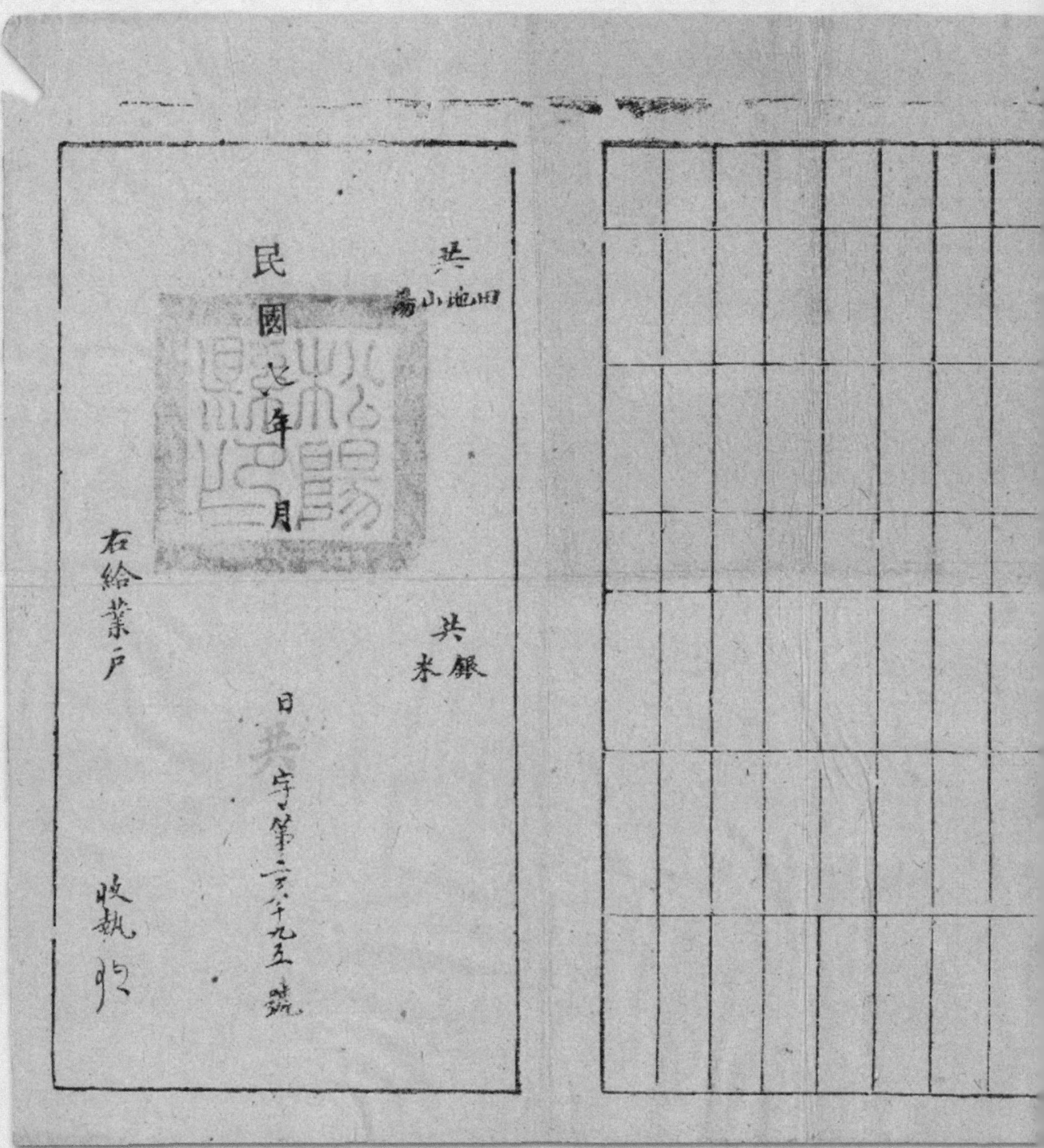

共 田地山塘

共 銀 米

民國七年 月 日

共字第二六千九五號

右給業戶

收執

（前頁）>>>>>

松陽縣公署發給承粮户摺

業戶須知

一 本摺為業戶承粮之證據。

一 凡有買賣行為時，由賣出與買入者雙方呈繳原有户摺，分別推收，換給新户摺。

一 凡因承繼或分析而取得所有權時，須呈繳原有户摺，分別推收，換給新户摺。

一 凡呈繳户摺，請求推收時，須呈驗不動產契據，如係舊契，須粘有已照驗契辦法呈驗之憑證，或浙省前給之登記證書，如新成立之契，須有已納契税之憑證，否則不准推收。

一 凡業户住所有變更時，須立時將此户摺呈請該管縣知事驗明，於首行住所下加蓋紅戳。

一 凡每年在上忙開征兩月以前呈請推收、換給之新户摺，其摺内所載銀數米數，應與本年征粮由單相符，在開征以後呈請者，應與次年征粮由單相符。

一 本摺如有遺失時，准檢齊上列第四款規定之合法證據，聲明切實理由，邀同住所所在地□實保證人請該管縣知事查明補給。

一 户摺手數料照□開所有之產，十行以内納銀元五分，十一行以上每十行遞加五分，無論第一次發給或以後換給及補給均同。

業戶		住所	都 圖 莊 土名	圖 莊 征冊

產別	畝分	產之所在地及字號	原有戶名	粮額 銀數	粮額 米數
田	陸畝肆分		馮藍茂	□□□	一升五合三勺

（前頁）>>>>>

共 田 地 山 蕩

共 銀 米

民國 七 年 月 日 共 字第 二万八千九五 號

右給業戶 收執

廈河統捐分局　拾壹年元月拾捌日　查驗

附加税二成收訖
遵奉部令附徵□
地賬捐一成收訖

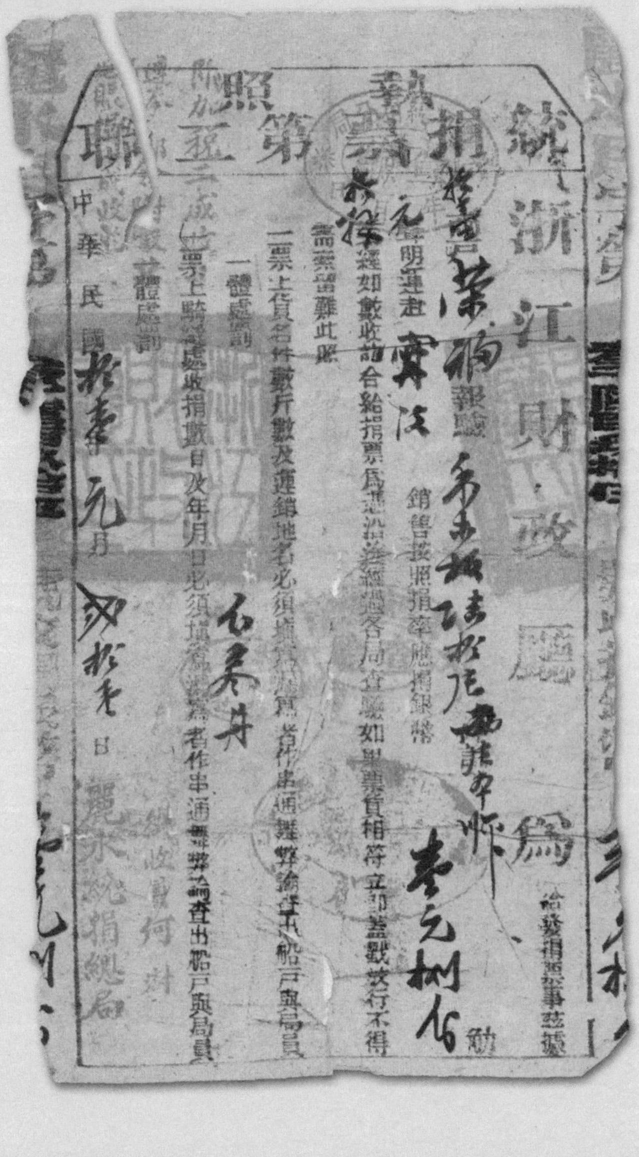

統捐票第二聯
執　照

浙　江　財　政　廳　爲　　　　給發捐票事，茲據
兩戶荣福報驗禾木板陸捌張，每張本三角六分一厘　　　　勳
聲明運赴寧波銷售，按照捐率應捐銀幣　　　壹元捌分
□經如載收訖，合給捐票爲憑，沿途經過各局查驗，如果票貨相符，立即盖戳放行，不得
需索留難，此照。
一票上貨名件數斤數及運銷地名，必須填寫，漏寫者作串通舞弊論，查出船戶與局員
一體處罰。
一票上騎縫處收捐數目及年月日必須填寫，漏寫者作串通舞弊論，查出船戶與局員
一體處罰。　　　　　　　　　　　　　　　徵收員何澍
中華民國　拾壹　年　元　月　弍拾壹　日　　　麗水統捐總局

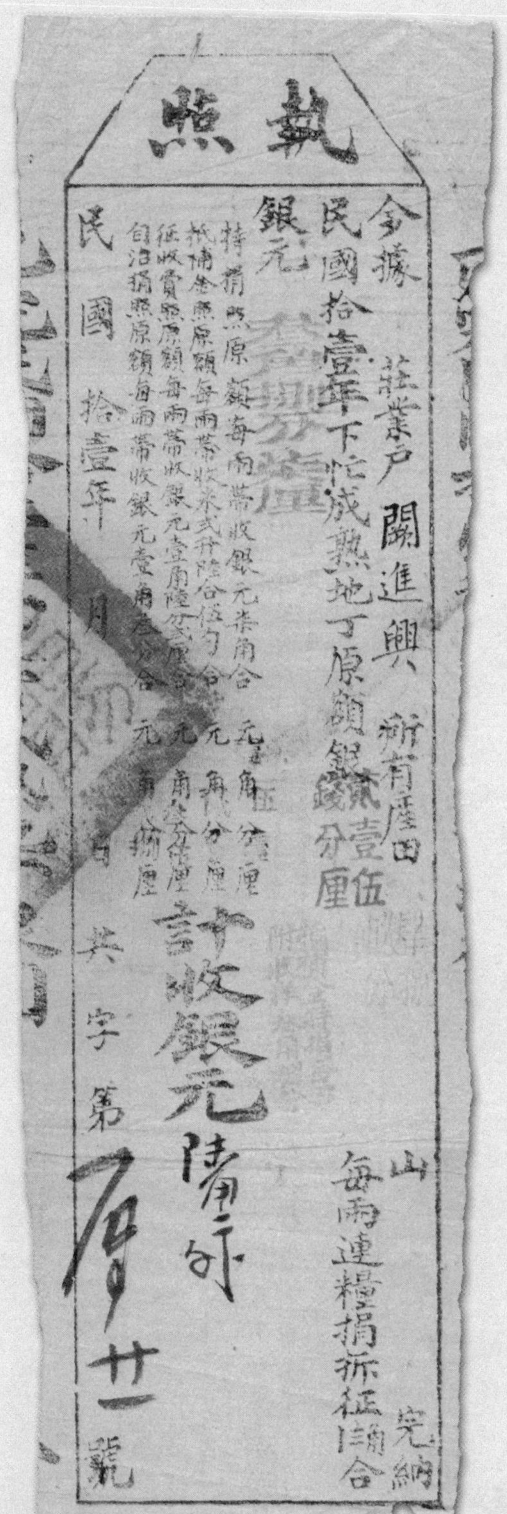

執照

今據　莊業户　闞進興　所有產　田 肆捌畝分　山　完納

民國拾壹年下忙成熟地丁原額銀　貳壹伍錢分厘　每兩連糧捐折征一元八角合

銀元　叁角捌分柒厘　抵補金特捐每石

特捐照原額每兩帶收銀元柒角　合　元壹角伍分叁厘　附收洋叁角捌分

抵補金照原額每兩收米弍升陸合伍勺　合　元　角貳分貳厘

征收費照原額每兩帶收銀元壹角陸分弍厘　合　元　角叁分伍厘　計收銀元陸角二分五厘

自治捐照原額每兩帶收銀元壹角叁分　合　元　角□分捌厘

民國　拾壹　年　月　日　共　字第　一千五百廿一　號

執照

今據　莊業户　闞進興　所有産　田肆捌畝分　山　完納

民國拾壹年上忙成熟地丁原額銀貳壹陸錢分厘　每兩連糧捐折征一元八角合

銀元　抵補金特捐每石

特捐照原額每兩帶收銀元柒角　合　元壹角伍分壹厘　附收洋叁角捌分

抵補金照原額每兩收米弍升陸合伍勺　合　元　角貳分貳厘

征收費照原額每兩帶收銀元壹角陸分弍厘　合　元　角叁分伍厘　計收銀元陆角二分五厘

自治捐照原額每兩帶收銀元壹角叁分　合　元　角□分捌厘

民國　拾壹　年　月　日　共　字第　一千五百廿一　號

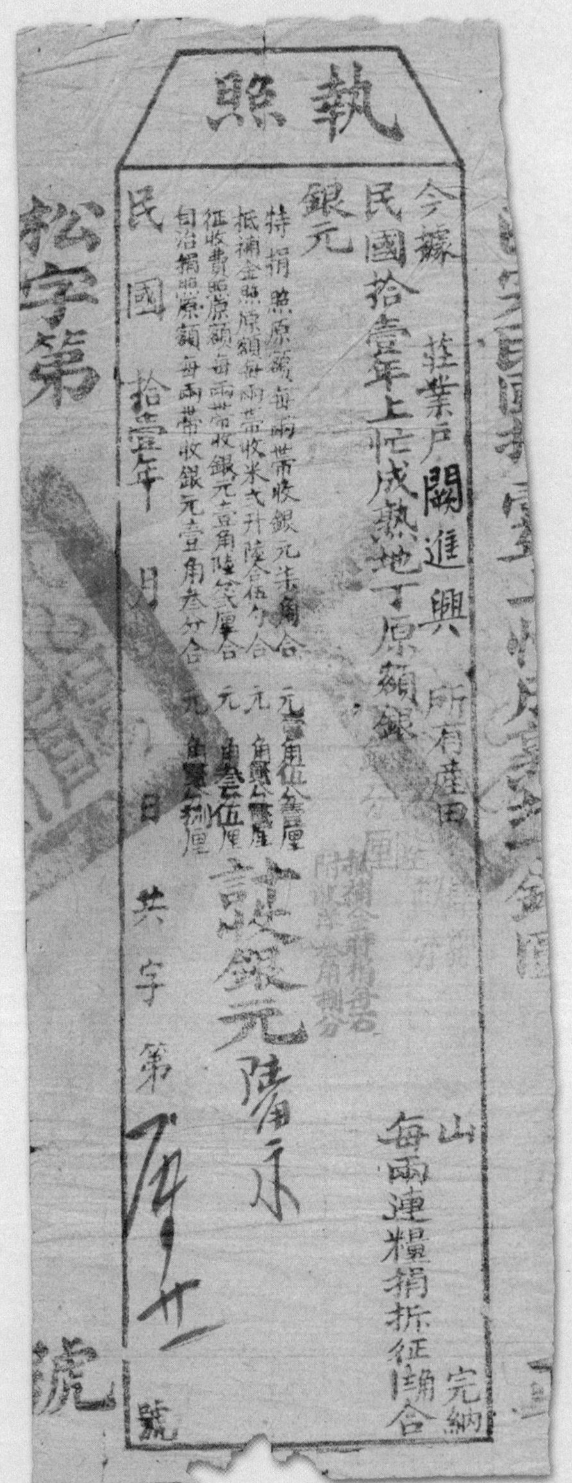

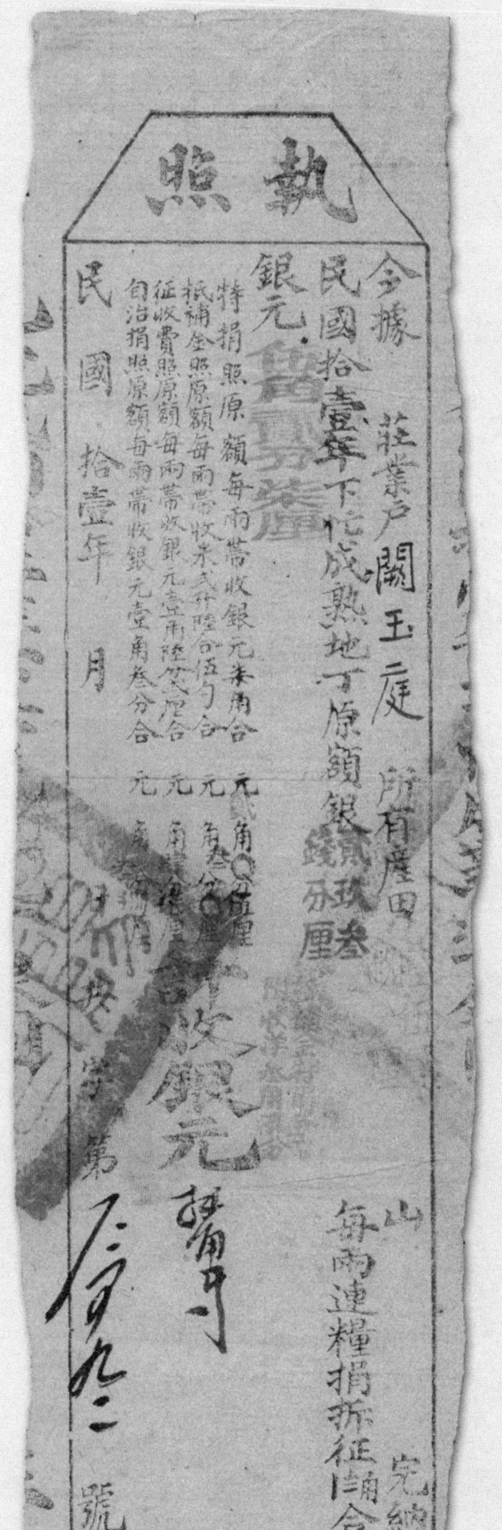

執照

今據　莊業户　闕玉庭　所有產　田陸伍貳 畝分厘　山　完納

民國拾壹年下忙成熟地丁原額銀　貳玖叁 錢分厘　每兩連糧捐折征一元八角合

銀元　伍角貳分柒厘　抵補金特捐每石

特捐照原額每兩帶收銀元柒角　合　元貳角〇分伍厘　附收洋叁角捌分

抵補金照原額每兩收米式升陸合五勺　合　元　角叁分□厘

征收費照原額每兩帶收銀元壹角陸分式厘　合　元　角□分□厘　計收銀元□角五分一厘

自治捐照原額每兩帶收銀元壹角叁分　合　元　角□分□厘

民國　拾壹　年　月　日　共　字第　一千三百九二　號

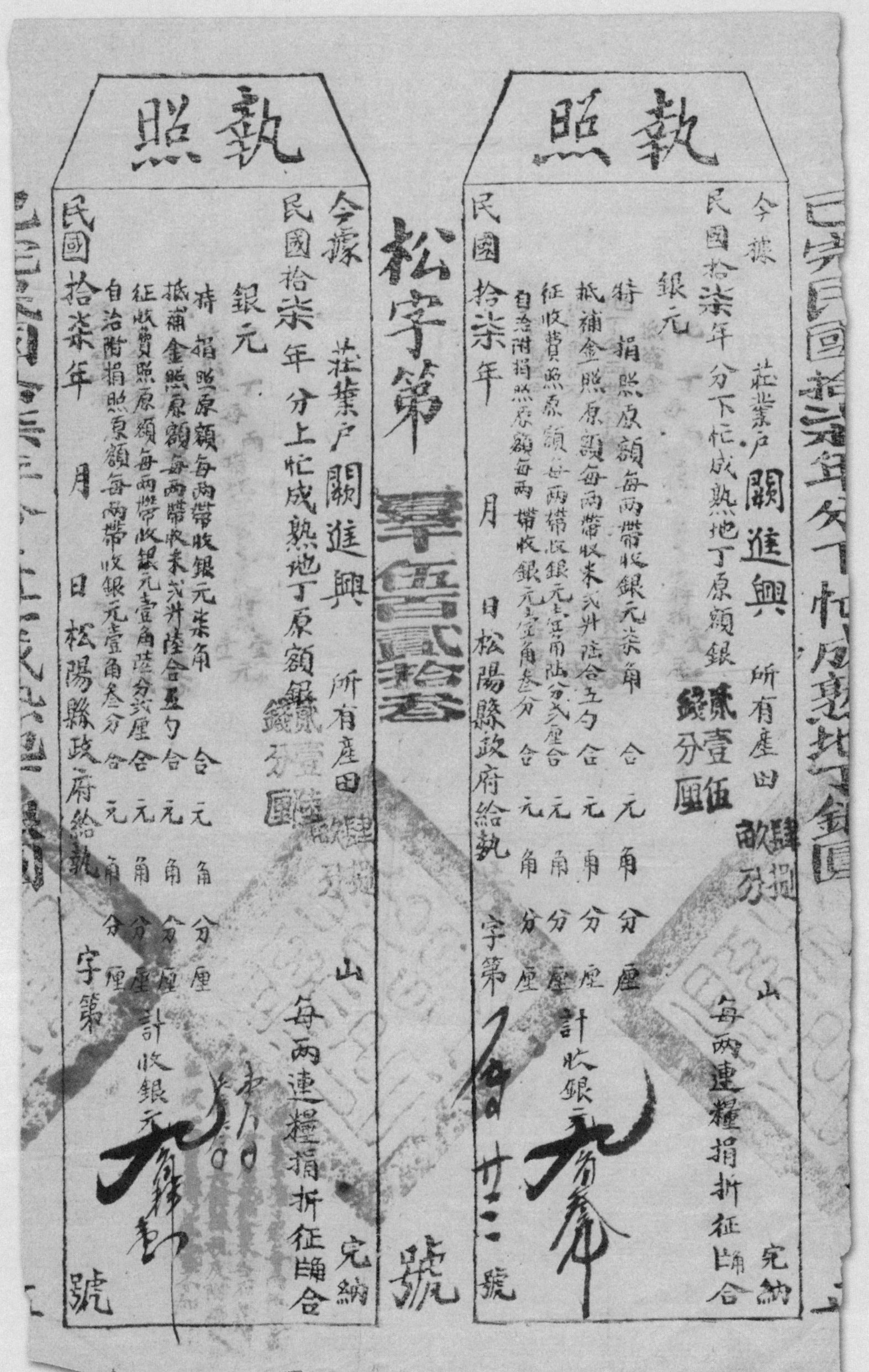

執照

今據
松陽縣莊業戶關進興所有產田肆畝提分　山
民國拾柒年分下忙成熟地丁原額銀貳錢壹分伍厘
每兩連糧捐折征歸合
銀元　　完納
特捐照原額每兩帶收銀元柒角　合　元　角　分　厘
抵補金照原額每兩帶收米弍升陸合五勺　合　元　角　分　厘
征收費照原額每兩帶收銀元壹角陸分弍厘　合　元　角　分　厘
自治附捐照原額每兩帶收銀元壹角叁分　合　元　角　分　厘　計收銀元
民國拾柒年　月　日松陽縣政府給執　字第　號

松字第[illegible]號

執照

今據
松陽縣莊業戶關進興所有產田　山
民國拾柒年分上忙成熟地丁原額銀[illegible]
每兩連糧捐折征歸合
銀元　　完納
特捐照原額每兩帶收銀元柒角　合　元　角　分　厘
抵補金照原額每兩帶收米弍升陸合五勺　合　元　角　分　厘
征收費照原額每兩帶收銀元壹角陸分弍厘　合　元　角　分　厘
自治附捐照原額每兩帶收銀元壹角叁分　合　元　角　分　厘　計收銀元
民國拾柒年　月　日松陽縣政府給執　字第　號

執照

今據　莊業户　闞進興　所有產　田肆捌畝分　山　完納

民國拾柒年分下忙成熟地丁原額銀　貳壹伍錢分厘　每两連糧捐折征一元八角合

銀元　地丁每两　抵補金每石　帶征軍事兵役特捐　壹元　壹

特捐照原額每兩帶收銀元柒角　合　元　角　分　厘

抵補金照原額每兩收米弍升陸合五勺　合　元　角　分　厘

征收費照原額每兩帶收銀元壹角陸分弍厘　合　元　角　分　厘　計收銀元九角叁分七厘

自治捐照原額每兩帶收銀元壹角叁分　合　元　角　分　厘

民國　拾柒　年　月　日松陽縣政府給執　共　字第　一千五百廿三　號

松字第　壹千伍百貳拾叁　號

執照

今據　莊業户　闞進興　所有產　田肆捌畝分　山　完納

民國拾柒年分上忙成熟地丁原額銀　貳壹陸錢分厘　每两連糧捐折征一元八角合

銀元　地丁每两　抵補金每石　帶征軍事兵役特捐　壹元　壹

特捐照原額每兩帶收銀元柒角　合　元　角　分　厘

抵補金照原額每兩收米弍升陸合五勺　合　元　角　分　厘

征收費照原額每兩帶收銀元壹角陸分弍厘　合　元　角　分　厘　計收銀元九角肆分壹厘

自治捐照原額每兩帶收銀元壹角叁分　合　元　角　分　厘

民國　拾柒　年　月　日松陽縣政府給執　字第　號

已完民國拾柒年分下忙成熟地丁銀圓 [illegible] 正

執照

今據
民國拾柒年分下忙成熟地丁原額銀貳錢肆分捌釐
莊業户闕玉庭所有産田 畝 山
銀元 每兩連糧捐折征踊合 完納
特 捐照原額每兩帶收銀元柒角 合 元 角 分 釐
抵補金照原額每兩帶收米弍升陸合五勺 合 元 角 分 釐
征收費照原額每兩帶收銀元壹角陸分弍釐 合 元 角 分 釐 計收銀壹[illegible]
自治附捐照原額每兩帶收銀元壹角叁分 合 元 角 分 釐
民國拾柒年 月 日松陽縣政府給執 字第[illegible]號

松字第[illegible]號

執照

今據
民國拾柒年分上忙成熟地丁原額銀貳錢肆分捌釐
莊業户闕玉庭所有産田 畝 山
銀元 每兩連糧捐折征踊合 完納
特 捐照原額每兩帶收銀元柒角 合 元 角 分 釐
抵補金照原額每兩帶收米弍升陸合五勺 合 元 角 分 釐
征收費照原額每兩帶收銀元壹角陸分弍釐 合 元 角 分 釐 計收銀壹[illegible]
自治附捐照原額每兩帶收銀元壹角叁分 合 元 角 分 釐
民國拾柒年 月 日松陽縣政府給執 字第 號

執照

今據　莊業户　闕玉庭　所有產　田伍伍叁畝分厘　山　完納

民國拾柒年分下忙成熟地丁原額銀　貳肆捌錢分厘　每兩連糧捐折征一元八角合

銀元　地丁每两　抵補金每石　帶征軍事兵役特捐　壹元　壹

特捐照原額每兩帶收銀元柒角　合元角分厘

抵補金照原額每兩收米弍升陸合五勺　合元角分厘

征收費照原額每兩帶收銀元壹角陸分弍厘　合元角分厘　計收銀元壹元捌角弍分

自治捐照原額每兩帶收銀元壹角叁分　合元角分厘

民國拾柒年　月　日松陽縣政府給執　共字第一千三百八十八號

松字第　壹千叁百捌拾捌　號

執照

今據　莊業户　闕玉庭　所有產　田伍伍叁畝分厘　山　完納

民國拾柒年分上忙成熟地丁原額銀　貳肆玖錢分厘　每兩連糧捐折征一元八角合

銀元　地丁每两　抵補金每石　帶征軍事兵役特捐　壹元　壹

特捐照原額每兩帶收銀元柒角　合元角分厘

抵補金照原額每兩收米弍升陸合五勺　合元角分厘

征收費照原額每兩帶收銀元壹角陸分弍厘　合元角分厘　計收銀元壹元八角六分

自治捐照原額每兩帶收銀元壹角叁分　合元角分厘

民國拾柒年　月　日松陽縣政府給執　共字第　號

山邊聯合村　里　字段第　號　民地公地

浙江省松陽縣土地陳報單

業主：姓名　闕吉玶；籍貫　松陽；職業　農；住址　茶排上村

土地所在地：坐落　山邊村；土名　東炎下

面積：計額壹畝貳分五厘正

年收穫量：谷五𭷂正

地目及現作何用：田種稻

價值：原價　；現值　大洋伍拾元正

佃戶及使用人：姓名　自耕；住址　；期數　；租金額　租谷弍𭷂四桶正

證明文件之種類及件數：契據　糧劵　共二件

代理人姓名住址及原由：

陳報費額：弍角四分正

備攷：

中華民國十八年十二月　日　陳報者　闕吉玶　村里職員　審查者

地圖

北至湖姓山

東至湖塔很田

西至湖起政田

南至湖塔很田并湖起政田及小坑

共田田十八坵

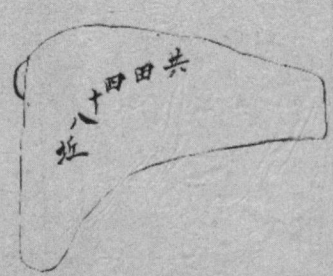

注意：一、如係陳報民地，可將此單左上角「公地」兩字劃去；如陳報公地，則將「民地」兩字圈去。
二、此單上欄村里暨字號及後各空白處，及其字號，應由村里委員會編填，陳報人不應填寫。

山邊聯合村　里　字　段第　號　公地／民地

浙江省松陽縣土地陳報單

業主	姓名	闕吉玶
	籍貫	松陽
	職業	農
	住址	茶排上村
土地所在地	坐落	山邊村
	土名	東尖下
面積		計額壹畝弍分五厘正
年收穫量		谷五担正
地目及現作何用		田　種稻
價值	原價	
	現值	大洋伍拾元正
佃戶及使用人	姓名	自耕
	住址	
	期效	
	租□金	租谷弍担四桶正
證明文件之種類及件數		契據　粮券共二件
代理人陳報時其姓名住址及原由		
陳報費額		弍角四分正
備攷		
中華民國十八年十二月　日		
陳報者		闕吉玶
村里職員		□□□

地圖

北至闕姓山

東至闕培俍田

共田四十八坵

西至闕起政田

南至闕培俍田并闕起政田及小坑

注意：一、如係陳報民地，可將此單左上角『公地』兩字圈去，如陳報公地則將『民地』兩字圈去。二、此單上欄村里等字樣前後各空白處及其字號，應由村里委員會編填，陳報人不應填寫。

松陽縣政府土地陳報手續費收據

今收到茶排上村村里業户闕葉氏土地陳報

單一份，計陳報手續費共銀元壹角弍分，

除留存根並填繳覈外，特給收據為證，此據。

經收處 山頭村里委員會

經收人 王閈樹

中華民國十九年二月八日

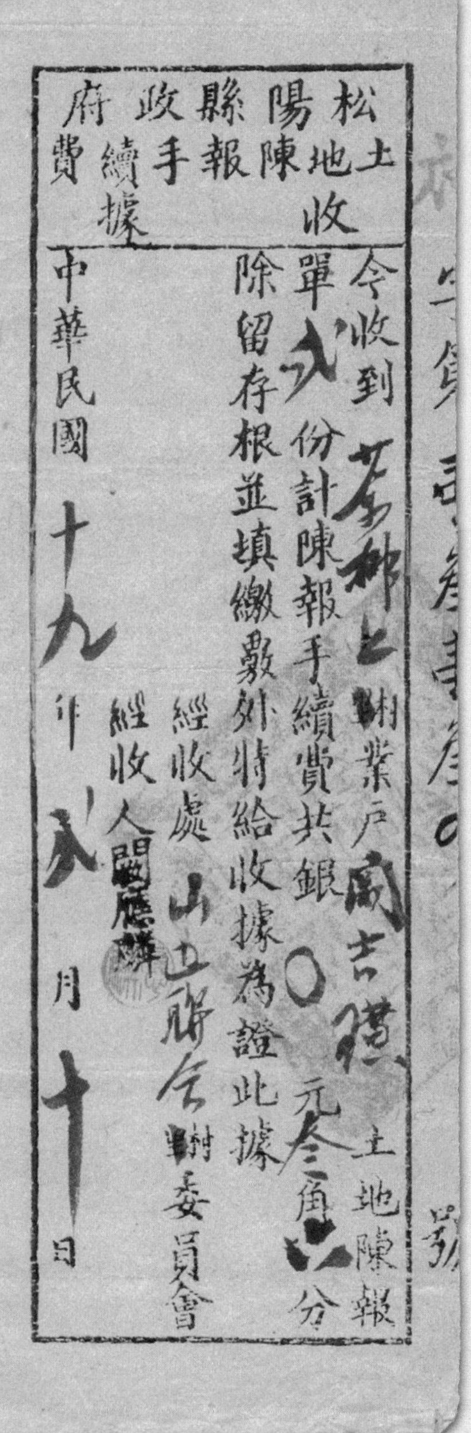

松陽縣政府
土地陳報收據
陳報手續費

今收到　茶排上　村業户　闕吉璜　土地陳報
單式份，計陳報手續費共銀　〇　元叁角六分，
除留存根並填繳覈外，特給收據為證，此據。
經收處　山边聯合　村委員會
經收人　闕應麟
中華民國　十九　年　式　月　十　日

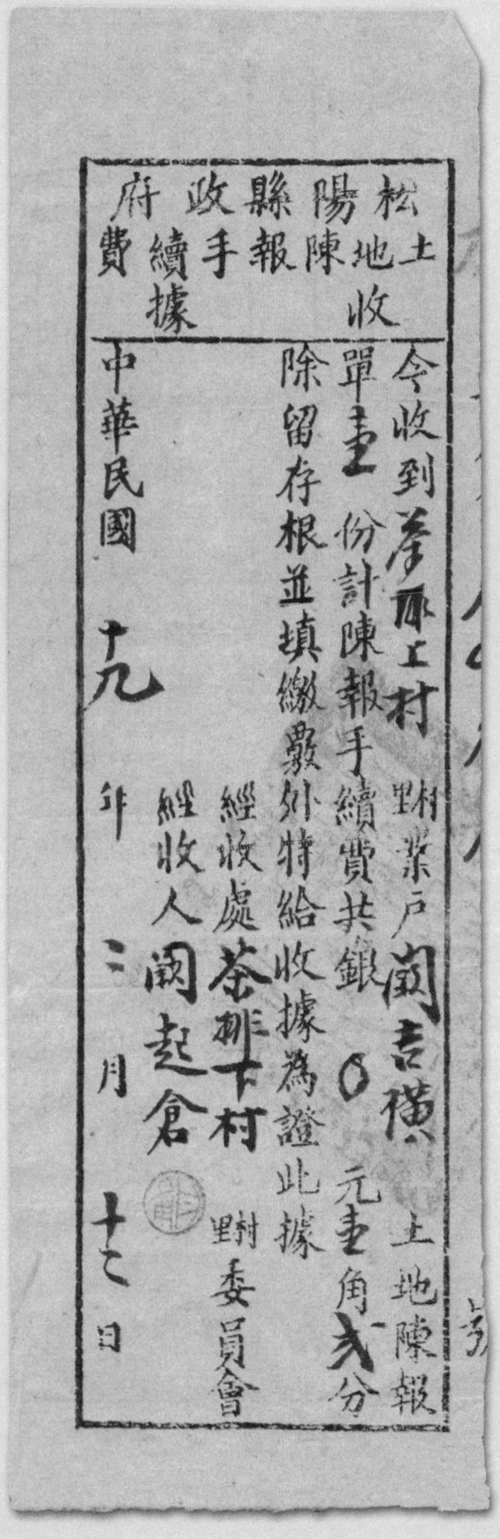

松陽縣政府
土地陳報手續費收據

今收到 茶排上村里業戸 阙吉璜 土地陳報
單壹份，計陳報手續費共銀 〇元壹角弍分，
除留存根並填繳覈外，特給收據為證，此據。

經收處 茶排下村里委員會
經收人 阙起倉

中華民國 十九 年 二 月 十二 日

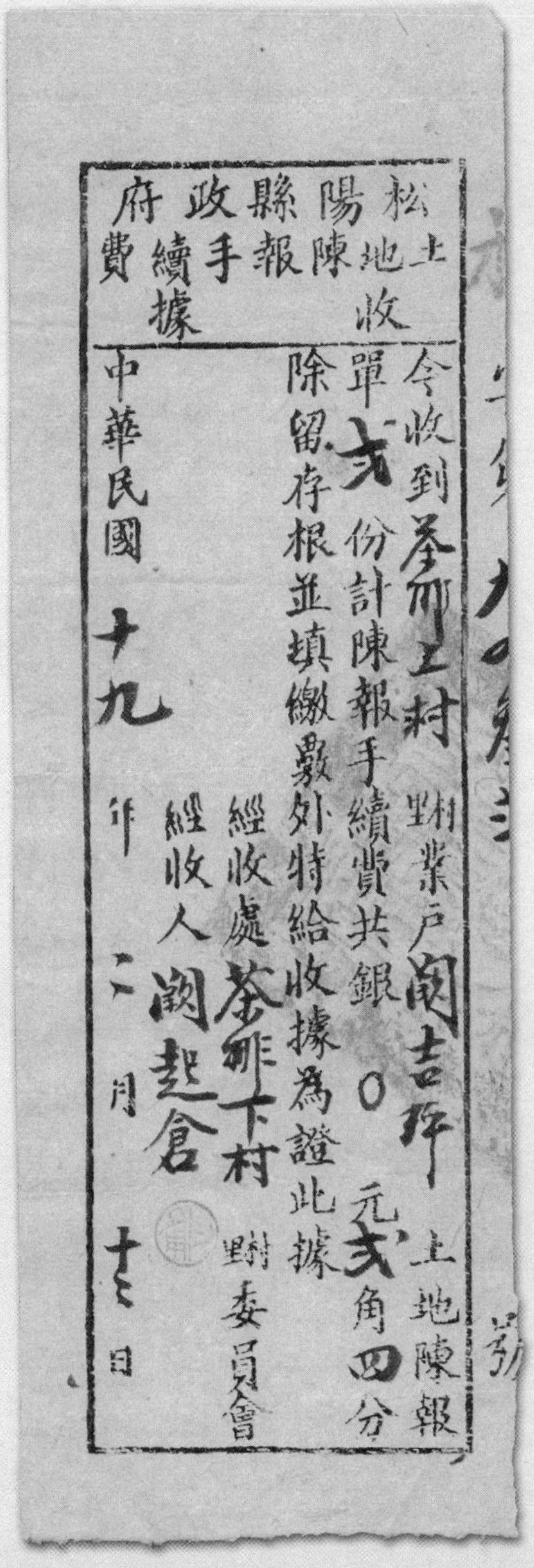

松陽縣政府
土地陳報手續費
收據

今收到　茶排上村　村里業户　闕吉玶　土地陳報

單式份，計陳報手續費共銀　〇　元式角四分，

除留存根並填繳覈外，特給收據為證，此據。

經收處　茶排下村　村里委員會

經收人　闕起倉

中華民國　十九　年　二　月　十二　日

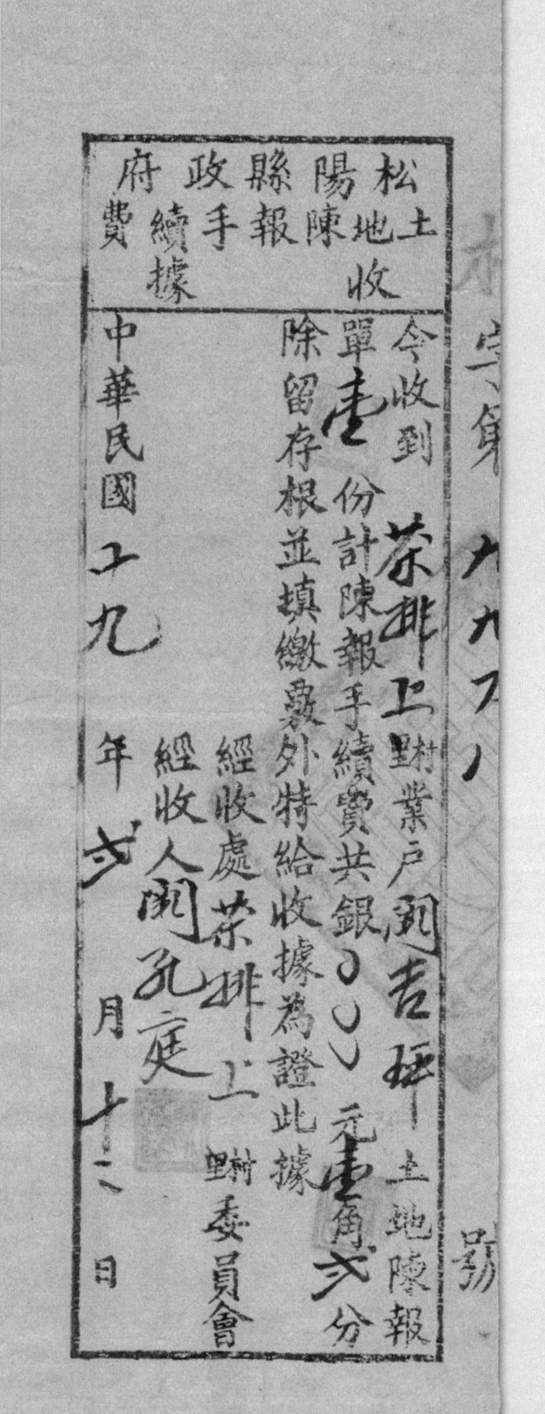

松陽縣政府
土地陳報手續費收據

今收到 茶排上 村里 業户 闕吉玶 土地陳報
單壹 份，計陳報手續費共銀〇〇〇元壹角弍分，
除留存根並填繳覈外，特給收據為證，此據。

經收處 茶排上 村里 委員會
經收人 闕孔庭

中華民國 十九 年 弍 月 十二 日

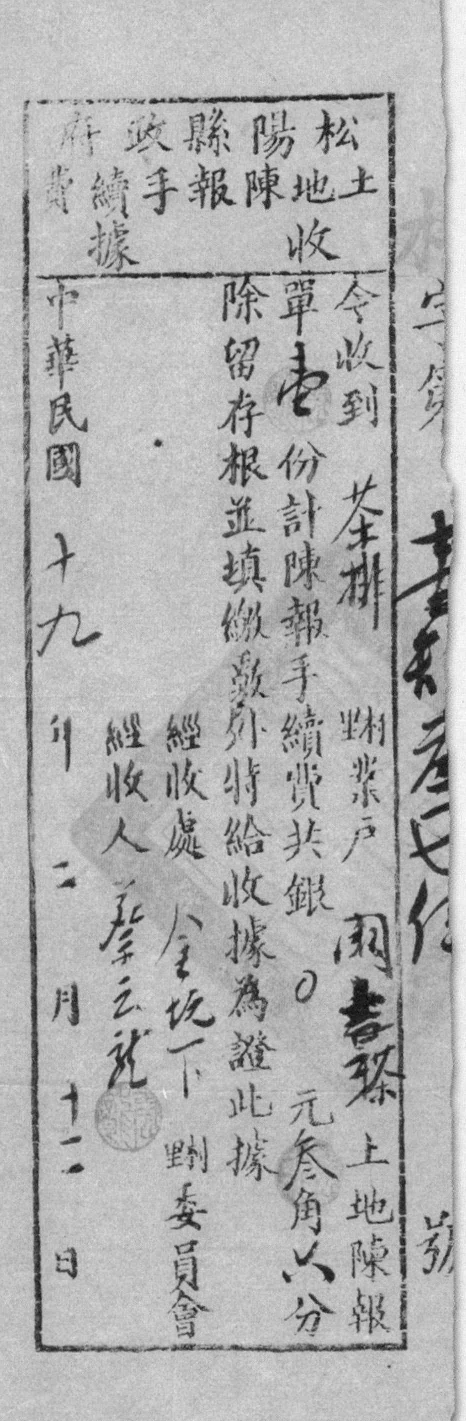

松陽縣政府
土地陳報手續費
收據

今收到　茶排　村里業户　闕吉瑹　土地陳報單壹　份，計陳報手續費共銀　〇　元叁角六分，除留存根並填繳覈外，特給收據為證，此據。

經收處　金坑下　村里委員會

經收人　蔡云龍

中華民國　十九　年　二　月　十二　日

松陽縣政府土地陳報手續費收據

今收到　茶排上村里　業户　闕起庠　土地陳報單壹　份，計陳報手續費共銀〇〇〇元壹角弍分，除留存根並填繳覈外，特給收據為證，此據。

經收處　茶排上村里委員會

經收人　闕孔庭

中華民國　十九　年　弍　月　十二　日

松陽縣政府
土地陳報手續費收據

今收到　茶排上村　村里　業户闕吉琛　土地陳報
單式　份，計陳報手續費共銀〇〇　元陸角〇分，
除留存根並填繳覈外，特給收據為證，此據。
經收處下宅聯合村　村里委員會
經收人　闕生求
中華民國　十九　年　二　月　日

松陽縣清鄉局户帖費

收據

今收到 茶排上 里村 住户 吉坪母 葉氏 户帖費洋壹角，

除留存根並填繳核外，特給收據為証，此據。

經收處 茶排上 里村 委員會

經收人 闕孔庭

中華民國 二十 年 八 月 十四 日

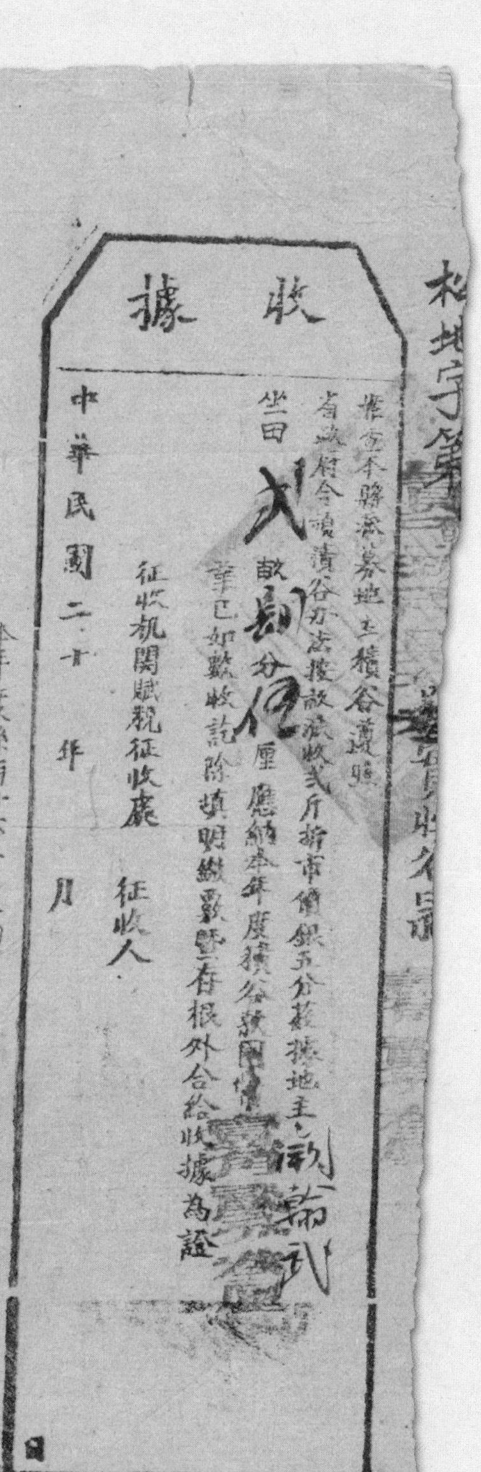

收據

案查本縣派募地主積谷，遵照

省政府今頒積谷办法，按畝派收弍斤，折市價銀五分，兹據地主闕翰武

坐田　弍　畝　肆　分　伍　厘，應納本年度積谷款國幣壹角貳分叁厘，

業已如數收訖，除填明繳覈暨存根外，合給收據爲證。

征收机關賦税征收處　征收人

中華民國　二十　年　月　日

本年度係指廿六年度而言

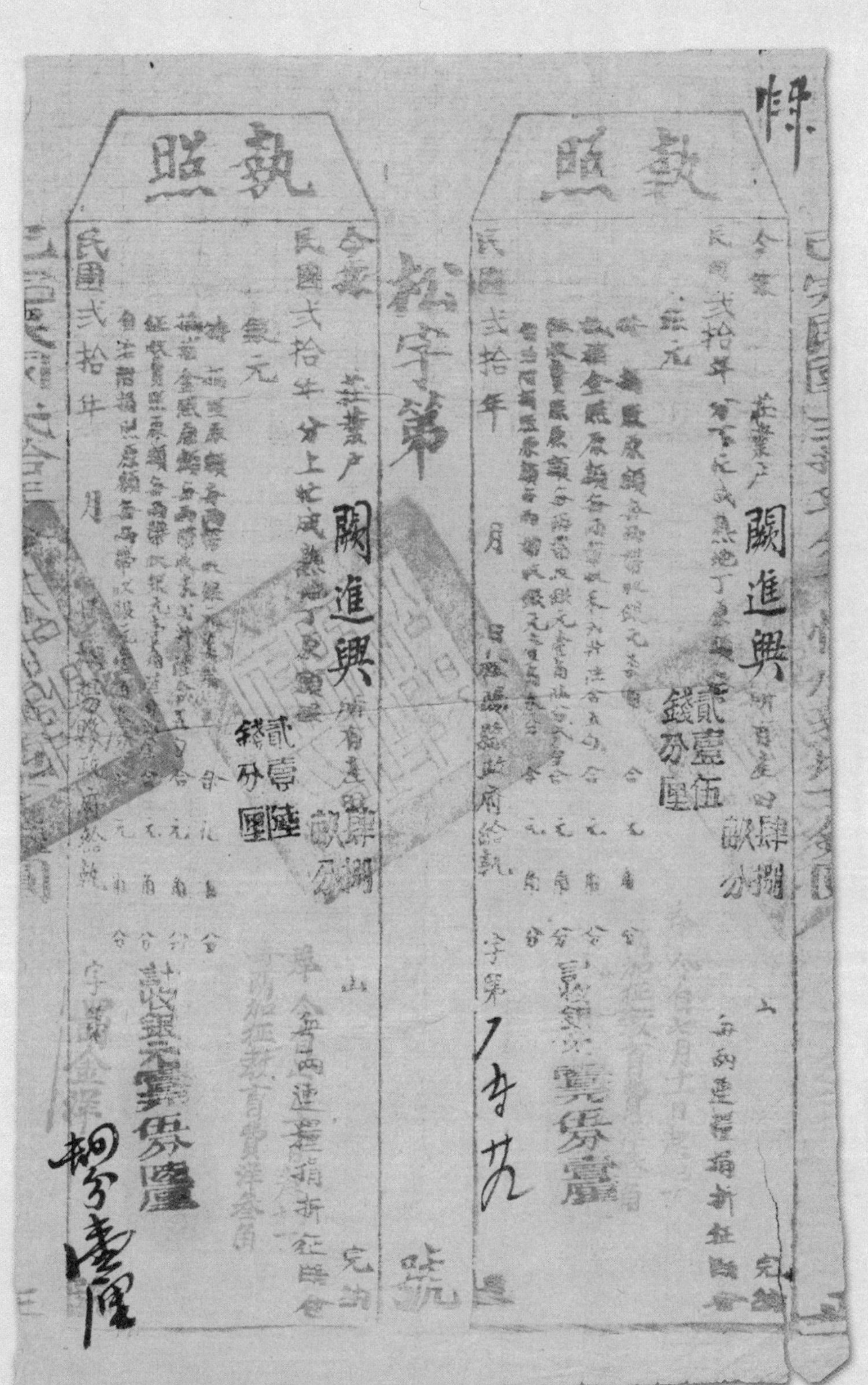

執照

今據 莊業户 闕進興 所有户田肆畝捌分

民國式拾年 分上忙……

貳壹伍錢分釐

民國式拾年 月 日 縣政府給執

字第 號

執照

今據 莊業户 闕進興 所有户田肆畝捌分

民國式拾年 分上忙……

貳壹錢分釐陸

共收銀元……伍分壹釐

民國式拾年 月 日 縣政府給執

松字第 號

執照

今據　莊業户　闞進興　所有產　田肆捌畝分　山　完納

民國弍拾年分下忙成熟地丁原額銀貳壹伍錢分厘　每两連糧捐折征一元八角合

銀元　奉令自七月十一日起，地丁

特捐照原額每兩帶收銀元柒角　合　元　角　分　厘　每两加征教育費洋叁角

抵補金照原額每兩收米弍升陸合五勺　合　元　角　分　厘

征收費照原額每兩帶收銀元壹角陸分弍厘　合　元　角　分　厘　計收銀元壹元伍分壹厘

自治捐照原額每兩帶收銀元壹角叁分　合　元　角　分　厘

民國　弍拾　年　月　日松陽縣政府給執　字第　一千五百廿九　號

松字第　號

執照

今據　莊業户　闞進興　所有產　田肆捌畝分　山　完納

民國弍拾年分上忙成熟地丁原額銀貳壹陸錢分厘　每两連糧捐折征一元八角合

銀元　奉令自七月十一日起，地丁

特捐照原額每兩帶收銀元柒角　合　元　角　分　厘　每两加征教育費洋叁角

抵補金照原額每兩收米弍升陸合五勺　合　元　角　分　厘

征收費照原額每兩帶收銀元壹角陸分弍厘　合　元　角　分　厘　計收銀元壹元伍分陸厘

自治捐照原額每兩帶收銀元壹角叁分　合　元　角　分　厘　罰金洋肆分壹厘

民國　弍拾　年　月　日松陽縣政府給執　字第　號

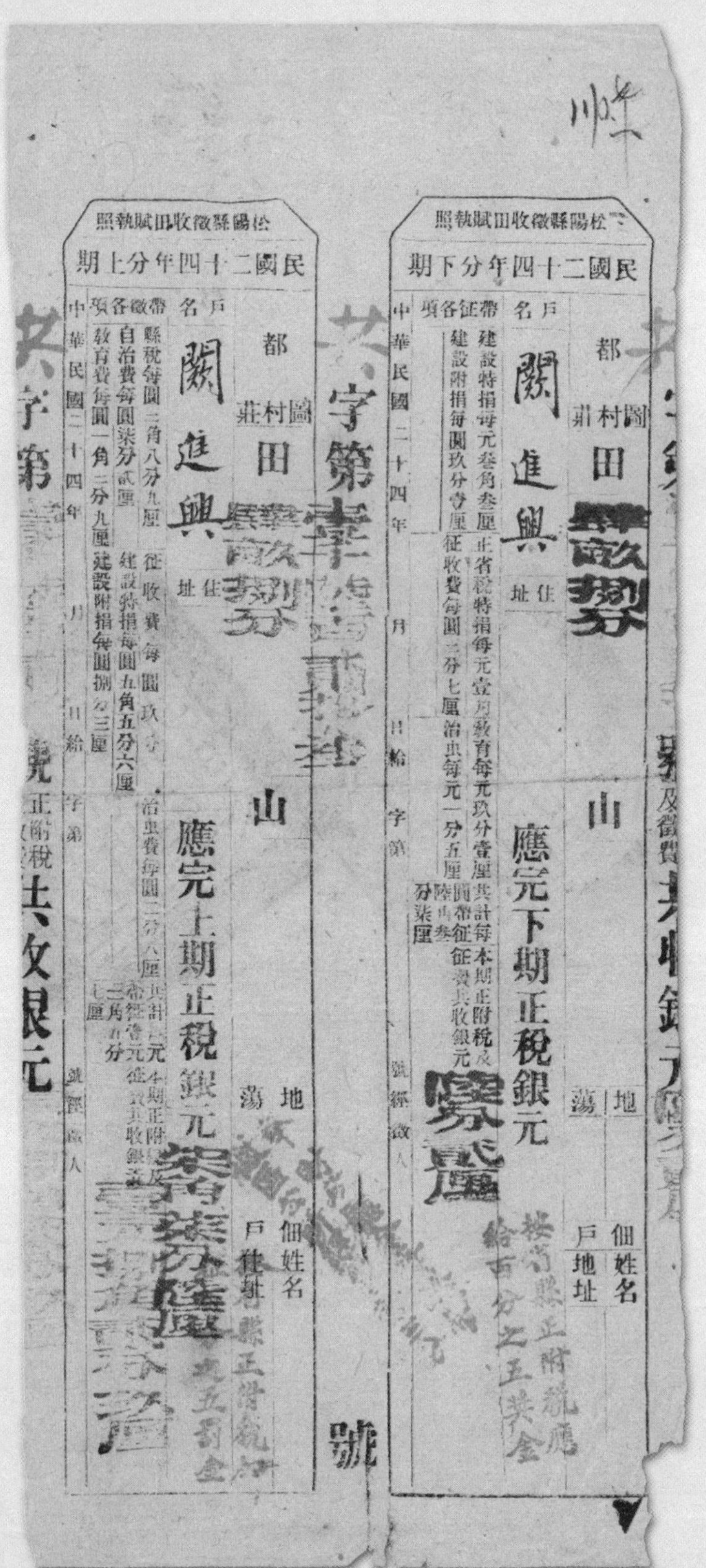

松陽縣徵收田賦執照
民國二十四年分下期

都　圖村莊

田　肆畝捌分

山

地蕩

佃户
姓名
地址

户名　闕進興

住址

應完下期正税銀元

按省縣正附税應給百分之五奖金

帶征各項

建設特捐每元叁角叁厘
建設附捐每圓玖分壹厘
正省税特捐每元壹角
征收費每圓三分七厘
教育每元玖分壹厘
治虫每元一分五厘

共計每圓帶征陸角叁分柒厘

本期正附税及征費共收銀元陸分貳厘

中華民國二十四年　月　日給　字第　號　經徵人

共字第壹千柒百貳拾叁　號

松陽縣徵收田賦執照
民國二十四年分上期

都　圖村莊

田　肆畝捌分

山

地蕩

佃户
姓名
地址

户名　闕進興

住址

應完上期正税銀元　柒角柒分陸厘

按省縣正附税加征百分之五罰金

帶徵各項

縣税每圓二角八分九厘
自治費每圓柒分貳厘
教育費每圓一角二分九厘
征收費每圓玖分
建設特捐每圓五角五分六厘
建设附捐每圓捌分叁厘
治虫費每圓二分八厘

共計每元帶征壹元三角五分七厘

本期正附税及征費共收銀元壹元捌角貳分玖厘

中華民國二十四年　月　日給　字第　號　經徵人

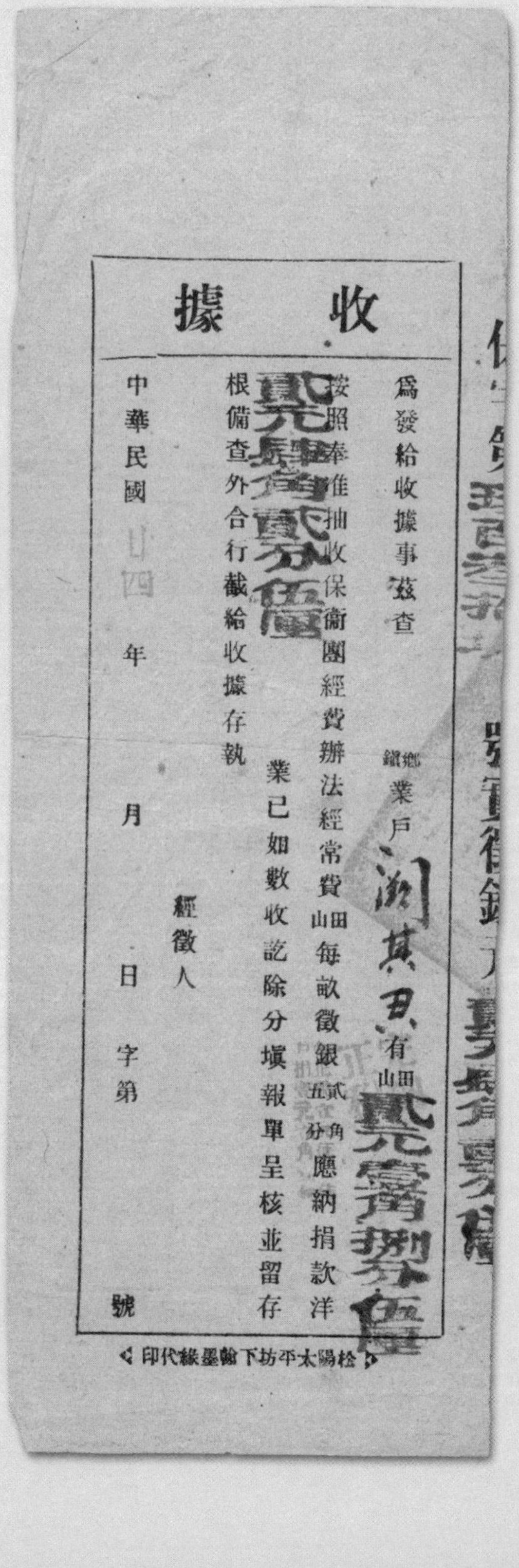

收據

為發給收據事，茲查　鄉鎮　業户　闕其兴　有田山　貳元壹角捌分伍厘，
按照奉准抽收保衛團經費辦法，經常費田山　每畝徵銀　貳角五分　應納捐款洋
貳元肆角貳分伍厘，　業已如數收訖，除分填報單呈核並留存
根備查外，合行截給收據存執。

經徵人

中華民國　廿四　年　月　日　字第　號

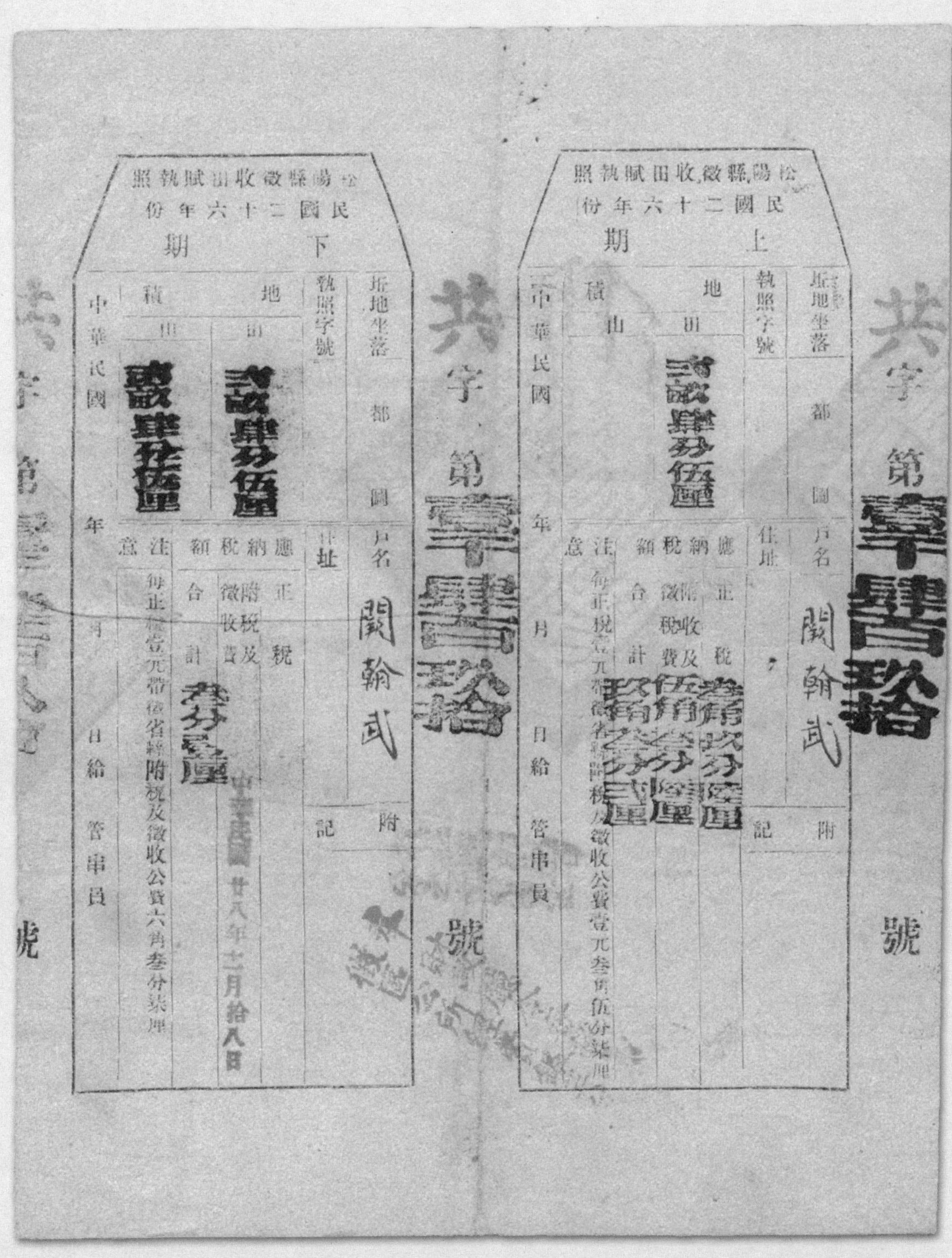

松陽縣徵收田賦執照
民國二十六年份
上期

坵地坐落　都　圖
執照字號
地積　田　山
田：弍畝肆分伍厘
戶名：闕翰武
住址
應納稅額
正稅
附稅及徵收費
合計
注意：每正稅壹元帶徵省縣附稅及徵收公費壹元叁角伍分柒厘
中華民國　年　月　日給　管串員
附記

共字第　號
闕翰武

松陽縣徵收田賦執照
民國二十六年份
下期

坵地坐落　都　圖
執照字號
地積　田　山
田：弍畝肆分伍厘
山：壹畝肆分伍厘
戶名：闕翰武
住址
應納稅額
正稅
附稅及徵收費
合計
注意：每正稅壹元帶徵省縣附稅及徵收公費六角叁分柒厘
中華民國　年　月　日給　管串員
附記
中華民國廿八年十二月拾八日

共字第　號

（前頁）>>>>>

松陽縣徵收田賦執照
民國二十六年份
上　期

坵地坐落　都　圖
執照字號
地積：田　弍畝肆分伍厘；山
户名　闕翰武
住址
應納稅額：
正稅　叁角玖分陸厘
附收及徵稅費　伍角叁分陸厘
合計　玖角叁分弍厘
注意　每正稅壹元帶徵省縣附稅及徵收公費壹元叁角伍分柒厘
附記
中華民國　年　月　日給　管串員

共　字第壹千肆百玖拾　號
奉財政廳令每畝帶徵區公所經費銀三分

松陽縣徵收田賦執照
民國二十六年份
下　期

坵地坐落　都　圖
執照字號
地積：田　弍畝肆分伍厘；山　弍畝肆分伍厘
户名　闕翰武
住址
應納稅額：
正稅
附稅及徵收費　中華民國廿八年十一月拾八日
合計　叁分壹厘
注意　每正稅壹元帶徵省縣附稅及徵收公費六角叁分柒厘
附記
中華民國　年　月　日給　管串員

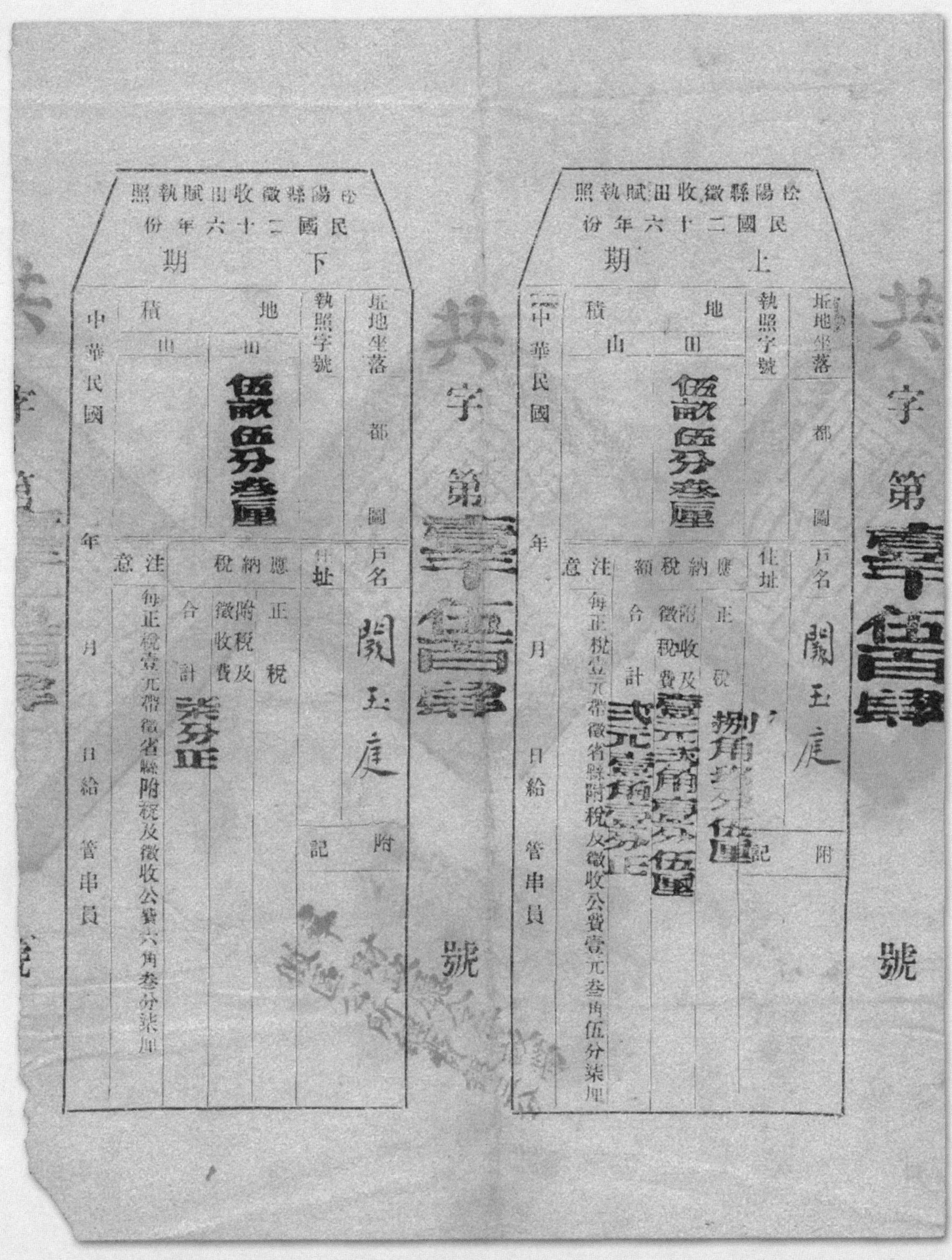

共字第壹千伍百肆號

松陽縣徵收田賦執照
民國二十六年份
上期

坵地坐落：都　圖
執照字號
地積：田　山　伍畝伍分叁釐
戶名：闕玉庭
住址
應納稅額：
正稅：捌角[illegible]分伍釐
附稅及徵收費：壹元[illegible]角[illegible]分伍釐
合計：貳元壹角[illegible]
附記
注意：每正稅壹元帶徵省縣附稅及徵收公費壹元叁角伍分柒厘
中華民國　年　月　日給　管串員

共字第壹千伍百肆號

松陽縣徵收田賦執照
民國二十六年份
下期

坵地坐落：都　圖
執照字號
地積：田　山　伍畝伍分叁釐
戶名：闕玉庭
住址
應納稅：
正稅
附稅及徵收費
合計：柒分正
附記
注意：每正稅壹元帶徵省縣附稅及徵收公費六角叁分柒厘
中華民國　年　月　日給　管串員

(前頁)>>>>>

松陽縣徵收田賦執照
民國二十六年份
上期

坵地坐落	執照字號	地積	
		田	山
都 圖		伍畝伍分叁厘	

户名	住址	應納稅額			注意
		正稅	附收及徵稅費	合計	
闕玉庭		捌角玖分伍厘	壹元弍角壹分伍厘	弍元壹角壹分正	每正稅壹元帶徵省縣附稅及徵收公費壹元叁角伍分柒厘

附記

中華民國　年　月　日給　管串員

共字第壹千伍百肆　號

奉財政廳令每畝帶徵區公所經費銀三分

松陽縣徵收田賦執照
民國二十六年份
下期

坵地坐落	執照字號	地積	
		田	山
都 圖		伍畝伍分叁厘	

户名	住址	應納稅額			注意
		正稅	附稅及徵收費	合計	
闕玉庭				柒分正	每正稅壹元帶徵省縣附稅及徵收公費六角叁分柒厘

附記

中華民國　年　月　日給　管串員

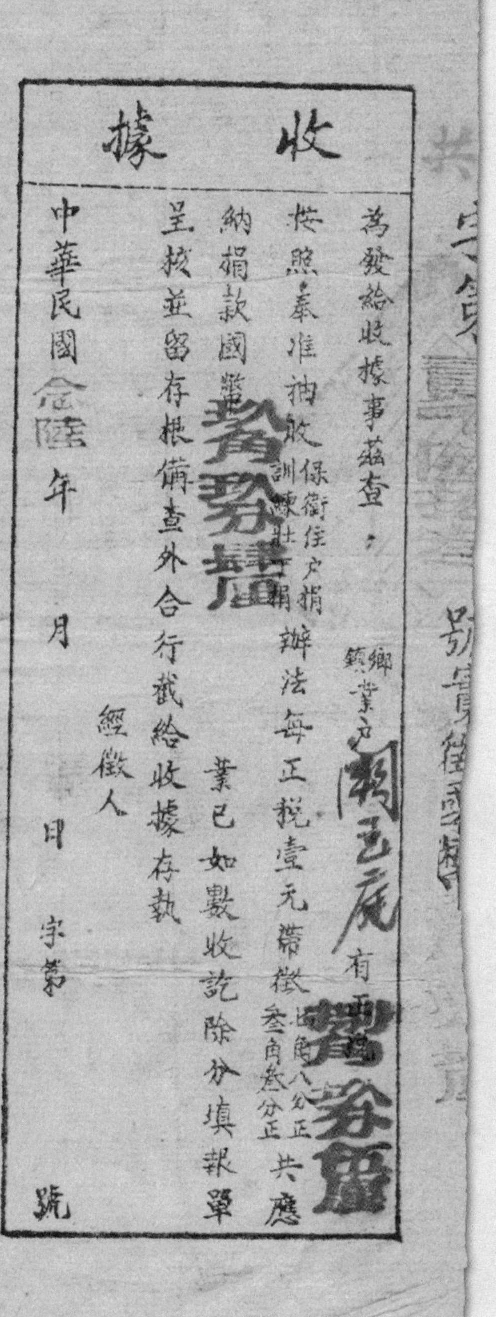

收據

為發給收據事，茲查鄉鎮業户 闕玉庭有 正税 捌角玖分伍厘，

按照奉准抽收 保衛住户捐 訓練壯丁捐 辦法每正税壹元帶徵 七角八分正 叁角叁分正 共應

納捐款國幣玖角玖分肆厘， 業已如數收訖，除分填報單

呈核並留存根備查外，合行截給收據存執。

經徵人

中華民國 念陸 年 月 日 字第 號

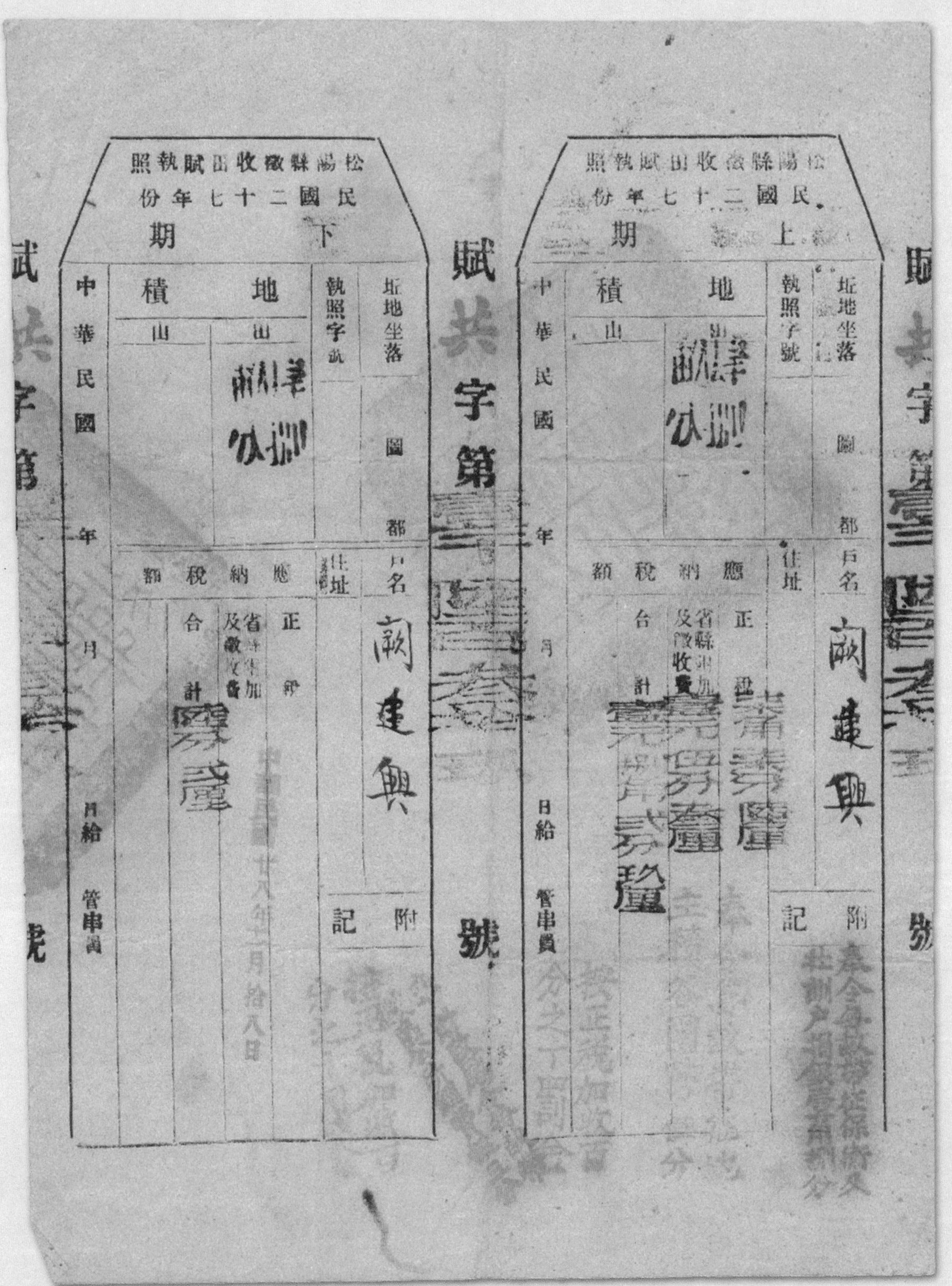

松陽縣徵收田賦執照
民國二十七年份
下期

賦共字第　號

坵地坐落	執照字號	地	積
圖 都		山	山
戶名 闕建興	住址	應納稅額	
		正銀 省縣附加及徵收費 合計	
附記			

中華民國　年　月　日給　管串員

松陽縣徵收田賦執照
民國二十七年份
上期

賦共字第　號

坵地坐落	執照字號	地	積
圖 都		山	山
戶名 闕建興	住址	應納稅額	
		正銀 省縣附加及徵收費 合計	
附記			

中華民國　年　月　日給　管串員

松陽縣徵收田賦執照

民國二十七年份
上期

坵地坐落	都　圖
執照字號	
地積　田	肆畝捌分
地積　山	
户名	闕進興
住址	
應納稅額　正稅	柒角柒分陸厘
應納稅額　省縣附加及徵收費	壹元伍分叁厘
應納稅額　合計	壹元捌角弎分玖厘
	按正稅加罰百分之十罰金
附記	奉令每畝帶征保衛及壯訓户捐銀壹角捌分

中華民國　年　月　日給　管串員

賦共字第壹千陸百叁拾玖　號

奉　財政廳令每畝帶徵區公所經費銀三分

松陽縣徵收田賦執照

民國二十七年份
下期

坵地坐落	都　圖
執照字號	
地積　田	肆畝捌分
地積　山	
户名	闕進興
住址	
應納稅額　正稅	
應納稅額　省縣附加及徵收費	中華民國廿八年十一月拾八日
應納稅額　合計	陸分弍厘
	按正稅加罰百分之十罰金
附記	

中華民國　年　月　日給　管串員

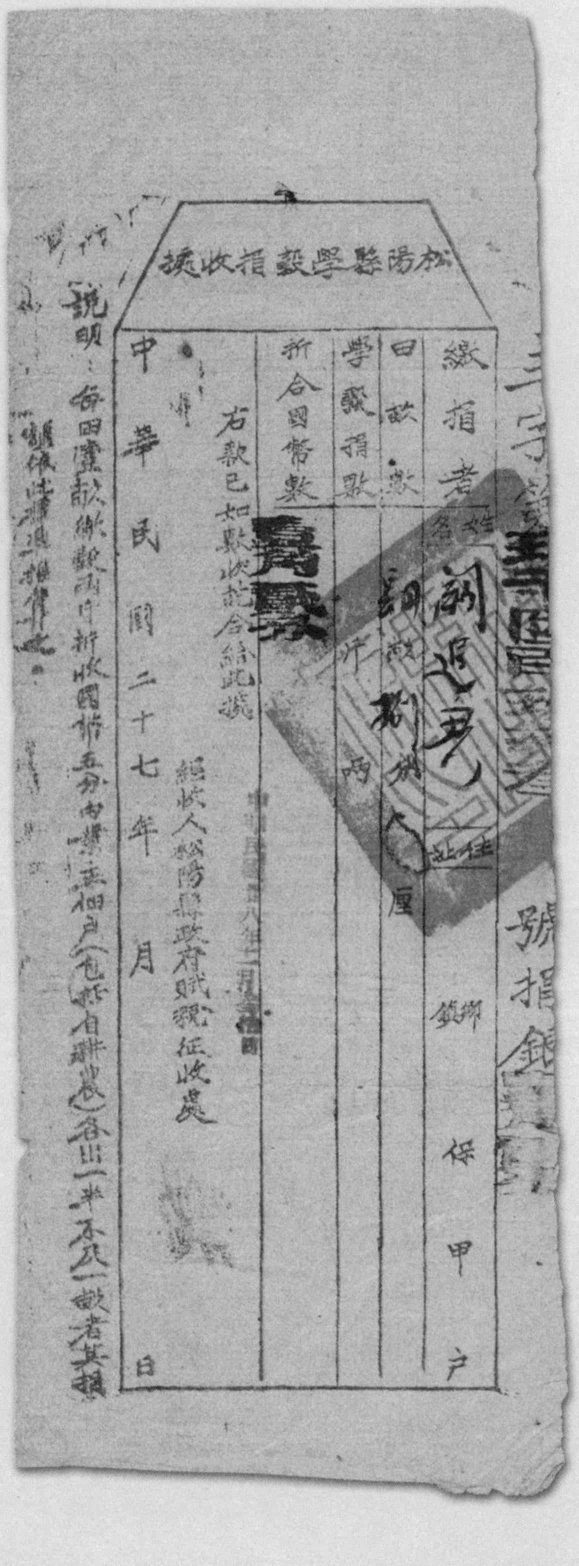

松陽縣學穀捐收據

繳捐者	姓名	闕進兴
	住址	鄉鎮　保　甲　户
田畝數	肆畝捌分七厘	
学穀捐數	斤　两	
折合國幣數	壹角貳分	

右款已如數收訖，合給此據。

中華民國廿八年十一月叁拾日

經收人松陽縣政府賦稅征收處

中華民國二十七年　月　日

說明：每田壹畝繳穀兩斤，折收國幣五分，由業主佃户（包括自耕農）各出一半，不足一畝者，其捐額依此標準推算之。

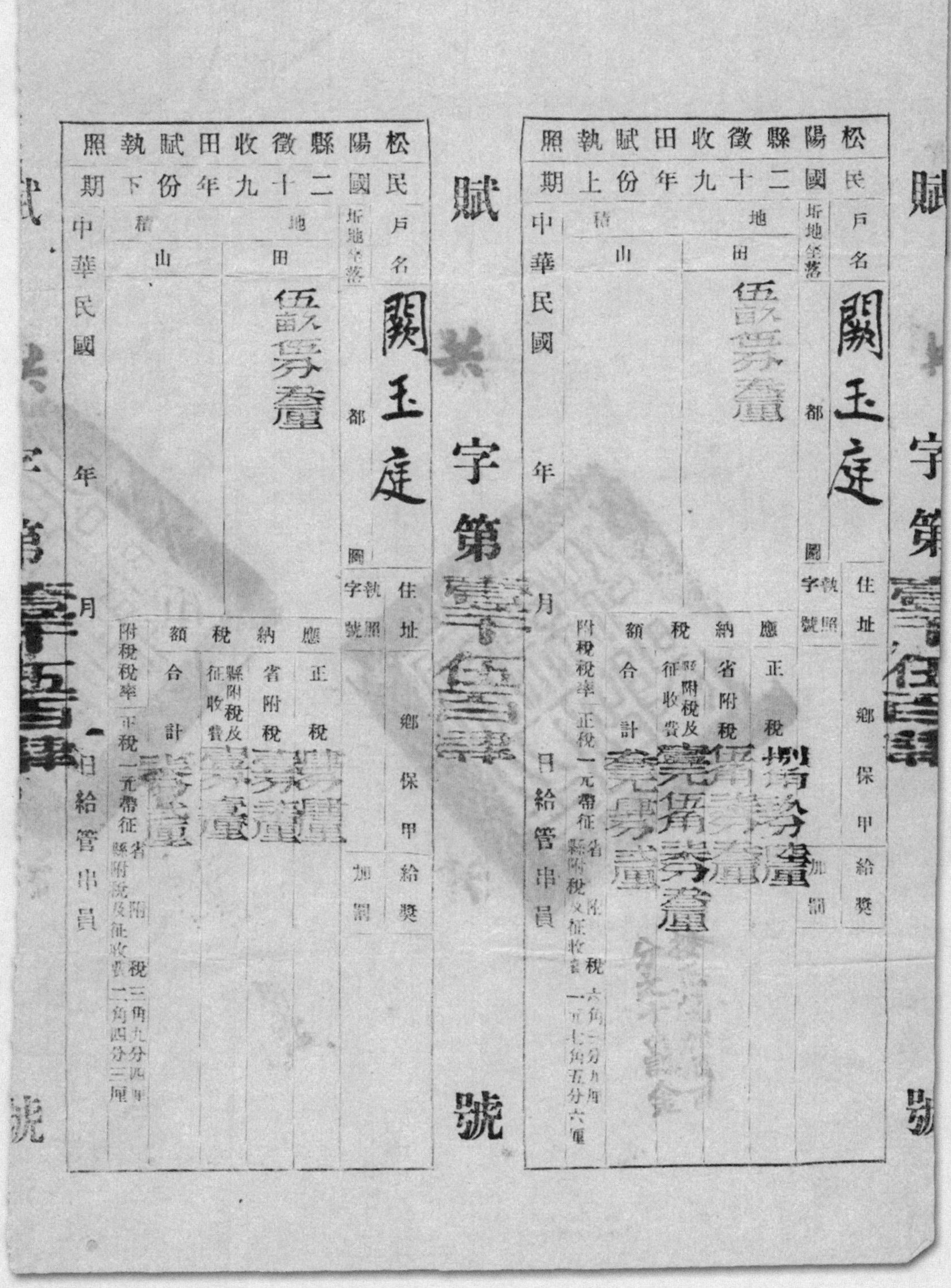

松陽縣徵收田賦執照

民國二十九年上份期

戶名	闕玉庭
坵地坐落	都　圖
地積 田	伍畝[illegible]
地積 山	
住址	鄉　保　甲
執照字號	
給獎	
加罰	

應納稅額	
正稅	[illegible]
省附稅	[illegible]
縣附稅及征收費	[illegible]
合計	[illegible]

附稅稅率　正稅一元帶征省附稅六角二分九厘　縣附稅及征收費一元七角五分六厘

中華民國　年　月　日給　管串員

賦　字第　號

松陽縣徵收田賦執照

民國二十九年下份期

戶名	闕玉庭
坵地坐落	都　圖
地積 田	伍畝[illegible]
地積 山	
住址	鄉　保　甲
執照字號	
給獎	
加罰	

應納稅額	
正稅	[illegible]
省附稅	[illegible]
縣附稅及征收費	[illegible]
合計	[illegible]

附稅稅率　正稅一元帶征省附稅三角九分四厘　縣附稅及征收費二角四分三厘

中華民國　年　月　日給　管串員

賦　字第　號

（前頁）>>>>>

松陽縣徵收田賦執照

民國二十九年份上期

户名	坵地坐落	地積 田	地積 山
闕玉庭	都 圖	伍畝伍分叁厘	

住址	執照字號
鄉 保 甲	

應納稅額	正稅	省附稅	縣附稅及征收費	合計
	捌角玖分陸厘	伍角柒分叁厘	壹元伍角柒分叁厘	叁元肆分弍厘

附稅稅率
正稅一元帶征省附稅六角三分五厘 縣附稅及征收費一元七角五分六厘

給奬	加罰
	按正稅加罰百分之十罰金

中華民國 年 月 日給 管串員

賦 共字 第壹千伍百肆 號

松陽縣徵收田賦執照

民國二十九年份下期

户名	坵地坐落	地積 田	地積 山
闕玉庭	都 圖	伍畝伍分叁厘	

住址	執照字號
鄉 保 甲	

應納稅額	正稅	省附稅	縣附稅及征收費	合計
	肆分肆厘	壹分柒厘	壹分壹厘	柒分弍厘

附稅稅率
正稅一元帶征省附稅三角九分四厘 縣附稅及征收費二角四分三厘

給奬	加罰

中華民國 年 月 日給 管串員

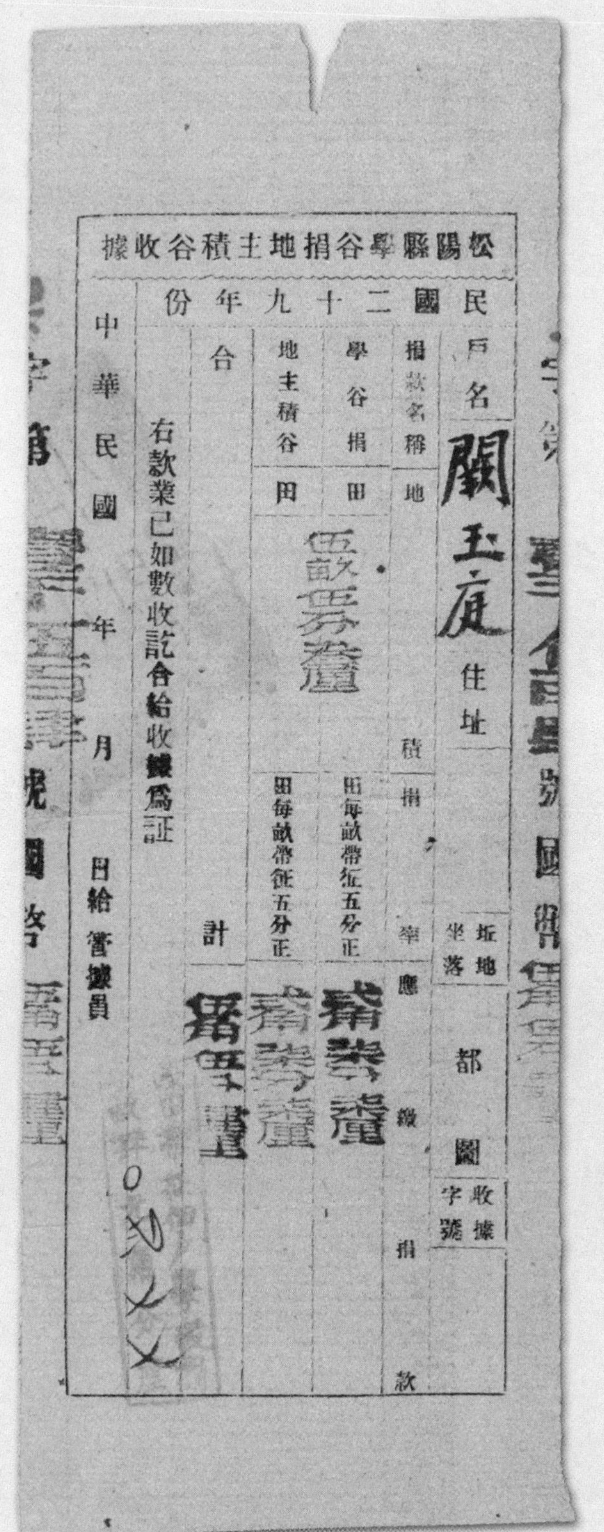

松陽縣學谷捐地主積谷收據

民國二十九年份

戶名	闕玉庭
住址	
坵地坐落	
都圖	
收據字號	

捐款名稱	地積	捐率	應繳捐款
學谷捐	田伍畝伍分叁厘	田每畝帶征五分正	弍角柒分柒厘
地主積谷	田	田每畝帶征五分正	弍角柒分柒厘
合計			伍角伍分肆厘

右款業已如數收訖，合給收據爲證。

中華民國　年　月　日給　管據員

松陽縣自治經費抗衛事業費收據

民國二十九年份上期

戶名	闕玉庭	住址		坵地坐落	都	圖	收據字號
經費名稱	征收標準			應繳費額			
自治經費	比照田賦正稅征收四成						
抗衛事業費	比照田賦正稅征收二成						
合計							

右款業已如數收訖合給收據為証

中華民國　年　月　日給　管據員

共字第　號上期

松陽縣自治經費抗衛事業費收據

民國二十九年份下期

戶名	闕玉庭	住址		坵地坐落	都	圖	收據字號
經費名稱	征收標準			應繳費額			
自治經費	比照田賦正稅征收四成						
抗衛事業費	比照田賦正稅征收二成						
合計							

右款業已如數收訖合給收據為證

中華民國　年　月　日給　管據員

松陽縣自治經費抗衛事業費收據

民國二十九年份上期

戶名	闕玉庭
住址	
坵地坐落	都　圖
收據字號	

經費名稱	征收標準	應繳費額
自治經費	比照田賦正稅征收四成	叁角伍分捌厘
抗衛事業費	比照田賦正稅征收二成	壹角柒分玖厘
合計		伍角叁分柒厘

右款業已如數收訖，合給收據爲証。

中華民國　年　月　日給　管據員

共字第壹千伍百肆號上期

松陽縣自治經費抗衛事業費收據

民國二十九年份下期

戶名	闕玉庭
住址	
坵地坐落	都　圖
收據字號	

經費名稱	征收標準	應繳費額
自治經費	比照田賦正稅征收四成	壹分捌厘
抗衛事業費	比照田賦正稅征收二成	玖厘
合計		弍分柒厘

右款業已如數收訖，合給收據爲證。

中華民國　年　月　日給　管據員

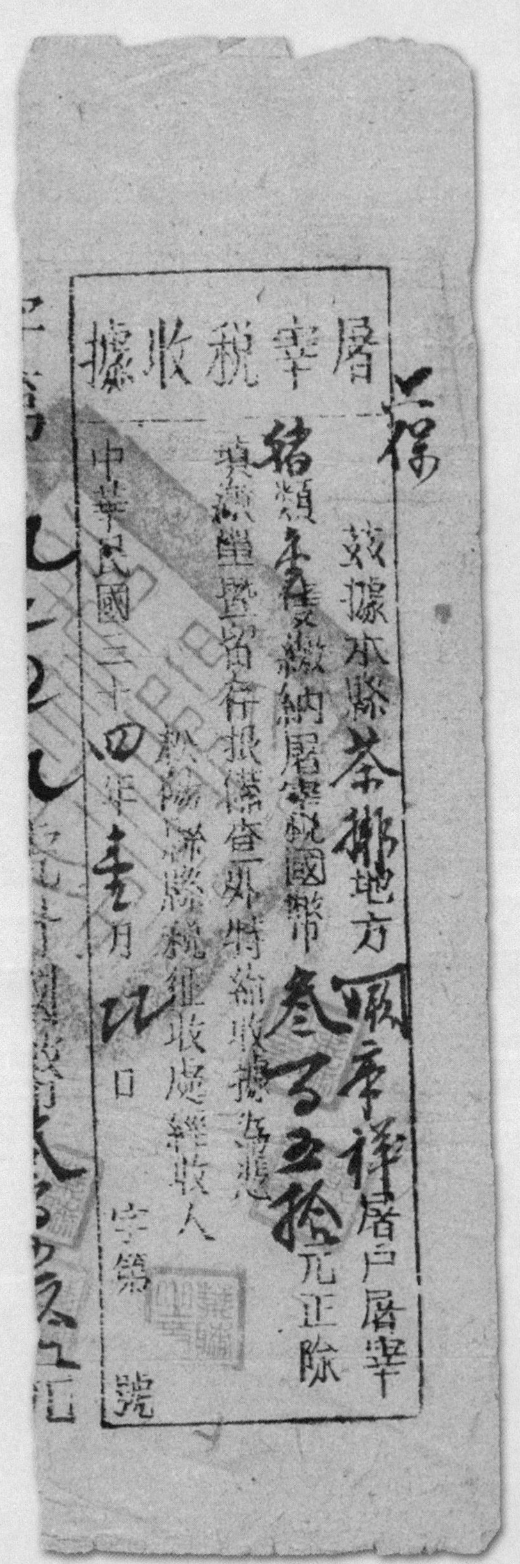

屠宰税收據

兹據本縣　茶排　地方　闕章祥　屠户屠宰

猪類壹隻，繳納屠宰税國幣　叁百五拾　元正，除

填繳單暨留存根備查外，特給收據為憑。

松陽縣縣税征收處經收人

中華民國三十四年壹月　22　日　字第　號

兹有闕吉璨兄所挑之猪肉係在敝處宰殺壹隻，其税款候弟自来投纳，特此证明，此致。

石倉鄉公所

葉税務员　照。

百步　王炳輝　卅四、一、廿五

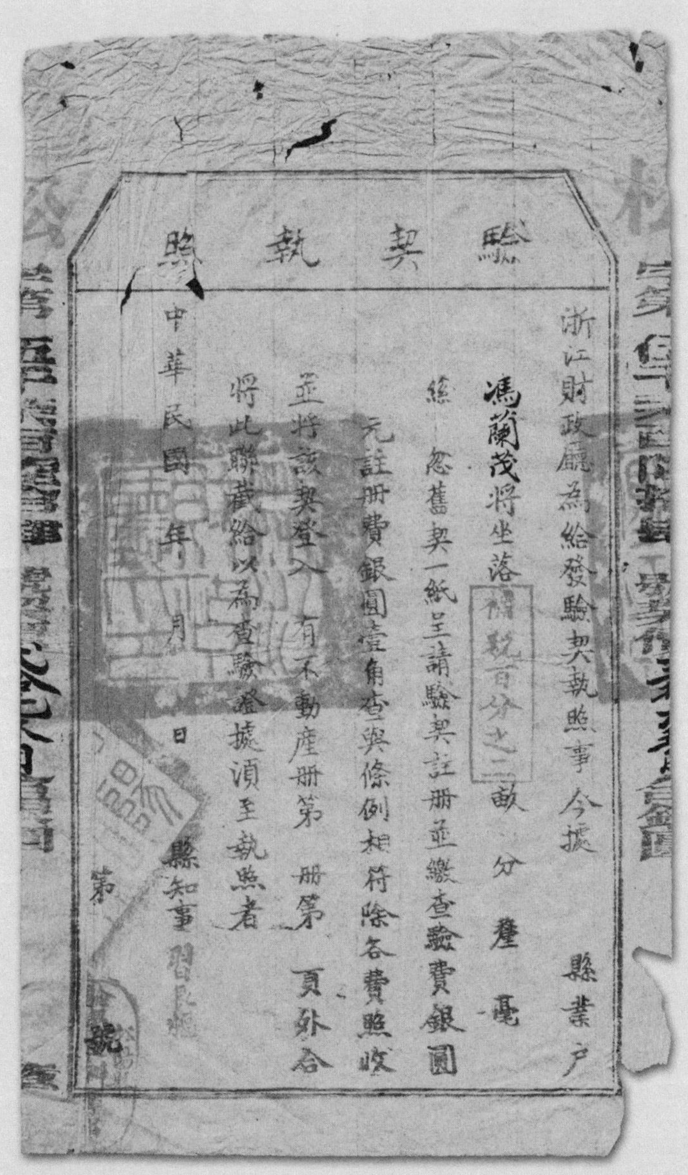

驗契執照

浙江財政廳為給發驗契執照事，今據　　縣業户
馮蘭茂　将坐落　補稅百分之二　畝　分　釐　毫
絲　　忽舊契一紙，呈請驗契註册，並繳查驗費銀圓
元，註册費銀圓壹角，查與條例相符，除各費照收
並将該契登入　有不動産册第　　册第　　頁外，合
将此聯截給，以為查驗證據，須至執照者。
中華民國　　年　　月　　日　　縣知事　習艮樞
第　　號

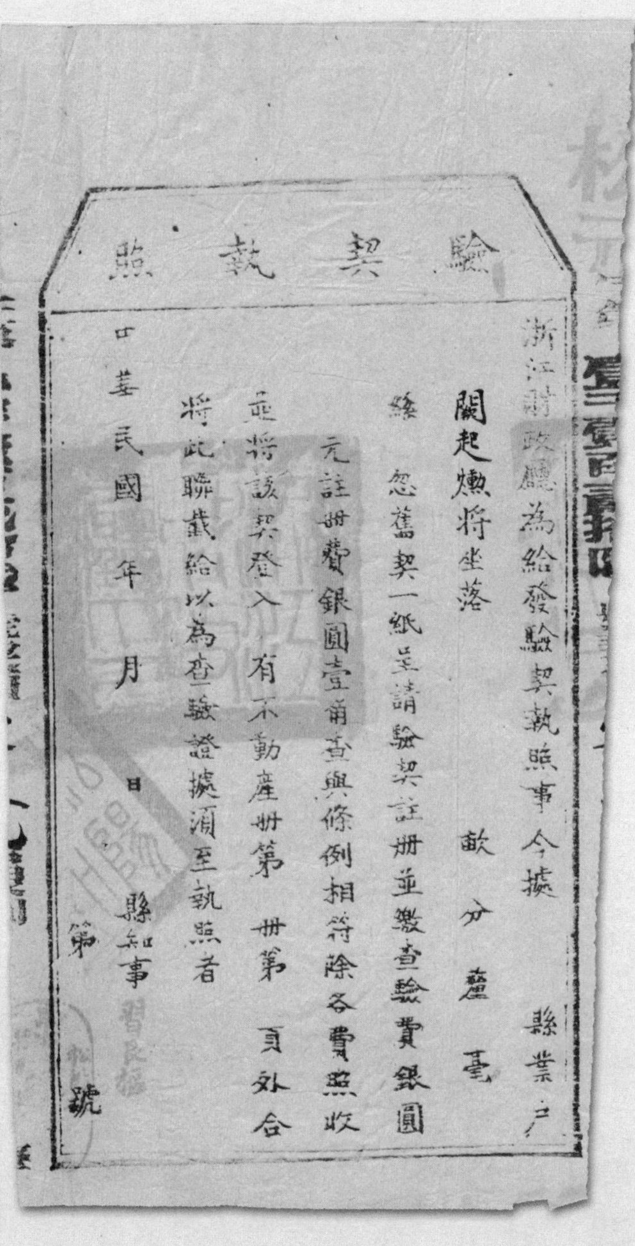

驗契執照

浙江財政廳為給發驗契執照事，今據　　縣業户
闕起爀　将坐落　　畝　分　釐　毫
絲　忽舊契一紙，呈請驗契註册，並繳查驗費銀圓
元，註册費銀圓壹角，查與條例相符，除各費照收
並将該契登入　有不動産册第　　册第　　頁外，合
将此聯截給，以為查驗證據，須至執照者。
中華民國　　年　　月　　日　　縣知事　習良樞
第　　號

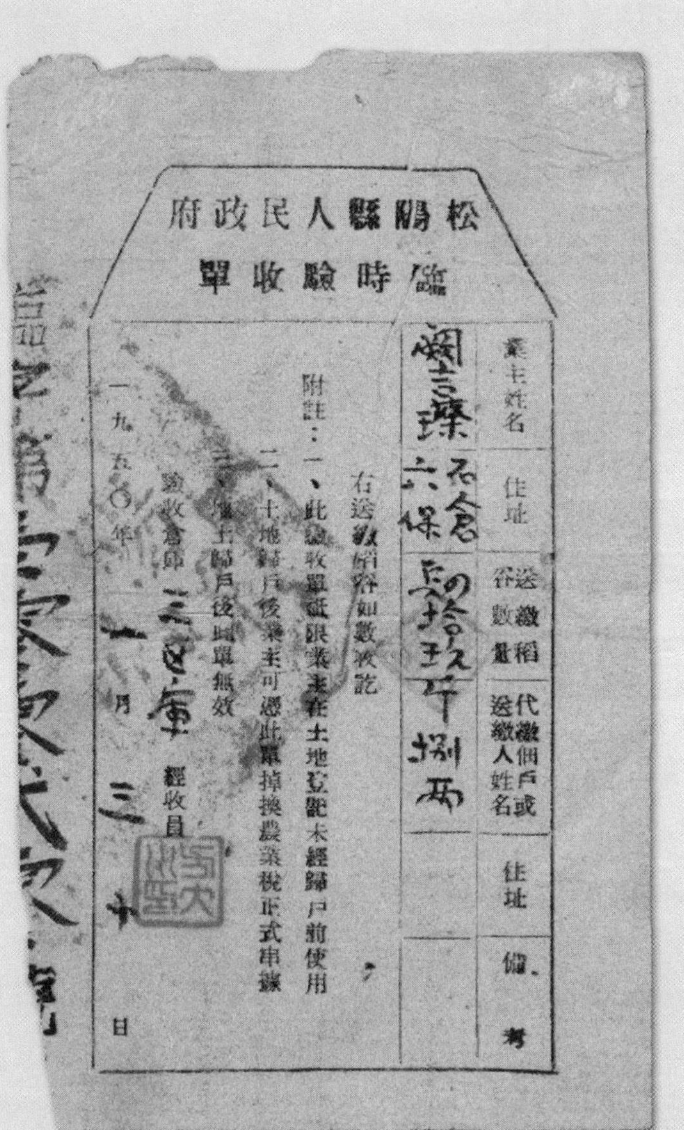

松陽縣人民政府
臨時驗收單

業主姓名	住址	送繳稻谷數量	代繳佃户或送繳人姓名	住址	備考
闞吉瑹	石倉六保	肆拾玖斤捌两			

右送繳稻谷如數收訖。

附注：一、此驗收單祇限業主在土地登記未經歸户前使用。

二、土地歸户後業主可憑此單掉換農業税正式串據。

三、地土歸户後此單無效。

驗收倉庫 三区庫 經收員

一九五〇年一月三十日

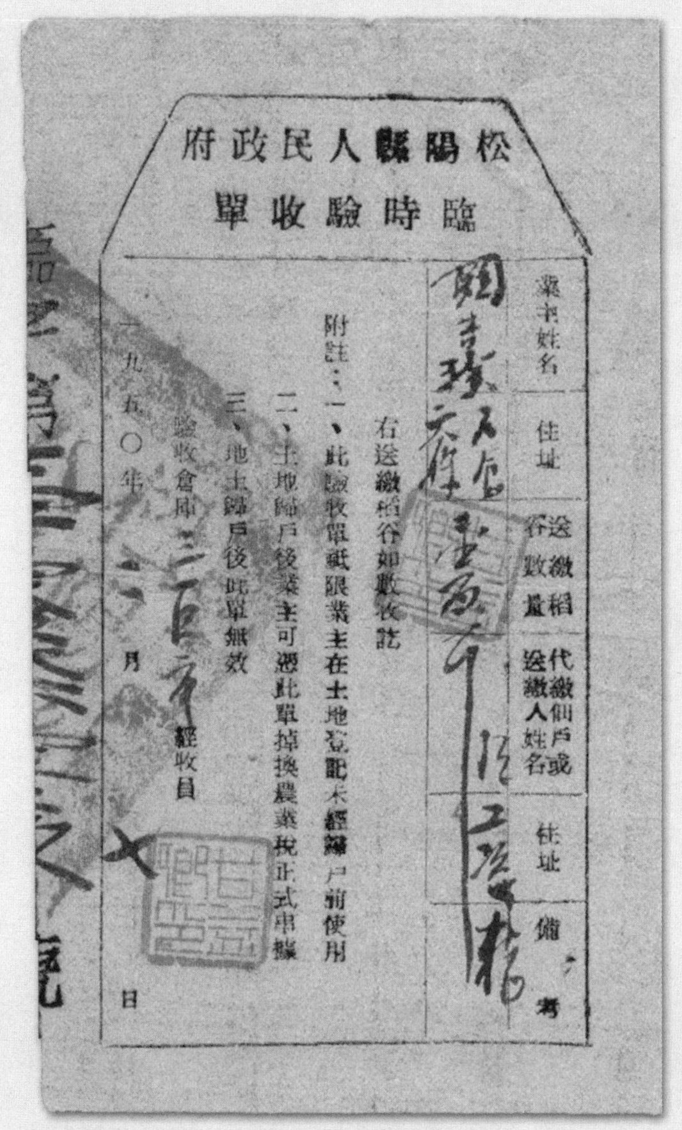

松陽縣人民政府
臨時驗收單

業主姓名	住址	送繳稻谷數量	代繳佃户或送繳人姓名	住址	備考
闕吉璜	石倉六保	壹百斤□工资粮			

右送繳稻谷如數收訖。

附注：一、此驗收單衹限業主在土地登記未經歸户前使用。

二、土地歸户後業主可憑此單掉換農業稅正式串據。

三、地土歸户後此單無效。

驗收倉庫　三区庫　經收員

一九五〇年　二月　七日

浙江省松陽縣
一九五〇年農業稅收據

户主	阙吉璘
農業人口	7
住址	靖居 區 石仓 鄉鎮 上茶排村
負担畝或負担產量	弍仟弍伯四十七斤·七五
稅率	7
應徵數 中央稅	稻穀 壹伯伍拾壹斤
應徵數 地方附加稅	稻穀 弍拾肆斤
應徵數 合計	稻穀 壹伯捌拾壹斤
減免數	稻穀
實徵數	稻穀

縣长 林藝圃 徵收員

一九五〇年 月 日

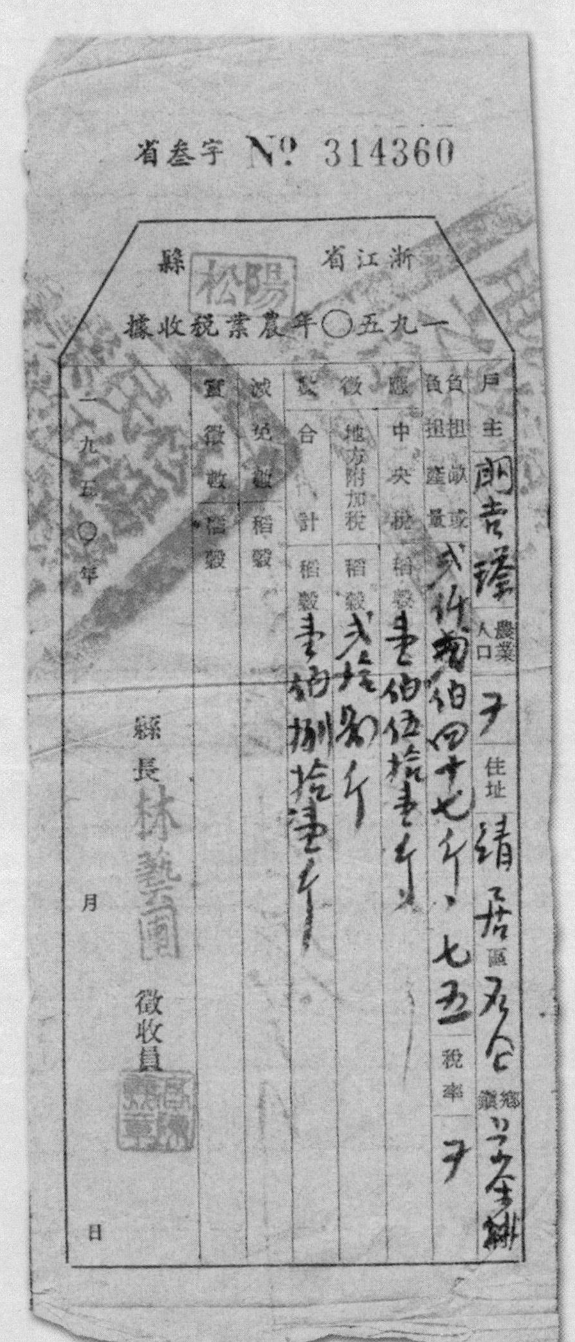

省叁字 №314360

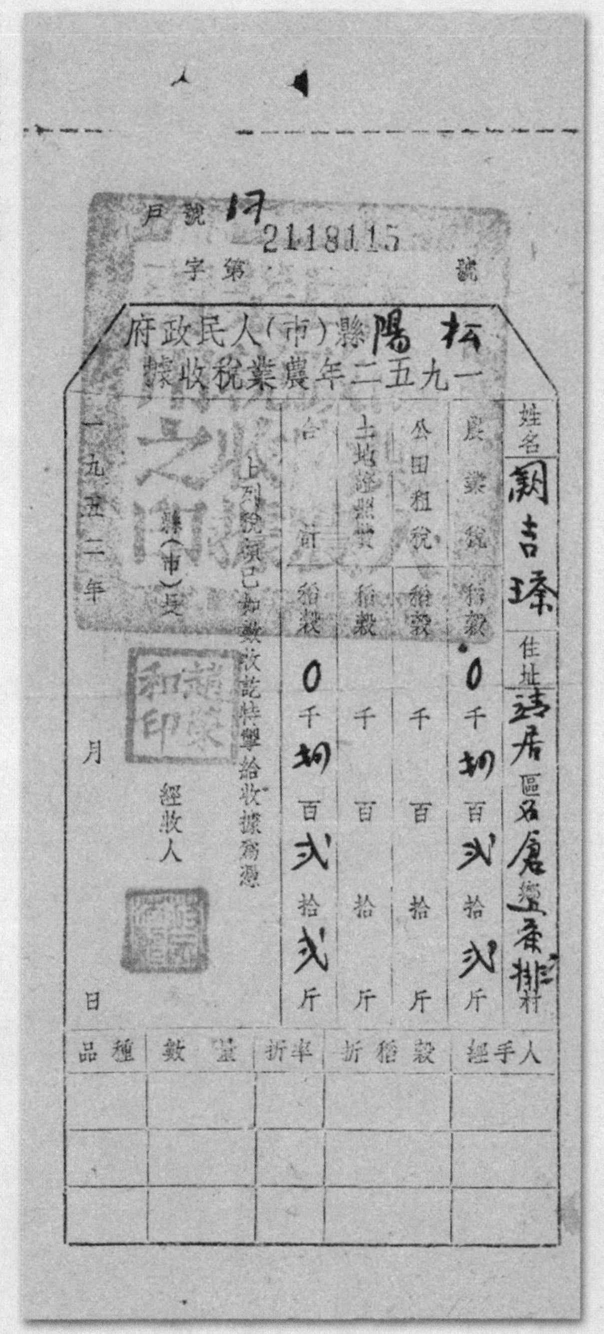

松陽縣（市）人民政府
一九五二年農業税收據

姓名	闕吉琭
住址	靖居區石倉鄉上茶排村
農業税	稻穀〇千肆百弍拾弍斤
公田租税	稻穀千百拾斤
土地證照費	稻穀千百拾斤
合計	稻穀〇千肆百弍拾弍斤

上列税額已如數收訖，特製給收據爲憑。

縣（市）長　經收人

一九五二年　月　日

品種	數量	折率	折稻穀	經手人

立送户票人阙玉麒，今将本都本庄中和户錢粮推出式亩正，任滉馮輝福推收入册，办粮完納，不得多推少入，亦不敢丢漏分毫，恐口难信，立送户票為照。

光緒八年拾月初六日　立送户票人　阙玉麒

在見兄　玉信

代筆　阙翰柳

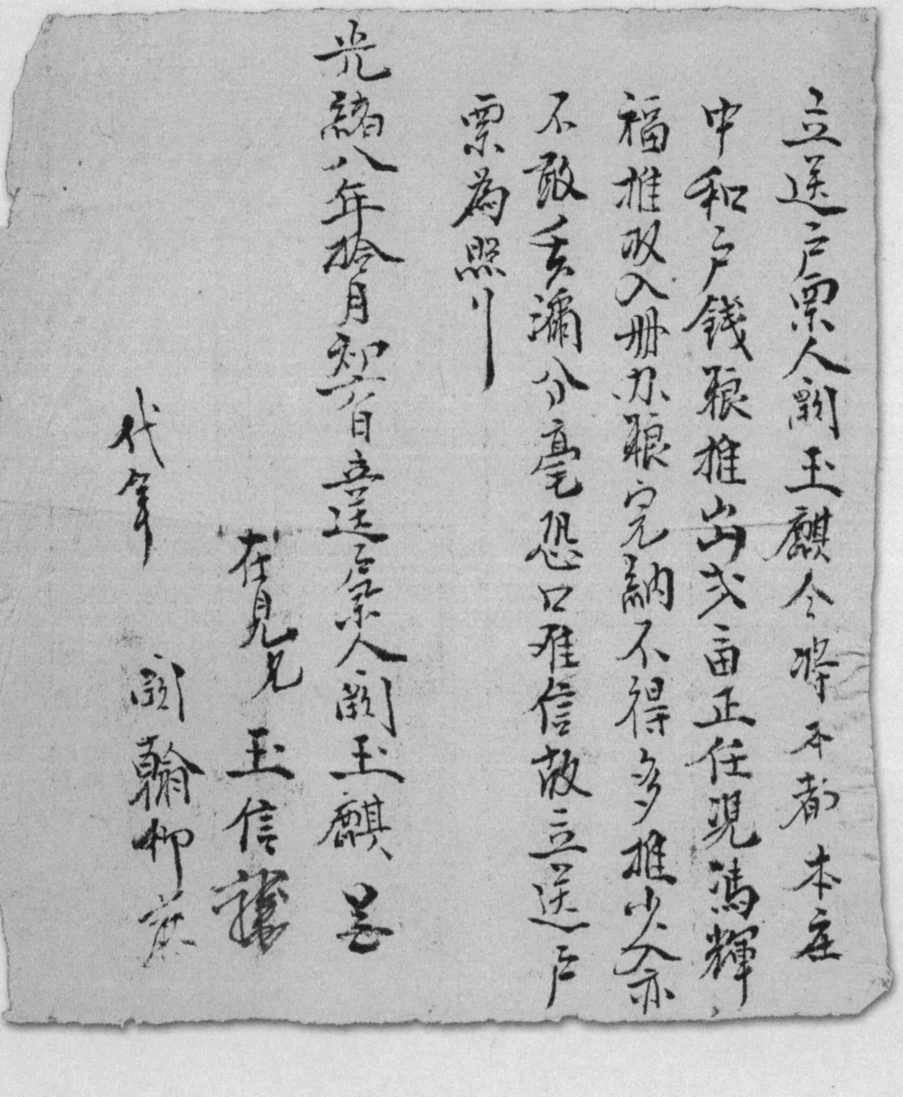

立送户票人闕能福仝弟等，今将父户玉秀户
錢粮推出壹亩伍分正，任凴馮文有推入輝福，不
敢多推少入，亦不敢丢漏分毫，恐口难信，故立送
票為照。
光緒十年十弍月初九日　立送户票人仝弟等　闕能福
在見　玉信
代筆　闕翰柳

立送户票人闕翰修，今将玉騰户内推出
粮额捌分正，推入念壹都后宅庄馮輝福户
内完纳，不敢推多纳少，無得偷漏，恐口無
信，故立送户票為用。
光绪拾叁年拾弍月廿日　立送户票人　闕翰修
在見　阙玉信
代筆　阙玉騰

立送户票人闞玉連，今将廿一都茶排庄新和户内推出錢粮貳畝正，推入本都后宅庄馮輝福户内入册完粮，不敢推多入少，亦不敢丢漏分厘，恐口難信，故立送户票『人』立字為據。

光绪十肆年十月十六日　立送户票人　闞玉連

在見　玉對

代筆　起朋

立領田價洋艮字人劉能諜今因本年本月念五
向本家德緯公衆交易民田乙處契內價載艮兩未
叙洋數恐日后不知洋數當場每兩串洋乙元伍角叁拾
陸兩共串洋伍拾四元其洋即日交訖不少分毫毋得
异言但恐口難信故立領田價洋艮字交於緯公子
孫永遠為據

大清光緒十六年十二月念五日立領田價洋字人劉能諜

在場 胞兄 劉能福

代筆 劉玉壽

（前頁）>>>>>

立領田價洋银字人闕能襟，今因本年本月念五（日）与本家德瑋公衆交易民田一處，契内僅載银两，未叙洋数，恐日后不知洋数，當塲每两申洋一元伍角，叁拾陆两共申洋伍拾四元，其洋即日交訖，不少分毫，毋得异言，但恐口难信，故立領田價洋银字交於瑋公子孫永遠為據。

大清光绪十六年十二月念五日　立領田價洋字人　闕能襟

在塲胞兄　闕能福

代筆　闕玉熹

立收田價燥谷字人廖新來，今與闕吉璓民田交易，土名石倉源塘子裏切子背，田壹處，計燥谷伍担正，其谷當日今收是實，故立收燥谷字為據。

中華民國叁拾伍（年）十弍月初六日　立收田價燥谷字人　廖新來

見　廖新有

中　闕執生

代筆　應有水

收条

立收屋价字人阙关明，今因将土坐水缸弯横屋厨房壹间，计屋价人民幣陆拾元正，已全部收乞［讫］，特具收字为据。

一九六八年润［闰］七月二十八日　立收屋价字人　阙关明

在场　阙祥發

阙樟旺

代笔　阙祥綱

凴票祈付洋艮叁元正，此照。

每年纳利式分正。

代筆　起慶

辛卯七月十六日　玉露

憑票付銅钱叁千壹佰文正，
每年充納租谷弍桶。
庚寅十二月廿四日　胡秉發

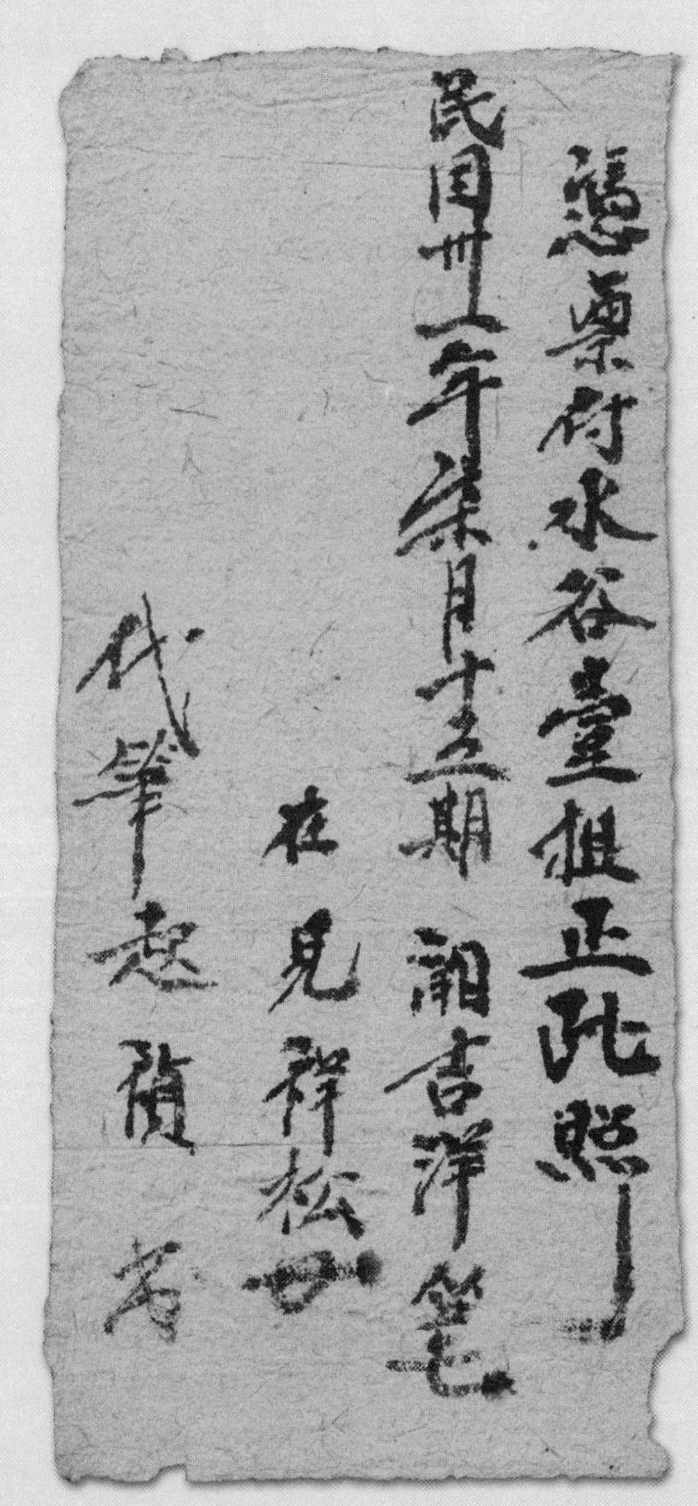

憑票付水谷壹担正，此照。

民国卅一年柒月十三期［日］　阙吉洋笔

在見　祥松

代筆　起禎

上茶排

阙氏·天有·德瑋·翰武·玉庭（二）

德瑋山明水秀内景

立賣田契人劉景揚今因錢粮無办自情愿將父遺下均分鬮內民
田一項坐落石倉源廿一都茶排庄土名田壹處洋頭崗小土名丸塅崗
田肆橫上下闕姓田為界左至路為界右至小坑為界又壹处坑背田壹
崗上至石壁為界下至坑為界左至山為界右至小坑為界計額叁畝正
以及田沿樹木隨田管業託中歡行立契出賣與闕天有承買為業當
日憑中言斷時值田價錢叁拾陸千文正其錢即日隨契兩相交訖自
賣之後任憑推收過戶完粮起耕收租管業賣人無得異言此係父遺均
分清楚物業以內外人等並無干涉亦無重典文墨交加如有來歷不明
賣人一力承當不涉買主之事所賣所買兩甘情愿此係正行交易契明
價足並無債貨逼抑其田永遠不得異言取贖等情今欲有憑立賣
契付與買主永遠為據

嘉慶肆年玖月拾叁日立賣田契人劉景揚（押）

憑中　闕道九（押）
李盛龍（押）
闕有福（押）
李元龍（押）
闕三有（押）

代筆　闕萬瑜（押）

立找田契人劉景揚原與闕天有交易民田一契坐落石倉源
廿一都茶排庄土名洋頭崗併及坑背畝分界額正契載明今因料
迫請託原中向業主再找出契外錢壹拾肆千文正其錢即日親收
足訖自找之後其田永遠斷根再不敢異言找價等情今欲有憑
立找契永遠為照

嘉慶四年拾弍月念弍日立找田契人劉景揚（押）

原中　闕道九（押）
李盛龍（押）
闕有福（押）
李元龍（押）
闕三有（押）

代筆　闕萬瑜（押）

（前頁）>>>>>

立賣田契人劉景揚，今因錢粮無办，自情愿将父遺下均分閹內民田一項，坐落石倉源廿一都茶排庄，土名田壹處洋頭崗，小土名瓦窑崗，田肆横，上下闕姓田為界，左至路為界，右至小坑為界，又壹处坑背，田壹崗，上至石壁為界，下至坑為界，左至山為界，右至小坑為界，計額叁畝正，以及田沿樹木随田管業，託中欲行立契，出賣與闕天有承買為業，當日憑中言断，時值田價錢叁拾陸千文正，其錢即日隨契兩相交訖，自賣之後，任憑推收過户，完粮起耕，收租管業，賣人無得異言，此係父遺均分清楚物業，以［與］內外人等並無干涉，亦無重典文墨交加，如有来歷不明，賣人一力承當，不涉買主之事，所賣所買，两甘情愿，此係正行交易，契明價足，並無債負逼抑，其田永遠不得異言取贖等情，今欲有憑，立賣契付與買主永遠為據。

嘉慶肆年玖月拾叁日　立賣田契人　劉景揚

憑中　闕道九

李盛龍

闕有福

李元龍

闕三有

代筆　闕萬瑜

（前頁）>>>>>

立找田契人劉景揚，原與闕天有交易民田一契，坐落石倉源
廿一都茶排庄，土名洋頭崗，併及坑背，畝分界額，正契載明，今因粮
迫，請託原中向業主再找出契外錢壹拾肆千文正，其錢即日親收
足訖，自找之後，其田永遠断根，再不敢異言找價等情，今欲有憑，
立找契永遠為照。

嘉慶四年拾弍月念弍日　立找田契人　劉景揚

原中　闕道九

李盛龍

闕有福

李元龍

闕三有

代筆　闕萬瑜

立賣茶頭山杉木字人闕貴養今因身病口食無亦自情愿將父手遺下茶頭山壹處坐落松邑廿一都大嶺后庄小土名茶鋪楓樹窩安着其茶山上至茶山左至坑右至青山下至水圳又水圳下茶頭山一處上至水圳左至坑右至田各下至石竹窩口為界又外石竹窩口杉木山一處上至茶山左至屋後崗右至小坑下至坑為界今俱四至分明立字出賣與姐夫馮輝福入手承買為業當日憑中三面言斷時值山價銅錢貳仟捌百文正其錢即日親收足訖明白並無短少分文其山自賣之後任憑買主修整録養採摘管業杉木任憑砍伐出拚管業賣人與內外親房人等並無干碍如有此色來歷不明賣人一力承當不涉買主之事其山乃係清楚物業愿賣愿買兩家情愿一賣千休永無找贖等情今欲有憑恐口難信立賣山字付與買主永遠為照

在場母 王氏 ○

胞弟 得富

嘉慶貳拾五年十一月廿四日立賣茶頭杉木山字人闕貴養

憑中人 朱貴茂

李三滿 ○

代筆王德鳳

（前頁）>>>>>

立賣茶頭山杉木字人闕貴養，今因身病，口食無办，自情愿將父手遺下茶頭山壹處，坐落松邑廿一都大嶺后庄，小土名茶鋪楓樹窝，安着其茶山，上至茶山，左至坑，右至青山，下至水圳，又水圳下茶頭山一處，上至水圳，左至坑，右至田各［角］，下至石竹窝口為界，又外石竹窝口杉木山一處，上至茶山，左至屋後崗，右至小坑，下至坑為界，今俱四至分明，立字出賣與姐夫馮輝福入手承買為業，當日凴中三面言断，時值山價銅錢貳仟捌百文正，其錢即日親收足訖明白，並無短少分文，其山自賣之後，任凴買主修整籙養，採摘管業，杉木任凴砍伐出拚管業，賣人與內外親房人等並無干碍，如有此色，来歷不明，賣人一力承當，不涉買主之事，其山乃係清楚物業，愿賣愿買，两家情愿，一賣千休，永無找贖等情，今欲有凴，恐口难信，立賣山字付與買主永遠為照。

在塲　母王氏

胞弟　得富

嘉慶貳拾五年十一月廿四日　立賣茶頭杉木山字人　闕貴養

凴中人　朱貴茂

李三滿

代筆　王德鳳

立賣田契人蔡有利今因錢粮無办自情愿將父閹内民田坐落松邑廿一都蔡宅庄小土名工包處安着民田壹處計田弍坵正上至買主田下至劉姓田左至買主併曹姓田右至買主田為界併及浸田水路相樅雜木荒熟一概在内今俱四至分明計額伍分正自愿請托凭中立契出賣與蔡其德叔邊承買為業當日凭中三面言斷時值田價銅錢弍拾肆仟文正其錢即日當中两兑足訖親收不短分文自賣之後任凭買主推收過户完粮收租起耕易佃耕種管業賣人不敢異言阻挽此係清業與内外房親伯叔兄弟子侄人等無涉並無典當文墨交加倘有上手來歷不明賣人一力承當不干買主之事所賣所受兩相情愿並無債貨準折逼抑等情恐口難信故立賣田契付與買主永遠為據

咸豐拾壹年弍月廿日　立賣田契人蔡有利〇

在場母　余氏〇

在場　伯　其培

　　　叔　其郎

凭中　張文福

代筆　李盛興

（前頁）>>>>>>

立賣田契人蔡有利，今因錢粮無办，自情愿将父阄内民田，坐落松邑廿一都蔡宅庄，小土名上包處，安着民田壹處，計田式坵正，上至買主田，下至阙姓田，左至買主併曹姓田，右至買主田為界，併及浸田水路，柏樹雜木，荒熟一概在內，今俱四至分明，計額伍分正，自愿請托凂中立契，出賣與蔡其德叔邊承買為業，當日凂中三面言断，時值田價銅錢式拾肆仟文正，其錢即日當中两兑足訖親收，不短分文，自賣之後，任凂買主推收過户，完粮收租，起耕易佃，耕種管業，賣人不敢異言阻执，此係清業，與内外房親伯叔兄弟子侄人等無涉，並無典當文墨交加，倘有上手來歷不明，賣人一力承當，不干買主之事，所賣所受，两相情愿，並無債貨準折逼抑等情，恐口难信，故立賣田契付與買主永遠為據。

咸豐拾壹年弍月卅日　立賣田契人　蔡有利

在塲母　余氏

在塲伯　其培

叔　其郎

凂中　張文福

代筆　李盛興

立賣田契人劉玉魁今因錢粮無办自情愿將自置有民田壹處坐落松邑二十一都夫人廟庄山頭土名五丈臺王住屋后安着計田大小弍坵其田上至王住荒地下至王姓荒地左至王姓坟山右至張王兩姓田為界今俱四至分明計額弍分正併及田頭地塝樹木雜木一應在內自情愿托凭中親立文契出賣與玉庭兄邊入手承買為業當日凭中三面言斷目值時價洋銀捌元正其洋銀即日隨契兩相交付足訖不少分厘其田自賣之後任凭買主推收過戶起耕改佃完粮耕種收租管業未賣之上并無文墨重典交加既賣之後以內外伯叔兄弟並無干碍如有上手來歷不明賣人自己一力承當不涉買主之事愿賣應買兩相情愿各無反悔一賣千休並無過割之理恐口難凭故立賣田契付與買主永遠管業為據

光緒三年六月初七日

立賣田契人 劉玉魁（押）

見中 石場胞弟 玉寶（押）

見中 王光洪（押）

代筆 劉翰卿（押）

立杜找斷截田契人劉玉魁目前與玉庭兄邊交有民田壹契坐落松邑二十一都夫人廟庄山頭小土名五丈臺王住屋后安着其田畝分界至前有正契載明今因粮迫請託原中前來向郭業主找過契外洋銀壹元正其洋銀即日隨找契兩相交付

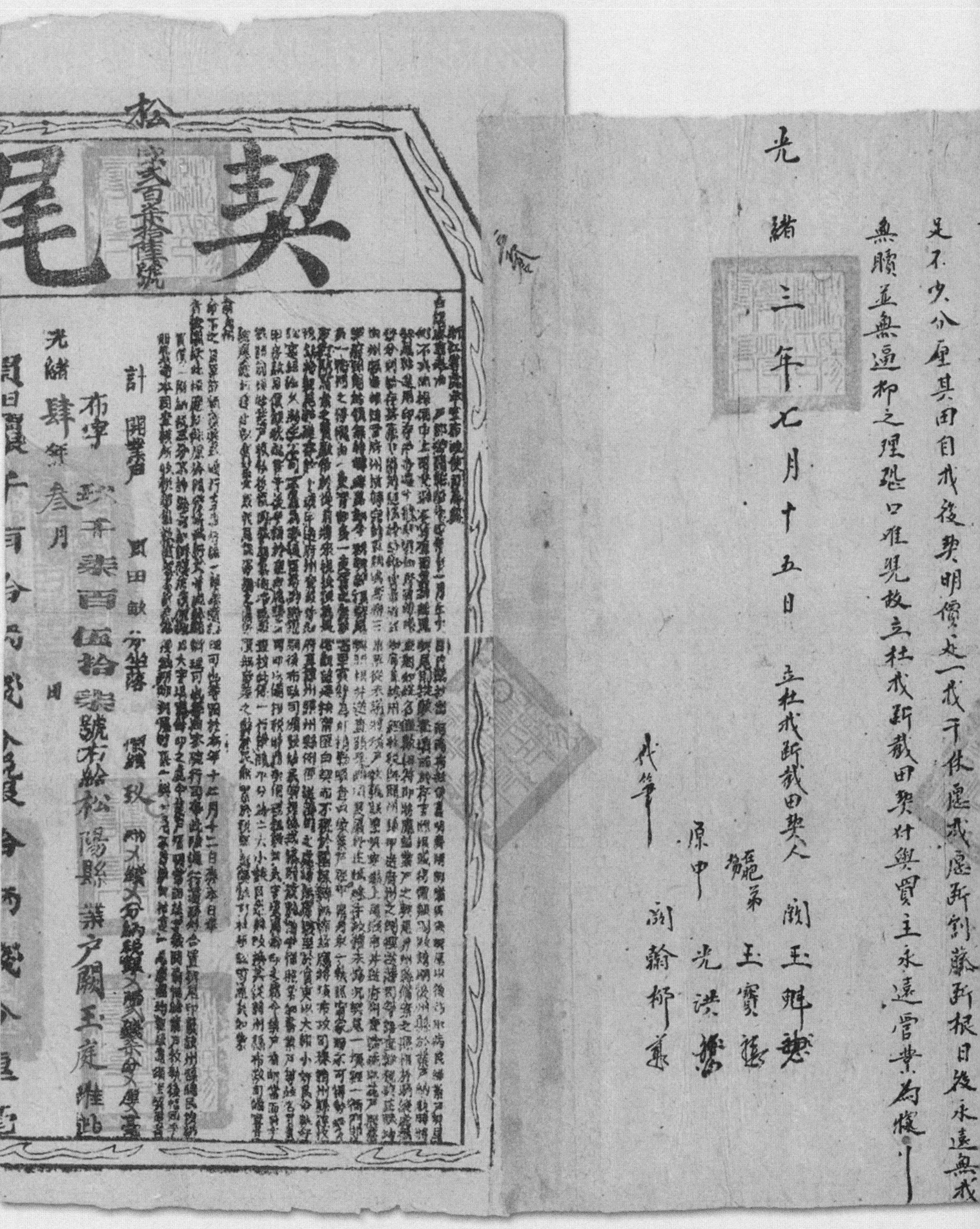

足不少分厘其田自戍後契明價足一戍千休愿戍愿斷割藤斷根日後永遠無找無贖並無返柳之理恐口難憑故立杜戍斷截田契付與買主永遠管業為據

光緒三年七月十五日

立杜戍斷截田契人　闕玉鮮

在場胞弟　玉寶

原中　光洪

代筆　闕翰柳

契尾

松字貳百叁拾肆號

光緒肆年叁月　日

布字　號布給松陽縣業戶闕玉庭　准此

（前頁）>>>>>

立賣田契人闕玉魁，今因錢粮無办，自情愿将自置有民田壹處，坐落松邑二十一都夫人庙庄山頭，土名五大臺王姓屋后安着，計田大小弍坵，其田上至王姓荒地，下至王姓荒地，左至王姓坟山，右至張、王两姓田為界，今俱四至分明，計額弍分正，併及田頭地角，柏樹雜木，一應在內，自情愿托凂中親立文契，出賣與玉庭兄邊入手承買為業，當日凂中三面言断，目直時價洋銀捌元正，其洋銀即日隨契两相交付足訖，不少分厘，其田自賣之後，任凂買主推收過户，起耕改佃，完粮耕種，收租管業，未賣之（先），上手並無文墨重典交加，既賣之後，以［與］內外伯叔兄弟並無干碍，如有上手来歷不明，賣人自己一力承當，不涉買主之事，愿賣愿買，两相情愿，各無反悔，一賣千休，並無逼抑之理，恐口难凂，故立賣田契付與買主永遠管業為據。

光緒三年六月初七日　立賣田契人　闕玉魁

在塲胞弟　玉賨

凂中　王光洪

代筆　闕翰柳

（前頁）>>>>>

立杜找断截田契人闕玉魁，日前與玉庭兄邊交有民田壹契，坐落松邑二十一都夫人庙庄山頭，小土名五大臺王姓屋后，安着其田，畝分界至，前有正契載明，今因粮迫，請託原中前来向勸業主，找過契外洋銀壹元正，其洋銀即日隨找契两相交付足（訖），不少分厘，其田自找後，契明價足，一找千休，愿找愿断，割藤断根，日後永遠無找無贖，並無逼抑之理，恐口难凴，故立杜找断截田契付與買主永遠管業為據。

光緒三年七月十五日　立杜找断截田契人　闕玉魁

在塲胞弟　玉寶

原中　光洪

代筆　闕翰柳

（契尾，光緒肆年叁月）

立賣田契人闕玉勲今因钱粮無办自情愿將祖父遺下分己阄内民田壹處坐落松邑二十一
都夫人庙庄土名東天下小土名火烧坪直窩遶下叁長横止安着民田其田上至闕姓田下至闕
姓田左至水圳併坑壠右至山為界又坐落左手片斜窩田壹處上至闕姓田下至坑壠左至闕姓田
併路右至闕姓田併小坑為界今俱四至分明計額弍畝正併及田頭墈脚樹雜木一應在内自
愿托中立契出賣與玉庭兄邊入手承買為業當日凴中三面言断日直時價洋銀陸拾弍
元正其洋銀即日随契當中交付足訖不少分厘其田自賣之後任凴買主推收過户起耕
改佃完粮收租管業未賣之先上手並無文墨重典交加既賣之後以内外伯叔兄弟並
無干碍如有上手来歷不清賣人自己一力承當不涉買主之事愿賣愿買兩相情愿各無
恠悔一賣千休並無返悔之理恐口难凴故立賣田契付與買主永遠管業為照——

光緒四年二月十九日　立賣田契人　闕玉勲（押）

李盛安（押）

凴中　闕執聰（押）

代筆　闕翰卿（押）

立找断截田契人闕玉勲日前與玉庭兄邊交有民田壹契坐落松邑二十一都夫人庙庄土名
東天下小土名火烧坪直窩遶下叁長横止民田壹處其田畝分界至前有正契載明今因
粮廹請託原中前来向勸業主找過契外洋銀捌元正其洋銀即日随找契兩相交付足訖
不少分厘其田自找之後契明價足一找千休割藤断根日後永遠無找無贖並無返

光緒四年六月十三日立戒斷戢田契人

闕玉勳

原中　李盛安

劉軌堒捷

代筆　劉翰柳薦

柳之理愿□□唯現故立戒斷裁田契什與買主永遠營業為據□

契

松字叄百拾壹號

光緒伍年叄月

計開業戶

布字壹千壹百貳拾伍

松陽縣業戶闕玉庭

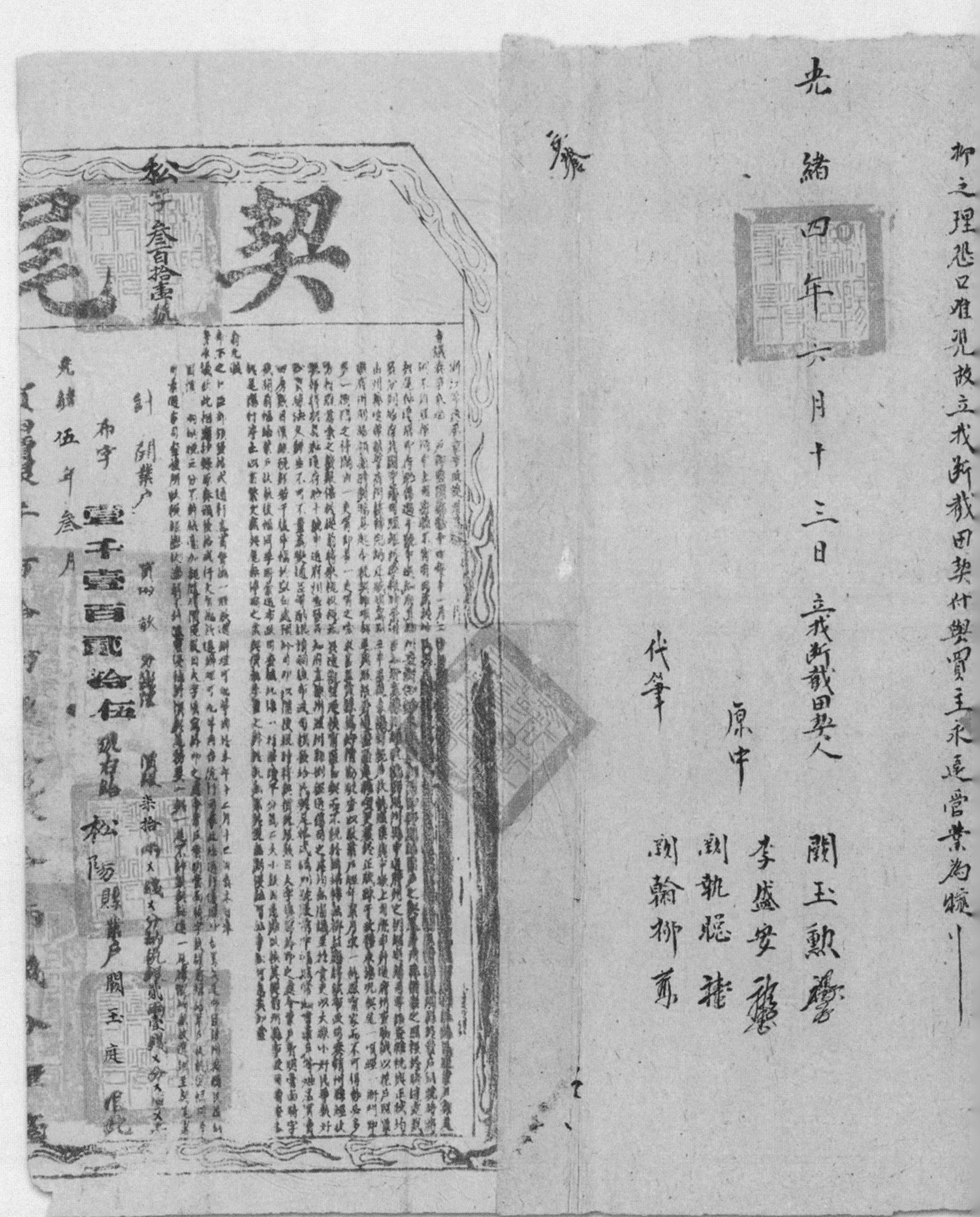

（前頁）>>>>>

立賣田契人闕玉勳，今因錢粮無办，自情愿将祖父遺下分己阄内民田壹處，坐落松邑二十一都夫人庙庄，土名東天下，小土名火烧坪直窝透下叁長横止，安着民田，其田上至闕姓田，下至闕姓田，左至水圳併坑壠，右至山為界，又坐落左手片斜窝，田壹處，上至闕姓田，下至坑壠，左至闕姓田併路，右至闕姓田併小坑為界，今俱四至分明，計額式畝正，併及田頭（地）角，柏樹雜木，一應在内，自愿托中立契，出賣與玉庭兄邊入手承買為業，當日凴中三面言断，目直時價洋銀陸拾式元正，其洋銀即日隨契當中交付足訖，不少分厘，其田自賣之後，任凴買主推收過户，起耕改佃，完粮收租管業，未賣之先，上手並無文墨重典交加，既賣之後，以［與］内外伯叔兄弟並無干碍，如有上手来歷不清，賣人自己一力承當，不涉買主之事，愿賣愿買，两相情愿，各無反悔，一賣千休，並無逼抑之理，恐口难凴，故立賣田契付與買主永遠管業為據。

光緒四年二月十九日　立賣田契人　闕玉勳

凴中　李盛安

闕執聪

代筆　闕翰柳

（前頁）>>>>>

立找断截田契人闕玉勳，日前與玉庭兄邊交有民田壹契，坐落松邑二十一都夫人庙庄，土名東天下，小土名火烧坪直窝透下叁長横止，民田壹處，其田畝分界至，前有正契載明，今因粮迫，請託原中前来向勸業主，找過契外洋銀捌元正，其洋銀即日隨找契两相交付足訖，不少分厘，其田自找之後，契明價足，一找千休，割藤断根，日後永遠無找無贖，並無逼抑之理，恐口难凴，故立找断截田契付與買主永遠管業為據。

光緒四年六月十三日　立找断截田契人　闕玉勳

原中　李盛安

闞執聪

代筆　闞翰柳

（契尾，光緒伍年叁月）

立杜找断截契人闕玉裔原因日前與玉庭兄邊交有民田壹處坐落
二十一都茶排庄小土名中心崗安着共田貳坵計租柒桶正其界至
畝分前有正契載明今因乏用仍托原中向與玉庭兄邊找過契外
洋銀貳員正其找洋銀即日當中交付足訖不少分文自找之後任
憑買主兄邊割糧過户收租管業至於田頭地塝柏樹雜木一應在内
如有上手来歷不明立找契人一力承當不干買主之事一找千休永無
反悔等情恐口難信故立找契為據

光緒四年十弍月二十二日　立找契人闕玉裔

在見胞兄闕玉裕

在場憑中闕玉善

依口代筆闕玉鏣

（前頁）>>>>>

立杜找断截契人闕玉裔，原因日前與玉庭兄邊交有民田壹處，坐落二十一都茶排庄，小土名中心崗安着，共田貳坵，計租柒桶正，其界至畝分，前有正契載明，今因乏用，仍托原中向與玉庭兄邊找過契外洋銀貳員正，其找洋銀即日當中交付足訖，不少分文，自找之後，任憑買主兄邊割糧過户，收租管業，至於田頭地角，柏樹雜木，一應在內，如有上手来歷不明，立找契人一力承當，不干買主之事，一找千休，永無反悔等情，恐口難信，故立找契為據。

光緒四年十弍月二十二日　立找契人　闕玉裔

在見胞兄　闕玉裕

在場凴中　闕玉善

依口代筆　闕玉鏕

立换田契人阙玉京今因管业不便愿将自置民田壹处坐落本都庄小土名水缸塆安着上至阙姓田下至天后宫田左至天后宫田右至阙姓田为界又毗连屋谿门口田壹处上至阙姓田下至阙姓田左至阙姓田右至坑墈为界并及田头地堉一应在内共计数三分共计田价铜钱陆拾陆千文正将田式处托中立契出换与本家阙玉庭兄边入受为业当日换得玉庭兄田壹处坐落本都庄小土名后门湮直塘边安着东北至墙脚南至祖父名下菜地西至菜地自己田为界又后处杉树岙田一根式坵上至阙姓田下至茶山左至小路右至山为界并及田头地堉一座在内共计数式分共计田价铜钱肆拾肆千文正除对换外收过玉庭兄贴来铜钱式拾式千文正现经收讫以昭平允自换之后各执换契管业任凭架造修整各无异言此系清静物业并无重典交易者情如有来历不明各自承遥钱粮各自完纳一换为准永无返悔恐口无凭故立换田契为据

光绪五年十二月二十五日　立换田契人阙玉京（押）

见换　阙俊贤（押）
　　　阙佳贤（押）

代笔　阙雨香（押）

立换大吉

（前頁）>>>>>

立换田契人闕玉京，今因管業不便，愿将自置民田壹處，坐落本都庄，小土名水缸塆安着，上至闕姓田，下至天后宫田，左至天后宫田，右至闕姓田為界，又毗連瓦窑门口田壹處，上至闕姓田，下至闕姓田，左至闕姓田，右至坑壠為界，并及田頭地角，一應在内，共计额三分，共计田價銅錢陆拾陆千文正，将田弍處托中立契，出换與本家闕玉庭兄邊入受為業，當日换得玉庭兄田壹處，坐落本都庄，小土名后门湾魚塘邊安着，東北至墻脚，南至祖父名下菜地，西至京记自己田為界，又该處杉樹岭田一横弍担，上至闕姓田，下至茶山，左至小路，右至山為界，并及田頭地角，一应在内，共计额弍分，共计田價銅錢肆拾肆千文正，除對换外，收過玉庭兄貼来銅錢弍拾弍千文正，現經收讫，以昭平允，自换之後，各執换契管業，任憑架造修整，各無異言，此係清静［淨］物業，並無重典文墨等情，如有来歷不明，各自承認，錢粮各自完纳，一换為准，兩無反悔，恐口無憑，故立换田契為據。

光绪五年十二月二十五日　立换田契人　闕玉京

見换　闕俊賢

闕佳贤

代筆　闕雨香

立賣田契人劉起賠今因錢粮無办自情愿將父手遺下分己翻内民田壹處坐落松邑二十一都夫人廟庄上后金安着民田壹處上至劉姓田下至劉姓田併及路左至劉姓田右至劉姓田為界今俱四至分明計額伍分正共計田大小弍坵正併及田頭地角桕樹食茶雜木一應在内自愿託中親立文契出賣與玉庭叔入手承買為業當日憑中三面言斷目值時價洋銀肆拾弍元正其洋即日隨契當中交付足訖不少分厘其田自賣之後任憑買主推收過户起耕改佃完粮耕種收租管業未賣之先上手並無文墨重典交加既賣之後以内外親房伯叔兄弟子侄並無干碍如有上手來歷不清賣人自己一力承當不干買主之事愿賣愿買兩家心愿各無返悔一賣千休並無通柳之理恐口難憑故立賣田契付與買主永遠管業為據

光緒六年九月二十六日　立賣田契人　劉起賠（押）

在場胞兄　起彩（押）　起明（押）

憑中　王秀（押）

代筆　劉翰柳（押）

立找斷截田契人劉起晧日前與王庭权邊交有民田壹契坐落松邑二十一都夫人廟庄上后金安着其田界至畝分前有正契載明原因粮食無力請託原中前来向鄭权邊找過契外洋銀叁元正其田自找之後契明價足一找干休愿找愿斷割藤斷根日後永遠無找無贖並無還抑之理恐口難凴故立找斷截田契付與買主永遠管業為照

光緒六年十二月十六日　立找斷截田契人　劉起晧（押）

在場　胞兄　起彩（押）

起明（押）

原中　潘翰明

王秀（押）

代筆　劉翰柳（押）

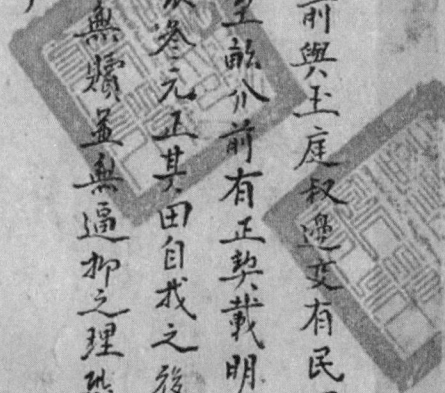

（前頁）>>>>>

立賣田契人闕起晧，今因錢粮無办，自情愿将父手遺下分己阄内民田壹處，坐落松邑二十一都夫人庙庄上后金，安着民田壹處，上至闕姓田，下至闕姓田併及路，左至闕姓田，右至闕姓田為界，今俱四至分明，計額伍分正，共計田大小弍坵正，併及田頭地角，柏樹食茶雜木，一應在内，自愿託中親立文契，出賣與玉庭叔入手承買為業，當日凴中三面言断，目直時價洋銀肆拾弍元正，其洋即日隨契當中交付足訖，不少分厘，其田自賣之後，任凴買主推收過户，起耕改佃，完粮耕種，收租管業，未賣之先，上手並無文墨重典交加，既賣之後，以［與］内外親房伯叔兄弟子侄並無干碍，如有上手来歷不清，賣人自己一力承當，不干買主之事，愿賣愿買，两家心愿，各無反悔，一賣千休，並無逼抑之理，恐口難凴，故立賣田契付與買主永遠管業為據。

光緒六年九月二十六日　立賣田契人　闕起晧

在場胞兄　起彩

起明

凴中　玉秀

代筆　闕翰柳

（前頁）>>>>>

立找断截田契人闕起晧，日前與玉庭叔邊交有民田壹契，坐落松邑二十一都夫人庙庄上后金，安着其田，界至畝分，前有正契載明，原因粮食無办，請託原中前来向勸叔邊找過契外洋銀叁元正，其田自找之後，契明價足，一找千休，愿找愿断，割藤断根，日後永遠無找無贖，並無逼抑之理，恐口難憑，故立找断截田契付與買主永遠管業為據。

光緒六年十二月十六日　立找断截田契人　闕起晧

在場胞兄　起彩

起明

原中　潘翰明

玉秀

代筆　闕翰柳

係

立賣田契人闕翰兆今因錢粮無办自情愿將父手遺下分己閣内民田壹處坐落松邑二十一都茶排庄小土名水角塆安着上至闕姓田下至闕姓田左至并路右至闕姓田為界今俱四至分明計額粮壹畆五分正自愿托中立契出賣本家玉庭侄邊入手承買為業當日憑中三面言斷時值田價洋銀玖拾伍元正其錢即日交清足訖不少個文自賣之後任憑買主推收過户入册办粮起耕改佃收租管業原係日先未賣並無文墨重典交價與内外房親伯叔兄弟子侄人等並無干碍如有上手來歷不明賣人一力承當不干買主之事愿賣愿買两家情愿各無反悔退抑并折債貨之故一賣千休割籐斷耕賣人無得異言阻執恐口無憑故立賣田契付與買主子孫永遠管業為據

光緒柒年十二月十六日立賣田人闕翰兆

胞弟 翰瓊

憑中 翰吉

侄 玉信

玉根

代筆 胞弟 翰堂

（前頁）>>>>>

立賣田契人闕翰兆，今因錢粮無办，自情愿将父手遺下分己阄内民田壹處，坐落松邑二十一都茶排庄，小土名水崗埼安着，上至闕姓田，下至闕姓田，左至并路，右至闕姓田為界，今俱四至分明，計額粮壹畒五分正，自愿托中立契，出賣本家玉庭侄邊入手承買為業，當日憑中三面言断，時值田價洋銀玖拾伍元正，其錢即日交清足訖，不少個文，自賣之後，任凴買主推收過户，入册办粮，起耕改佃，收租管業，原係日先未賣，並無文墨重典交價［加］，與内外房親伯叔兄弟子侄人等並無干碍，如有上手来歷不明，賣人一力承當，不干買主之事，愿賣愿買，两家情愿，各無反悔逼抑準折債負之故，一賣千休，割藤断耕［根］，賣人無得異言阻执，恐口無凴，故立賣田契付與買主子孫永遠管業為據。

光緒柒年十二月十六日　立賣田人　闕翰兆

胞弟　翰瓊

凴中　翰吉

侄　玉信

玉銀

代筆胞弟　翰堂

立賣田契字人闕玉柯今因無錢應用自情愿將祖父手遺下分己圖內民田壹處坐落松邑念壹都后宅庄小土名大嶺口屋对面壜霸子裏坑邊安着上至竹山下至依姓田左至坑右至闕姓田依姓田為界今俱四至分明托中親立文契與馮恆茂蘭茂水茂兄弟三人為業三面言斷目值时價銅錢壹拾陆千文正計額柒分正其錢即日隨字付清足訖不少分文任憑买主完粮收租起耕改佃管業此業原因清爭之業日前並無文墨加找等情如有上手来歷不明賣人一力承當不干买主之事自賣之後與房親伯叔兄弟子侄人等無得異言阻執愿买愿賣兩家情愿各無飯悔逼抑等情一賣千休日後永無找無贖如有坊坪地坤及茶桕木淨归與馮姓管業恐口無憑故立賣田契字永遠為據

光緒拾貳年拾壹月貳拾五日立賣田契字人闕玉柯（押）

在場中人 闕玉信（押）

馮玉林（押）

代筆胞兄闕玉騰（押）

立找斷絕契字人闕玉柯今因錢用不給托原中相勸業主與馮恆茂蘭茂水茂兄弟三人找出契外銅錢貳仟伍百文其錢即日隨字付清足訖不少分文自找之後日后永無找無贖

一找干休割藤断根两相情愿日後附[illegible][illegible][illegible]永远管業

而闕邊無阻恐口無信故立找断绝契字爲據

光绪拾叁年弍月初九日立找断绝契字人闕玉柯

原中闕玉信

馮玉林

代筆胞兄闕玉騰

契

字　號

計開

買田畝　分　釐　毫

價銀肆拾兩

光緒拾肆年　月　日

柒千伍百肆拾壹號

松陽縣業户　馮德茂

（前頁）>>>>>

立賣田契字人闕玉柯，今因無錢应用，自情愿将祖父手遺下
分己阄内民田壹處，坐落松邑念壹都后宅庄，小土名大嶺口
屋对面壩子裏坑邊安着，上至竹山，下至张姓田，左至坑，右至闕
姓田、张姓田为界，今俱四至分明，托中親立文契，与馮德茂、蘭茂、
水茂兄弟三人为業，三面言断，目值时價銅錢壹拾陆千文正，计
額柒分正，其錢即日随字付清足讫，不少分文，任凴買主完粮收
租，起耕改佃管業，此業原因清净之業，日前並無文墨加交等情，
如有上手来歷不明，賣人一力承当，不干買主之事，自賣之後，与房
親伯叔兄弟子侄人等無得異言阻执，愿買愿賣，两家情愿，各無反
悔逼抑等情，一賣千休，日後永無找無贖，如有坊［荒］坪地角，食茶柏木，
净归与馮姓管業，恐口無凴，故立賣田契字永遠为據。

光绪拾弍年拾壹月弍拾五日　立賣田契字人　闕玉柯
在場中人　闕玉信
馮玉林
代筆胞兄　闕玉騰

（前頁）>>>>>

立找断绝契字人闕玉柯，今因錢用不給，托原中相勸業主
与馮德茂、蘭茂、水茂兄弟三人找出契外銅錢肆仟伍百文，
其錢即日随字付清足讫，不少分文，自找之後，日后永無找無贖，
一找千休，割藤断根，两相情愿，日後附与馮姓永遠管業，
与闕邊無涉，恐口無信，故立找断绝契字为據。
光绪拾叁年弍月初九日　立找断绝契字人　闕玉柯
原中　闕玉信
馮玉林
代筆胞兄　闕玉騰

（契尾，光緒拾肆年肆月）

立賣田契人闕翰修仝侄玉京等今因錢用不給自情愿將祖父手遺下分己阄內民田壹處坐落松邑念壹都后宅庄大嶺后小土名屋对面崀子下安着上至闕姓田下至闕兩姓田左至買主田右至坑為界今俱四至分明計額捌分正托中出賣與馮治茂蘭茂水茂兄弟三人為業三面言斷目值時價艮洋拾陸元正其洋即日隨字付清不少分文此田日前並無文墨交加等情自賣之後與房親伯叔兄弟子侄人等無涉上手如有來歷不明賣人一力承當不干買主之事再者四至界內坊平地角棕杉雜木凈歸與馮边受業賣人無得異言阻執其田任憑馮边起耕改佃愿買愿賣兩相情愿各無悔悔逼抑等情恐口無信故立賣田契字為據

內注崀子下三字再照

光緒拾叁年拾壹月廿拾陸日 仝侄 立賣田契人 闕翰修（押）

闕玉京（押）

見中人 闕玉信（押）

闕麗賢（押）

馮藍生（押）

代筆 闕玉騰（押）

立我杜截契人闕楷修仝姪玉京等自前向馮啟茂闕茂水茂兄弟
三人交易民田壹處坐落松邑念壹都后宅庄大岙后小土名屋對面崀
子下田壹處正契畝額四至俱已再明今因錢用不給再托原中我出契外
良洋叁元捌角正其洋隨我付清不少分文自我之后各無反悔逼
抑等情此仝截木割藤斷根永無找無贖恐口無憑故立我杜
截契為據

内注田字再照

光緒拾叁年拾弍月弍拾四月立我杜截契人仝姪　闕楷修（押）

闕玉京（押）

原中　闕玉信（押）

闕麗賢（押）

馮藍生（押）

代筆　闕玉騰（押）

(前頁)>>>>>

立賣田契人闕翰修仝侄玉京等，今因錢用不給，自情愿将祖父手
遺下分己阄内民田壹處，坐落松邑念壹都后宅庄大嶺后，小
土名屋对面崀子下安着，上至闕姓田，下至张、闕两姓田，左至買主田，右至坑为界，
今俱四至分明，计额捌分正，托中出賣与馮德茂、蘭茂、水茂兄弟三
人为業，三面言断，目值时價银洋拾陆元正，其洋即日随字付清，
不少分文，此田日前並無文墨交加等情，自賣之後，与房親伯叔兄弟子
侄人等無涉，上手如有来歷不明，賣人一力承当，不干買主之事，再者
四至界内，坊［荒］平地角，棕杉雜木，净归与馮边管業，賣人無得異言
阻执，其田任凴馮边起耕改佃，愿買愿賣，两相情愿，各無反悔逼
抑等情，恐口無信，故立賣田契字为據。

内注崀子下三字，再照。

光绪拾叁年拾壹月弍拾陆日　仝侄立賣田契人　闕翰修

闕玉京

見中人　闕玉信

闕麗賢

馮藍生

代筆　闕玉騰

（前頁）>>>>>

立找杜截契人闕翰修仝侄玉京等，日前与馮德茂、蘭茂、水茂兄弟三人交易民田壹处，坐落松邑念壹都后宅庄大岭后，小土名屋对面良子下，田壹处，正契畝額四至俱已再［載］明，今因錢用不给，再托原中找出契外银洋叁元捌角正，其洋随找付清，不少分文，自找之後，各無反悔逼抑等情，如仝截木，割藤断根，永無找無贖，恐口無凴，故立找杜截契为據。

内注田字，再照。

光绪拾叁年拾弍月弍拾四月［日］　立找杜截契人仝侄　闕翰修

闕玉京

原中　闕玉信

闕麗賢

馮藍生

代筆　闕玉騰

立賣田契人闕玉連今因錢粮無办自情愿將自置民田坐落松邑廿壹都后
宅庄小土名大岺口上塅子伯公窩安着田叁處其田上壹處上至闕姓田下
至馮姓田左至山右至竹山為界又下處田壹處上至馮姓田下至馮姓田左至
坑右至馮姓田為界又下處田壹處上至馮姓田下至馮姓田左至坑右至水圳
為界並及田頭地塝松杉雜木一應在內計額貳畝正今俱四至分明託中
立契出賣與馮德茂蘭茂水茂三人同入手承買為業當日憑中三面言斷
目值時價洋銀肆拾玖元正其洋銀即日隨契付清不少分文其田未賣之先
上手並無文墨典當如有上手來歷不明賣人一力承當不涉買主之事既賣
之後與房親伯叔兄弟子侄人等並無干碍任憑買主起耕改佃推收過戶收
租完粮管業賣人不得異言阻執愿賣愿買此出兩相情愿永無找贖一賣
干休各無反悔等情恐口難信故立賣田契字付與買主子孫永遠為據

大清光緒拾肆年拾月拾陸日立賣田契人闕玉連（押）

胞兄在見 玉來（押）
玉信（押）
玉對（押）

原中 謝闕良（押）
馮蘭生（押）

代筆　闕起朋（押）

立找断截田契人闕玉連原因日先與馮德茂、蘭茂、水茂三人交易石民田坐落松邑廿壹都后宅庄小土名大峇口伯公窩安着田叁處其田畝分界至粮額前有正契載清如今再托原中相前面勸業主找過其外洋銀柒元正其洋銀即日隨契付清不少分文其田既賣之後契明價足不得異言任憑買主起耕改佃推收過戶收租完粮管業一找千休割藤断根永無找贖愿找愿断此出兩相情愿各無反悔等情恐口難信故立找断截田契字付與買主子孫永遠管業為據

大清光緒拾肆年拾貳月十四日立找断截田契人闕玉連（押）

在見胞兄　玉來（押）

玉信（押）

原中　玉對（押）

謝

闕良（押）

依口代筆　闕起朋（押）

（前頁）>>>>>

立賣田契人闞玉連，今因錢粮無办，自情愿將自置民田，坐落松邑廿壹都后宅庄，小土名大岭口上塅子伯公窝，安着田叁處，其田上壹處，上至闞姓田，下至馮姓田，左至山，右至竹山為界，又下處田壹處，上至馮姓田，下至馮姓田，左至坑，右至馮姓田為界，又下處田壹處，上至馮姓田，下至馮姓田，左至坑，右至水圳為界，並及田頭地角，松杉雜木，一應在內，計額貳畝正，今俱四至分明，託中立契，出賣與馮德茂、蘭茂、水茂三人同入手承買為業，當日憑中三面言断，目值時價洋銀肆拾玖元正，其洋銀即日隨契付清，不少分文，其田未賣之先，上手並無文墨典當，如有上手來歷不明，賣人一力承當，不涉買主之事，既賣之後，與房親伯叔兄弟子侄人等並無干碍，任憑買主起耕改佃，推收過户，收租完粮管業，賣人不得異言阻執，愿賣愿買，此出两相情愿，永無找贖，一賣千休，各無反悔等情，恐口難信，故立賣田契字付與買主子孫永遠為據。

大清光緒拾肆年拾月拾陸日　立賣田契人　闞玉連

胞兄在見　玉來

玉信

玉對

原中　謝關良

馮蘭生

代筆　闞起朋

（前頁）>>>>>

立找断截田契人闕玉連，原因日先與馮德茂、蘭茂、水茂三人交易有民田，坐落松邑廿壹都后宅庄，小土名大岭口伯公窝，安着田叁處，其田畝分界至粮額，前有正契載清，如今再托原中相前面勸業主找過契外洋銀柒元正，其洋銀即日隨契付清，不少分文，其田既賣之後，契明價足，不得異言，任憑買主起耕改佃，推收過戶，收租完粮管業，一找千休，割藤断根，永無找贖，愿找愿断，此出两相情愿，各無反悔等情，恐口難信，故立找断截田契字付與買主子孫永遠管業為據。

大清光緒拾肆年拾貳月十四日　立找断截田契人　闕玉連

在見胞兄　玉來

玉信

原中　玉對

謝闕良

依口代筆　闕起朋

立賣荒坪字人謝有富今因無錢應用自
情愿將有荒坪有處坐落松邑廿一都后
宅庄大嶺后小土名屋對面伯公上手安着
荒坪壹處上至闕姓田下至買人自己田左
至小路右至堪為界四至界内併及茶棕襍
木應在内今俱四至分明自愿託中立字出賣
與馮藍茂入手承買為業當日憑中三面
言斷日值時價銅錢八伯文正其錢即日
隨字交付足訖不少分文其荒坪任憑馮边管
業賣人不得異言阻批房親兄弟人等並無
干碍如有來歷不明賣人一力承當不涉買
主之事一賣千休永遠割斷無找無贖等情
愿賣愿買兩相情愿並無逼勒之理恐口难
信立賣荒坪字為據
一批長生坟地壹穴不在内再照
光緒貳拾貳年四月廿五日立賣荒坪字謝有富○

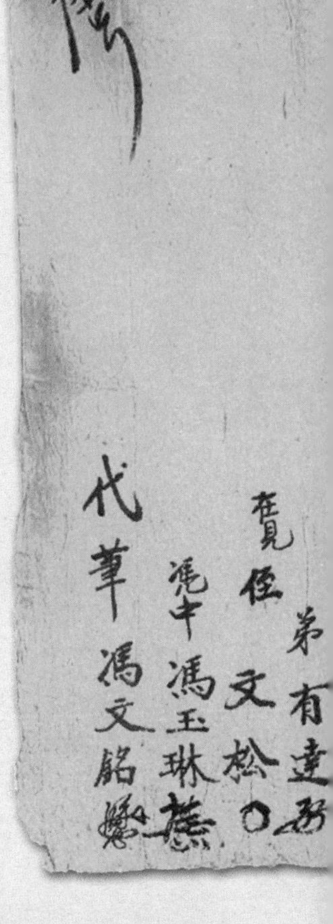

立賣荒坪字人謝有富，今因無錢應用，自情愿将有荒坪有［壹］處，坐落松邑廿一都后宅庄大嶺后，小土名屋對面伯公上手，安着荒坪壹處，上至闕姓田，下至買人自己田，左至小路，右至塴為界，四至界內，併及茶棕雜木，（一）應在內，今俱四至分明，自愿託中立字，出賣與馮藍茂入手承買為業，當日憑中三面言断，目值時價銅錢八伯文正，其錢即日隨字交付足訖，不少分文，其荒坪任憑馮边管業，賣人不得異言阻执，（與）房親兄弟人等並無干碍，如有來歷不明，賣人一力承當，不涉買主之事，一賣千休，永遠割断，無找無贖等情，愿賣愿買，兩相情愿，並無逼勒之理，恐口难信，立賣荒坪字為據。

一批長生坟地壹穴不在內，再照。

光緒貳拾貳年四月廿五日　立賣荒坪字　謝有富

在見弟　有達

侄　文松

凴中　馮玉琳

代筆　馮文銘

立賣断截田契人張貴賢、棟賢『仝』，今因錢粮無办，自情愿将父手分己閹内民田壹處，土名坐落松邑廿一都后宅庄大嶺后，小土名竹圓頭，安着水田壹處弍横，共田三坵，其田上至文佑田，下至文佑田，左至路，右至山為界，今俱四至分明，併及界内田頭地角，一應在内，計額捌分正，自愿托中立契，出賣與馮藍茂入手承買為業，當日憑中三面言断，目值時價英洋弍拾元九角正，其洋即日隨契交付足（訖），不少分文，其田自賣之後，任凭買主执契推收，過户完粮，起耕改佃，收租管業，賣人不得異言阻执，如有上手来歷不明，賣人一力承當，不涉買主之事，一賣千休，契断價足，永遠無找無贖等情，愿賣愿買，两相情愿，並無逼抑之理，各無反悔，恐口难信，今欲有凭，立賣田契為據。

光緒弍拾二年拾壹月廿九日　立賣田契人　張貴賢

元〔原〕中　馮玉琳

見字　張順賢

馮水茂

親筆　張棟賢

立送户票字人馮德茂，今因自
己户推出明〔民〕粮伍分正，入與藍茂
户内完納，不得丟漏，立送户票字
『人』為據。
光緒念捌年拾月初五日　立送人　馮德茂
代筆叔　　藍生

立退斷絕田契字人馮德茂今因錢粮無办自情愿將自置民田壹處土
名坐落松邑念壹都后宅庄大顧后小土名槽碓頭安着水田壹處 其田上
至謝姓垅坪下至水茂垅坪併出退人自己田 左至生茂茶山併張姓田右至謝姓
垅坪併水茂田為界今俱四至分明計額伍分正併反界內垅坪地塝食茶掠粗
壹應在內立字出退與本家弟边盛茂入手承買為業當日三面言 斷時值田
價英洋貳拾壹元正其洋即日隨契交付足訖不少分厘其田字退之後任凭
弟边推收過户完粮起耕改佃收租耕種管業兄边不敢異阻执如有上手来歷不
明出退人壹力承當不涉買主之事愿退愿受兩相情愿各無反悔壹退扦休
割藤斷根永無找贖併無逼勒等情恐口難信今欲有凭故立退田契付與
弟边永遠管業為據

光緒念捌年拾月初五日立退田契字人馮德茂

驗契執照

浙江財政廳為給發驗契執照事今據 縣業户
馮盛茂將坐落[illegible]契稅百分之二 畝 分 釐 毫
總舊契一紙呈請驗契並照章繳查驗費銀圓
[illegible]
[illegible]有 產册第 册第 頁外合
將[illegible]以為查驗[illegible]須至執照者

中華民國 年 月 日 縣知事

第

立退断絕田契字人馮德茂等，今因錢粮無办，自情愿將自置民田壹處，土名坐落松邑念壹都后宅庄大領［嶺］后，小土名槽碓頭，安着水田壹處，其田上至謝姓荒坪，下至水茂荒坪併出退人自己田，左至生茂茶山併張姓田，右至謝姓荒坪併水茂田為界，今俱四至分明，計額伍分正，併及界內荒坪地角，食茶棕柏，壹應在內，立字出退與本家弟边藍茂入手承買為業，當日三面言断，時直田價英洋貳拾壹元正，其洋即日隨契交付足訖，不少分厘，其田字［自］退之後，任凴弟边推收過户，完粮起耕，改佃收租，耕種管業，兄边不敢異（言）阻执，如有上手来歷不明，出退人壹力承當，不涉買主之事，愿退愿受，两相情愿，各無反悔，壹退扦［千］休，割藤断根，永無找贖，併無逼勒等情，恐口难信，今欲有凴，故立退田契付與弟边永遠管業為據。

光緒念捌年拾月初五日　立退田契字人　馮德茂

在見弟　水茂

凴中　林其章

代筆叔　藍生

立賣田契字人闕培運今因钱粮無办自情愿將祖父分己閫内民田壹處坐落松
邑廿一都夫人廟庄小土名桂山頭茶山脚安着上至山下至闕邊田左至闕邊田右至路為界
又湯姓山門脚田壹處上至左右俱山為界下至路為界二處四至界内田頭地閫樘樹
新木一概在内共計額壹畝正托中立契出賣與胞伯玉璉入受承買為業當日憑中
三面言斷田價英洋伍拾九元正其洋即日隨契交付足訖不少分厘其田自賣之後
任憑伯邊推收過户完粮起耕易佃収租管業日前並無半點文墨典當在外如有
來歷不明姪邊一力承當不干伯邊之事此乃正行交易兩相情愿愿賣愿買各無
反悔一賣千休永無找贖恐口無憑故立賣田契字為據

光緒式拾捌年拾一月廿八日立賣田契字人闕培運 押

在場 培選 押

培述 书

憑中 玉爐 押

玉對 押

親筆 押

（前頁）>>>>>

立賣田契字人闕培運，今因錢粮無办，自情愿將祖父分己鬮內民田壹處，坐落松邑廿一都夫人庙庄，小土名桂山頭茶山脚安着，上至山，下至闕邊田，左至闕邊田，右至路為界，又湯姓山門脚田壹處，上至左右俱山為界，下至路為界，二處四至界內，田頭地閣［角］，槿樹雜木，一概在內，共計額壹畝正，托中立契，出賣與胞伯玉瑾入受承買為業，當日憑中三面言断，田價英洋伍拾九元正，其洋即日隨契交付足訖，不少分厘，其田自賣之後，任憑伯邊推收過户，完粮起耕，易佃收租管業，日前並無半點文墨典當在外，如有來歷不明，姪邊一力承當，不干伯邊之事，此乃正行交易，兩相情愿，愿賣愿買，各無反悔，一賣千休，永無找贖，恐口無憑，故立賣田契字為據。

光緒式拾捌年拾一月廿八日　立賣田契字人　闕培運

在場　培選

培逑

憑中　玉爐

玉對

親筆

立賣塃坪字人謝文松仝弟今因無錢應用自情愿将父手遺下自己
涧内塃坪壹處坐落松邑廿一都后宅庄大嶺后小土名塓子裏槽碓
基上手安着塃坪壹處上至張姓田下至坑左至德茂田右至買人衆嘗
槽碓基爲界今具四至分明併及界内食茶棕相頂項一併在内自愿托中
立字出賣與馮藍茂入受承買爲業當日三面言断時值塃坪價英
洋壹元伍角五分正其英洋即日隨字交付足訖不少分厘其塃坪自
賣之後任憑買主開墾耕種管業賣人不敢異言阻执與内外房親伯叔
兄弟人等並無干碍如有來歷不明賣人一力承當不涉買主之事愿賣
愿買兩相情愿各無反悔壹賣仟修割藤斷根永遠無找無贖等情
恐口難信今欲有憑故立賣塃坪字人永遠爲據

光緒三拾癸年拾二月拾六日立賣塃坪字人　謝文松　○

在見叔　有達

憑中　馮有茂　○

代筆　馮發生

（前頁）>>>>>

立賣荒坪字人謝文松仝弟，今因無錢應用，自情愿将父手遺下自己阄内荒坪壹處，坐落松邑廿一都后宅庄大嶺后，小土名垻子裏槽碓基上手，安着荒坪壹處，上至張姓田，下至坑，左至德茂田，右至買人衆嘗槽碓基爲界，今俱四至分明，併及界内食茶棕柏頂［等］項，一併在内，自愿托中立字，出賣與馮藍茂入受承買爲業，當日三面言断，時直荒坪價英洋壹元伍角五分正，其英洋即日隨字交付足訖，不少分厘，其荒坪自賣之後，任憑買主開墾耕種管業，賣人不敢異言阻执，與内外房親伯叔兄弟人等並無干碍，如有來歷不明，賣人一力承當，不涉買主之事，愿賣愿買，两相情愿，各無反悔，壹賣仟修［休］，割藤断根，永遠無找無贖等情，恐口难信，今欲有憑，故立賣荒坪字『人』永遠爲據。

光緒三拾弍年拾二月拾六日　立賣荒坪字人　謝文松

在見叔　有達

憑中　馮有茂

代筆　馮發生

立賣斷截田契字人闕能福今因錢粮無办自情愿將祖父遺下己
閫内田壹坵坐落松邑念一都石倉源茶排庄小土黄眠安着民田一坵上
至大路下至買主自己屋後左至路右至天后宫田為界今俱四至分明計
額五分正請托原中立字出賣與本房玉庭叔邊入受承買為業當
日憑中三面言断日值時價銀壹拾陸両正其銀即日隨契交付清足不
少分厘其田自賣之后任憑買主推收過户完粮収租管業沿有上手來
歷不明賣人一力承當不涉買主之事原係正行交易並無逼勒準折
其田四至界内荒坪地堉茶頭雜木一應在内愿買愿賣兩相情愿各無
翻悔賣人不得異言阻执永無找贖之理恐口難信故立賣斷截田
契字人付與買主永遠管業為據

一批錢粮洋銀壹元正 賣主自己完納

光緒三十三年九月十八日立賣田契字人闕能福(押)

憑中 玉對(押)
在見 培章(押)
能樑(押)
房兄 能祿(押)
依口代筆 玉蘭(押)

（前頁）>>>>>

立賣断截田契字人闕能福，今因錢粮無办，自情愿将祖父遺下□己
閹内田壹坵，坐落松邑念一都石倉源茶排庄，小土（名）黄旺，安着民田一坵，上
至大路，下至買主自己屋後，左至路，右至天后宫田為界，今俱四至分明，计
額五分正，請托原中立字，出賣與本房玉庭叔邊入受承買為業，當
日凴中三面言断，目值時價銀壹拾陸两正，其銀即日隨契交付清足，不
少分厘，其田自賣之后，任凴買主推收過户，完粮收租管業，如有上手來
歷不明，賣人一力承當，不涉買主之事，原係正行交易，並無逼勒準折，
其田四至界内，荒坪地角，茶頭雜木，一应在内，愿買愿賣，两相情愿，各無
反悔，賣人不得異言阻执，永無找贖之理，恐口難信，故立賣断截田
契字『人』付與買主永遠管業為據。

一批錢粮洋銀壹元正，賣主自己完納。

光緒三十三年九月十八日　立賣田契字人　闕能福

凴中　玉對

在見　培章

房兄　能襟

能裕

依口代筆　玉蘭

立賣斷截茶山塲契字人闕吉理今因管業不便自情愿將祖父遺下分已股内茶山壹處坐落松邑廿一都茶排庄黄旺小土名水缸塆安着茶山壹處其茶山上至孔仙廟门前坪下至路左至陳姓坟地内手直上右至玉理田塝直上為界今俱四至分明四至界内埌坪地塝一概在内自愿托中立契出賣與本家玉庭叔公入受承買為業当日憑中三面言斷時值茶山價洋陸元正其洋即日隨契交付清楚不少分厘其茶山自賣之後任憑買主扦種蓄養收摘出賣人無得異言爭执與内外伯叔兄弟子侄人等並無逼抑等情此係自已物業如有上手来歷不明賣人一力承当不涉買主之事一賣千休和同截木永無找贖愿賣愿買兩相情愿各無反悔恐口难信故立賣斷截茶山塲契字為據

光緒叁拾叁年十月廿日

立賣斷截茶山塲契人闕吉理（押）

在塲 能福（押）

代筆 起棟（押）

立契

（前頁）>>>>>

立賣断截茶山塲契字人闕吉琞，今因管業不便，自情愿將祖父遺下分己股內茶山壹處，坐落松邑廿一都茶排庄黄旺，小土名水缸塆，安着茶山壹處，其茶山上至乱仙廟门前坪，下至路，左至陳姓坟地內手直上，右至玉瑾田角直上為界，今俱四至分明，四至界內，荒坪地角，一概在內，自愿托中立契，出賣與本家玉庭叔公入受承買為業，当日憑中三面言断，時值茶山價洋陸元正，其洋即日隨契交付清楚，不少分厘，其茶山自賣之後，任憑買主扦插籙养收摘，出賣人無得異言爭执，與內外伯叔兄弟子侄人等（無涉），並無逼抑等情，此係自己物業，如有上手来歷不明，賣人一力承当，不陟［涉］買主之事，一賣千休，如同截木，永無找贖，愿賣愿買，两相情愿，各無反悔，恐口难信，故立賣断截茶山塲契字為據。

光緒叁拾叁年十一月廿一日　立賣断截茶山塲契人　闕吉琞

在塲　能福

代筆　起棟

立賣灰寮基字人謝陳達今因無錢應用自情愿將父手遺下洵內灰寮基壹處坐落松邑廿一都大嶺后小土名糟碓頭安着上至德茂田下至路左至買人田右至買人灰寮為界今俱四至分明自愿托中立字出賣與馮金琳入受承買為業當日三面言斷木直時價英洋捌角伍分正其洋即日隨字交足不欠分厘其灰寮自賣之後任憑買主開墾耕種管業賣人不敢異言阻執與內外房親伯叔兄弟人等並無干碍如有來歷不明賣人一力承當不涉買主之事愿賣愿買兩相情愿各無反悔一賣仟休永無找贖等情恐口難信立賣灰寮基字人為據

光緒叁拾三年拾弍月拾三日立賣灰寮基字人謝陳達（押）

見字往文松 ○

憑中 馮光成（押）

依口代筆 馮發生（押）

（前頁）>>>>>

立賣灰寮基字人謝陳達，今因無錢應用，自情愿将父手遺
下阄内灰寮基壹處，坐落松邑廿一都大嶺后，小土名槽碓頭安
着，上至德茂田，下至路，左至買人田，右至買人灰寮為界，今俱四
至分明，自愿托中立字，出賣與馮金琳入受承買為業，當日三
面言断，木〔目〕直時價英洋捌角伍分正，其洋即日随字交足，不欠
分厘，其灰寮自賣之後，任憑買主闲墾耕種管業，賣人不敢
異言阻执，與内外房親伯叔兄弟人等並無干碍，如有來歷不明，
賣人一力承当，不涉買主之事，愿賣愿買，两相情愿，各無反悔，一賣
仟休，永無找贖等情，恐口难信，立賣灰寮基字『人』為據。

光緒叁拾三年拾弍月拾三日　立賣灰寮基字人　謝陳達

見字姪　文松

憑中　馮光成

依口代筆　馮發生

立賣斷截田契字人闕起翠今因無錢應用自情愿將
自手置有民田壹處坐落松邑弍十一都石倉源茶排庄小土
名水崗塆安着其田上至闕姓田下至闕姓田左至闕姓田右至
闕姓田為界今俱四至分明并及田頭地角柏樹雜木一應在內
計額七分五厘正自愿托中立契出賣與家叔闕玉庭入受承買為
業三面言斷目直時價洋銀捌拾壹元正其洋即日付訖不少分厘
其賣之後任憑買主過户完粮執契收租管業與內外伯叔兄弟子
侄人等並無干碍如有来歷不清賣人一力承當不涉買主之事一賣
千收永無找贖之理愿賣愿買此係兩相情愿各無反悔等情恐
口難信立故賣斷截田契字為據

民国壬子元年十弍月十八日立賣斷截田契字人闕起翠

胞兄在見 闕起光

憑中 闕起熊

闕起朋

代筆 闕懷珠

不動產移

浙江民政長 為發給不動產移轉證書事
今據闕玉廷呈報 憑居間人闕起朋 買得
闕起翠 名下坐落松陽縣 字水崗湾 號
田。畝柒分伍釐。毫其契價銀捌拾壹元。角。分
業於契約成立之日憑居間人三面交足除遵章登記外遵

（前頁）>>>>>

立賣断截田契字人闕起翠，今因無錢應用，自情愿将自手置有民田壹處，坐落松邑弍十一都石蒼源茶排庄，小土名水崗塆，安着其田，上至闕姓田，下至闕姓田，左至闕姓田，右至闕姓田為界，今俱四至分明，并及田頭地角，柏樹雜木，一應在内，計額七分五厘正，自愿托中立契，出賣與家叔闕玉庭入受承買為業，三面言断，目直時價洋銀肆拾壹元正，其洋即日付訖，不少分厘，其賣之後，任憑買主過户完粮，執契收租管業，與内外伯叔兄弟子侄人等並無干碍，如有来歷不清，賣人一力承當，不涉買主之事，一賣千收［休］，永無找贖之理，愿賣愿買，此係两相情愿，各無反悔等情，恐口难信，立故賣断截田契字為據。

民國壬子元年十弍月十八日　立賣断截田契字人　闕起翠

胞兄在見　闕起光

憑中　闕起熊

闕起朋

代筆　闕懷珠

不動產移轉税證書

浙江民政長　　爲發給不動産移轉税證書事，今據闕玉廷呈報　憑居間人闕起明　價買得闕起翠　名下坐落松陽縣　字水崗湾　號田　○　畝柒分伍釐○毫，其契價銀肆拾壹元○角○分，業於契約成立之日，憑居間人三面交足，除遵章登記外，遵照本省暫行不動産移轉税法，備具交易契據連同登記證書呈報移轉，經收税官廳檢驗確實，查照移轉税税率應納税銀○元捌角伍分，已照收訖，合給證書以資信守，須至證書者。

右給業戶闕玉廷　收執

中華民國　弍年　月　日

立賣田契字人闞吉英仝弟今因無錢應用自情愿將祖父遺下民田坐落松邑廿一都石倉源后宅庄小土名大嶺后屋對面大坑裏園坵安着田壹处其田上至馮姓田下至買主田左至右至俱係買主田為界又田壹处屋左手牛欄背安着田其田上至馮姓下至馮姓左至路右至路又田壹处石壁頭安着其田上至墈地下至張姓田左至山右至闞姓田為界又石壁下手田壹处其田上至馮姓下至蔡姓左至山右至馮姓田為界今俱四至分明四至界內并及田頭地埫枱茶雜木一概在內計額弍畝弍分五厘正自愿托中立字出賣與馮蘭茂親邊入受承買為業當日三面言斷目值时價英洋柒拾玖員正其洋即日隨字交付清楚不少分毫其田自賣之後任憑買主過户完粮收租執契管業賣人無得異言阻执此係己下股內清業与伯叔兄弟人等並無干涉如有上手來歷不明賣人一力承當一賣千休愿買愿賣此出兩相情愿各無恢悔恐口無憑故立賣田契為據

一批原連來據作費字不得行用此照

民國丁巳六年拾貳月初七日立賣田契字人闞吉英（押）

在塲 吉雄（押） 吉行（押） 趙潤（押） 趙猷（押） 來生（押）

憑中 馮發生（押） 趙香（押）

代筆 闞松誥（押）

（前頁）>>>>>

立賣田契字人闕吉英仝弟，今因無錢應用，自情愿將祖父遺下民田，坐落松邑廿一都石倉源后宅庄，小土名大嶺后屋對面大坑裏圓坵，安着田壹处，其田上至馮姓田，下至買主田，左至、右至俱係買主田為界，又田壹处，屋左手牛欄背安着田，其田上至馮姓，下至馮姓，左至路，右至路，又田壹处，石壁頭安着其田，上至荒地，下至張姓田，左至山，右至闕姓田為界，又石壁下手田壹处，其田上至馮姓（田），下至蔡姓（田），左至山，右至馮姓田為界，今俱四至分明，四至界內，并及田頭地角，柏茶雜木，一概在內，計額弍畝弍分五厘正，自愿托中立字，出賣與馮蘭茂親邊入受承買為業，當日三面言斷，目值时價英洋柒拾玖員正，其洋即日隨字交付清楚，不少分毫，其田自賣之後，任憑買主過户完粮，收租执契管業，賣人無得異言阻执，此係己下股內清業，与伯叔兄弟人等並無干涉，如有上手来歷不明，賣人一力承當，一賣千休，愿買愿賣，此出两相情愿，各無反悔，恐後無憑，故立賣田契為據。

一批原連未撿，以作費〔廢〕字，不得行用，此照。

民國丁巳六年拾壹月初七日　立賣田契字人　闕吉英

在塲　吉雄

吉行

起阆

憑中　起献

来生

起香

馮發生

代筆　闕起誥

大發

立賣灰寮字人闕吉財今因無錢應用自情愿將父手遺下灰寮一間坐落松邑廿一都茶排庄小土名水缸塆安着灰寮一間其灰寮前至路後至山左至能勝灰寮右至龍飛灰寮為界上至瓦角下至地基石脚一應在內今俱四至分明自愿托中立字出賣與本家起鑾叔邊入受承買為業當日憑中三面言斷目值時價洋銀拾捌元正其洋即日隨字付清不少分文其灰寮自賣之後任憑買主管業賣人無得阻執如有上手來歷不明賣人一力承當不干買主之事與內外房親伯叔兄弟子侄人等無涉愿賣愿受兩相情愿各無反悔恐口無憑故立賣斷截灰寮字為據

民國戊午年五月初四日故立賣灰寮字人　闕吉財（押）

在見　吉茂（押）

憑中　能勝（押）

代筆　起楨（押）

（前頁）>>>>>

立賣灰寮字人闞吉財，今因無錢應用，自情愿将父手遺下灰寮一間，坐落松邑廿一都茶排庄，小土名水缸塆，安着灰寮一間，其灰寮前至路，後至山，左至能勝灰寮，右至能仁灰寮為界，上直飛甬，下直地基石脚，一應在内，今俱四至分明，自愿托中立字，出賣與本家起爋叔邊入受承買為業，當日憑中三面言断，目直時價洋銀拾捌元正，其洋即日隨字付清，不少分文，其灰寮自賣之後，任憑買主管業，賣人無得阻执，如有上手来歷不明，賣人一力承當，不干買主子［之］事，與内外房親伯叔兄弟子侄人等無涉，愿賣愿受，两相情愿，各無反悔，恐口無憑，故立賣断截灰寮字為據。

民國戊午柒年五月初四日　故立賣灰寮字人　闞吉財

在見　吉茂

憑中　能勝

代筆　起楨

立抽膳田字人闕起燻，原因後妻葉氏膳田，自情愿將父手遺下自己閬内民田壹處，坐落松邑二十一都蔡宅庄，小土名横路頭烏墻田安着，計租肆担陸桶正；又抽膳田壹處，坐落夫人廟庄，小土名安岱崗壠裏田安着，計租肆担正。其田合家向議抽出與葉母承受養膳開用，日後百年歸終，輪流祭墓，無得異言阻執。恐口難信，故立抽膳田字為據。

民國壬戌拾壹年　九月初十日立抽膳田字人闕起燻（押）

在見　闕起祥（押）
　　　闕起禎（押）

代筆　闕培松（押）

（前頁）>>>>>

立抽膳田字人闕起爋，原因後妻葉氏膳田，自情愿将父手遺下自己
閹內民田壹處，坐落松邑二十一都蔡宅庄，小土名横路頭烏�田安着，計
租肆担陸桶正，又抽膳田夫人廟庄，小土名安岱崗壠裏田安着，計租肆担正，
其田合家向議，抽出與葉母承受養膳開用，日後百年歸終，倫［輪］流祭墓，無得異
言阻执，恐（口）难信，故立抽膳田字為據。
民國壬戌拾壹年九月初十日　立抽膳田字人　闕起爋
在見　闕起祥
闕起禎
代筆　闕培松

立承批山字人闕斌發今承得業主闕吉琜吉瓚吉玶仝侄祥綱等山塲壹處坐落松邑二十一都石倉區茶排中村土名山粉蘽楊梅樹窩安着其山上至山頂下至坑左至闕姓山隨窩合水右至伯公後併蔡姓山隨崀直上分水為界今俱四至分明將該山撥出外半塊托中証立字承來耕種憑中証言斷時值批價大洋壹拾八元正其洋即日隨字付清不少分文其山自批之後任憑承批人闕壟耕種苞蘿桐子雜物等項業主不得抽租僅扦插杉木簶養成林出拚之日價洋對半均分不得爭多減少等情其山的限三十五年完滿限滿歸還山主管業承種人無得異言阻執此及兩相情愿愿召愿承各無扳悔恐口難憑故立雙方合同為據」

中華民國十九年三月十三日立承批耕種山字人闕斌發

中証 闕執祥

代筆 闕良材

合同為憑

立承批山字人闕斌發，今承得業主闕吉琛、吉璜、吉玶仝侄祥綱等山場壹處，坐落松邑二十一都石倉區茶排中村，土名山粉寮楊梅樹窩，安着其山，上至山頂，下至坑，左至闕姓山隨窩合水，右至伯公後併蔡姓山隨崀直上分水為界，今俱四至分明，將該山撥出外半塊，托中証立字，承來耕種，憑中証言断，時值批價大洋壹拾八元正，其洋即日隨字付清，不少分文，其山自批之後，任憑承批人閈墾耕種苞蘿、桐子、雜物等項，業主不得抽租，僅扦插杉木，籙養成林，出拚之日，價洋對半均分，不得争多減少等情，其山的限三十五年完滿，限滿歸還山主管業，承種人無得異言阻執，此及兩相情愿，愿召愿承，各無反悔，恐口難憑，故立雙方合同為據。

中華民國十九年三月十三日　立承批耕種山字人　闕斌發

中証　闕執祥

代筆　闕良材

立賣斷截杉木山場字人馮官能今因
無錢應用自情愿將祖父手遺下已闆
內山場坐落松邑后宅庄大嶺后小土名
横崀背石竹窩安着山場壹處其山
上至下䢃基横路下至横路左至闕姓山
隨小崀分水右至馮光成山崀為界
併及松杉木雜木一應在內今俱四至
分明自愿託中立契出賣斷與馮張
氏翠珠入受承買為業當日憑中三
面言斷日值時價大洋拾伍元正其洋
即日隨契交付清楚訖不少分厘其山
自賣之後任憑買主修剳開息成林
賣人房親伯叔兄弟子侄人等不敢異
言阻執如有上手來歷不明賣人一
力支当不涉買主之事愿賣愿買
兩相情愿各無恢悔並返卸之理

立賣断截杉木山場字人馮官能，今因無錢應用，自情愿将祖父手遺下（分）己闔内山場，坐落松邑后宅庄大嶺后，小土名横良背石竹窝，安着山場壹處，其山上至下悟基横路，下至横路，左至闕性［姓］山隨小良分水，右至馮光成山良為界，併及松杉木雜木，一應在内，今俱四至分明，自愿託中立契，出賣断與馮張氏翠珠入受承買為業，当日憑中三面言断，目值時價大洋拾伍元正，其洋即日隨契交付清收訖，不少分厘，其山自賣之後，任憑買主修划開恳［墾］成林，賣人房親伯叔兄弟子侄人等不敢異言阻执，如有上手来歷不明，賣人一力支当，不涉買主之事，愿賣愿買，两相情愿，各無反悔，並（無）逼抑之理，恐口难信，故立賣断截杉木山場契為據。

民國庚午拾玖年十一月初九日　立賣山場人　馮官能

在見　馮官全

憑中　闞順昌

代筆　李月星

立賣田契人闕吉洋仝侄祥信等今因無錢使用自情願將祖父遺下分已阄内
民田壹處坐落松邑二十一都茶排庄小土名壇裏老屋後天有太祖坟前安着
其田壹坵又右手荒坪壹塊上至有公坟墓下至德珮太媽坟墓左至路右至起禎
田為界四至界内併及槿茶雜木一應在内計實水租谷五桶内撥出租谷壹桶
歸與德珮公收租其餘四桶出賣與本家吉璨弟邊入受承買為業當日憑中
三面言斷時值田價國幣弍拾捌圓正其幣即日隨契付清不少分厘其田自賣
之後任憑幣主收租管業賣人無得異言阻執其田斷定限三年外取贖恐
口無憑故立賣田契字為據

一批田粮賣人自己完納此照
一批付過花押洋柒角正

中華民國二十九年四月十一日

立賣田契人　闕吉洋　笔
　　　　　　祥信　（押）
見中　吉開　十
代筆　占祥　（押）

大吉

（前頁）>>>>>

立賣田契人闕吉洋仝侄祥信等，今因無錢使用，自情願將祖父遺下分己阄內
民田壹處，坐落松邑二十一都茶排庄，小土名埼裏老屋後天有太祖坟前，安着
其田壹坵，又右手荒坪壹塊，上至有公坟墓，下至德珮太婆坟墓，左至路，右至起禎
田為界，四至界內，併及槿茶雜木，一應在內，計實水租谷五桶，內撥出租谷壹桶
歸與德珮公收租，其餘四桶出賣與本家吉琜弟邊入受承買為業，當日憑中
三面言断，時值田價國幣弍拾肆圓正，其幣即日隨契付清，不少分厘，其田自賣
之後，任憑幣主收租管業，賣人無得異言阻執，其田断定限三年外取贖，恐
口無憑，故立賣田契字為據。

一批田粮賣人自己完納，此照。

一批付過花押洋柒角正。

中華民國二十九年四月十一日　立賣田契人　闕吉洋

見中　祥信

吉開

代筆　占祥

立賣杉木苗字人闕祥浩，今因粮食無办，自情愿将自己扦插耕種，坐落松邑廿一都五合圩庄，小土名下内坑欄蛇卦壁安着，其山界上至青山，下至脚下横路，左至小良貴隆茶山，右至青山，四至界内，又併落六坪［坪］壹處，其界上至茶山，下至坪［坪］脚為界，左至茶山小窩，右至窩，四至界内，又併坑背壹處，四至青山，共三處，今俱四至界内，自愿托中立（契），出賣與本家堂叔闕吉璨人受承買為業，當日面断燥谷壹担正，其谷即日付清，不少斗升，自賣之後，任憑買主籙養成林，以［與］房親伯叔人等並無干涉，自己清業，如有上手來歷不明，賣人一力承当，不干受主之事，愿賣愿買，两想［相］情愿，恐口难信，故立賣杉木苗字為據。

民國叁拾柒年六月廿三日　立賣杉木苗字人　闕祥浩

見中　闕吉猷

祥松

代筆　闕成達